개화기 정동을 살다간

최병헌과 그의 시대

개화기 정동을 살다간
탁사 최병헌과 그의 시대

초판인쇄 2019.11.24
지은이 최병헌
옮긴이 김정일
펴낸곳 여울목
디자인 백영재(atop0130@naver.com)
출판등록 2014.4.30
주소 경기도 파주시 가온로 205, 713-2304
전자우편 pfpub@naver.com
팩스 0504-137-6584

ISBN 979-11-87254-27-0(03990)
값 20,000원

이 도서의 국립중앙도서관 출판예정도서목록(CIP)은 서지정보유통지원시스템 홈페이지(http://seoji.nl.go.kr)와 국가자료종합목록시스템(http://www.nl.go.kr/kolisnet)에서 이용하실 수 있습니다. (CIP제어번호 : CIP2019046352)

개화기 정동을 살다간

최병헌과 그의 시대

탁사 최병헌 한문 약전 전문 번역과 해설

김정일 옮김

여울목

감사의 글

한문 탁사 최병헌 약전 국문 번역에 부쳐

한말 개화기 근대 선각자 중 한 분이셨던 탁사 최병헌 목사의 약전을 번역하기에 앞서 한 가지 들었던 의문은, 왜 이렇게 방대한 업적을 지녔던 분을 아직도 몰랐을까 하는 의구심이었다. 그 이유를 나름 분석해 보았지만 번역본을 책으로 편찬하려는 지금도 아쉬움은 금할 수 없다. 3.1운동 100주년을 맞이한 올해는 다양한 행사와 함께 잊혀졌거나 묻혀버린 민족운동가나 독립 운동가를 발굴해 내는 역사 찾기 작업이 '민족사 바로 세우기' 일환으로 연구되고 있다. 한국사 연구자, 특히 기독교 역사 연구자의 한 사람으로 볼 때 아쉬운 것은, 한국근대사에서 기독교가 끼친 영향력이 지대한데 학계의 분위기는 여전히 기독교 지도자들의 민족운동이나 독립운동에 관여한 사실을 두고, 견해를 달리하는 경향이 지배적이라는 점이다. 그들의 행동을 종교적 신앙심의 한 행위로만 볼 것인가 아니면 민족운동의 범주에 둘 것인가 하는 상반된 생각은 역사를 서술하는 사가의 입장에서 판이하게 달리 나타나고 있다.

탁사 최병헌 목사는 약전을 통하여 드러난 행적만으로도 신분을 단순하게 명명하기 어려운 점이 있다. 우선 기독교 감리회의 한국인 초대 목사이자 감리사이고 협성신학교의 교수이며 신학자였다. 뿐만 아니라 대한제국 시기 농상공부 문서과 주사를 지낸 관료이기도 했으며 한말 변혁기 시대의 흐름과 국가의 변고를 기록한 재야사학자이기도 하였다. 또한 〈그리스도인회보〉와 〈신학월보〉의 주필을 역임하고 제국신문, 황성신문에 가사를 제공한 언론인이기도 하였다. 아울러 배재학당의 한문교사였고, 협성회와 엡윗청년회, 의법회를 이끈 개화 사상가이자 독립협회의 지도자 가운데 한 분이셨다. 이처럼 약전에 소개된 업적만으로도 예닐곱 가지의 직함을 가졌으니 좀 더 깊이 행적을 파고들면 파생적인 업적을 헤아릴 수가 없다. 앞으로 약전을 계기로 심층적인 연구가 다양하게 이루어지리라 생각한다.

그의 시대는 한말 격동의 시기였다. 서양 제국주의의 침범, 청일의 각축, 일제의 무력침략과 경제침탈이 빈번한 가운데 서양 선교사에 의한 개신교의 전파로 조선 오백년을 지켜온 유교적 전통질서가 흔들리고 있는 때였다. 하지만 탁사는 철저히 타락한 유교 관료사회의 모순을 경험하고 근대사회로의 변화를 기독교 정신을 통하여 이루고자 한 개화기 지식인이었다. 그리고 그가 살았던 시대를 세밀하며 객관적 시각으로 조망하였다. 이는 기독교사의 가치를 넘어 사회사적인 의미도 지니고 있다.

「탁사 최병헌 선생 약전」은 한문 수기로 기록된 자료이다. 앞선 연구자들은 탁사의 둘째 아들인 최재원에 의해 1930년대쯤에 기록되었을 가능성을 제시하였다. 하지만 내용을 완역하는 가운데 정작 본인이 아니고서는 알 수 없고 기록할 수 없는 내면의 고민이나 생각, 회상 부분, 심지어 당시의 계량적 수치기록도 등장한다. 이를 통해 분석할 수 있는 역자의 견해로는, 탁사 본인이 필요에 의하여 자신의 생애를 편년 형식으로 기록해 두었던 것을 후대에 공개하면서 주어를 '선생'이란 호칭을 사용하여 제 3자가 정리한 것이라는 생각이 든다. 이는 독자께서 읽으시는 중에 판단해 볼 일이기도 하다.

약전의 초기 부분은 흘려 쓴 내용도 내용이지만 지우고 다시 쓰거나 덧붙인 부분이 많아 해석에 대단히 애를 먹었다. 심지어 신학용어, 관용구, 행정용어, 고사성어, 전문 역사 용어, 풍수지리학 용어 그리고 대한제국과 청국 일본의 정치인과 관료와 제도, 이처럼 다양한 사상과 어휘에 인물까지 표기되어 있어 역자의 좁은 식견으로는 다 헤아리지 못할 내용이 많았다.

역자가 약전을 완역하기까지, 일부이지만 이전 1998년 감신대 이덕주 교수님의 번역은 난관을 헤쳐 가는데 큰 도움과 길잡이가 되었다. 앞서 밝혀 놓으신 불빛이 없었다면 방대하고 난해한 한문을 처음부터 끝까지 번역하기가 쉽지 않았을 것이다. 또한 서울대 사학과에서 평생 근현대사 강의를 담당하셨던 권태억 교수님의 조언도 큰 힘이 되었다. 세기가 부족하였던 역자에게 한 자 한 자 세밀히 살펴야 함을 가르쳐 주셨고 역사학 용어의 중요성도 일깨워 주셨다. 무엇보다 서울대학교 규장각 한국학연구원에 재직 중이신 노관범 교수님과 연구원 홍문기 박사님의 상세한 조언과 성의 있는 교열은 지적(知的)으로 막히고 그릇 갈 수 있는 길을 바로갈 수 있도록 방향을 잡는 키 역할을 해주셨다. 자료를 분석하는 철저함을 두 분을 통해서 배운 것은 역자에게 큰 힘과 자산이 되었다.

뿐만 아니라 최병헌 목사님의 발자취와 훈기가 서린 유서 깊은 정동제일교회를 방문했을 때 담임 목사님이신 송기성 목사님께서 출판기념 감사예배를 드릴 수 있게 편의와 배려를 해주시고, 후손들과 역자를 위하여 기도해주신 점도 잊을 수 없는 은혜이다. 그리고 행정적인 절차와 교회의 일정을 조율해주신 박승준 목사님과 당회원님들, 성도들께도 무한한 존경과 신뢰를 드린다. 이런 분들의 조언과 도움이 없었다면 엄두도 낼 수 없었던 작업이었음을 고백하며 다시 한 번 교수님들과 정동제일교회 목사님과 관계자 여러분의 노고와 기도에 진심으로 감사를 드린다. 끝으로 틈틈이 질문에 응대해주시고 수시로 전화해서 궁금한 점을 질문할 때마다 위로와 격려를 아끼지 않으신 최병헌 목사님 가족 기념사업회 대표 최우갑 교수를 비롯한 후손 여러분들께도 심심한 사의를 표한다.

역자, 숭실대 기독교학과 한국교회사 교수 김정일

목차

들어가는 말

탁사(濯斯) 최병헌(崔炳憲), 일반인들에게 그렇게 널리 알려진 분은 아니다. 하지만 지금까지 이 분에 대한 역사적 연구가 미흡하였다는 것은 오히려 조상의 은덕을 잃어버린 불효자처럼 부끄러움을 느끼게 한다. 탁사가 남긴 업적은 방대하지만 지금까지는 단지 기독교역사나 신학사상으로 연구되어진 것이 대부분이다. 그나마도 감리교 교단 쪽에서 신학적 입장으로 연구되어 왔다. 하지만 우리나라 근대사 특히 대한제국 시기 선각적 지식인, 서양 기독교 사상을 일찍 수용한 최초의 조선인 목회자, 아펜젤러, 스크랜턴, 언더우드, 조지 존스 선교사 등과 함께 활동한 종교 지도자, 고종의 밀지로 선유사 활동을 한 특임관리, 서재필 이상재 이승만 등과 함께 활동한 개화사상가, 황성기독청년회와 대한성서공회를 만든 기독청년 지도자 겸 기독교 행정가, 기독교사상을 전통 유교사상으로 이해하기 위하여 연구한 토착신학자 등 이루 헤아릴 수없이 많은 업적을 지닌 분이기에 한 가지 호칭으로 그 분의 업적을 드러내기에 어려운 것이 사실이다. 그리고 후손의 전언에 의하면 현재 우리가 부르는 애국가 가사를 최초로 지어 보급한 작사자로 탁사 어른이 거론되고 있다. 이 부분도 상당히 근거 있는 이야기다. 그가 한시로 지었다는 애국가의 기초가 된 '불변가'는 지금도 일부가 전해져오고 있다. 하지만 탁사가 정확히 언제, 어디에 어떻게 기록하였고 지금도 어디에 기록되어 전하는지 증거가 없어 이를 확증하지 못하고 있을 뿐이다. 후손의 구전은 역사에서 사료로 채택되기가 어렵다. 하지만 탁사는 반드시 어디엔가 흔적을 남겼으리라고 생각한다.

이처럼 다양한 업적과 평가를 가진 탁사지만 아직 그의 약전마저 전문이 완전 번역이 되지 못하고 있다는 사실은 대단히 안타깝다. 단지 약전의 일부를 감신대 이덕주 교수께서 번역하셨다. 하지만 전체 분량의 약 3분의1 정도였다. 원문 자체가 한문 수기로 기록된데다 흘려 썼기에 판독에 어려움을 겪었기 때문이라고 생각된다. 그리고 이덕주 교수 본인께서도 "탁사의 사상이나 업적이 아직 일반인에게 잘 알려지지 못한 이유는 한문 원전을 온전히 번역하지 못하고 있기 때문"이라고 고백한 적이 있다.[1] 이는 역자도 충분히 공감하는 부분이다. 일반적으로 알려진 탁사의 저작 『만종일련(萬宗一臠)』, 『한철집요(漢哲輯要)』는 한문서이지만 이미 활자화 되어 있어 얼마든지 번역이 가능하다. 그리고 『성산명경(聖山明鏡)』은 한글로 기록되었고 몇몇 단어만 한문으로 씌어 있을 뿐이다. 또한 그가 번역한 『야소천주양교변론(耶蘇天主兩教辯論)』은 한글로 이루어져 있다. 그 외 그의 저작들이 다양한데 변론이나 연설문, 기독교

1 이는 2018년 3월 10일 제천시 제천의병도서관 대강의실에서 "제천 출신의 계몽가 최병헌 목사 탄생 160주년 학술세미나"에서 역자의 질문을 받고 이덕주 교수가 답한 내용이다.

사상, 신학이론, 성경주해 등도 대부분 한문으로 기록되어 있다. 또한 많은 자료가 초서 형태로 흘려 썼기에 웬만한 한문 실력으로 해석하기에 어려움이 있는 것이 사실이다.

역자는 일반 역사학 전공자이다. 그리고 오랫동안 일반 역사학자로 활동하였다. 그러다 뒤 늦게 기독교 역사학으로 박사 학위를 받았다. 어쩌면 이 점이 탁사를 폭넓게 보고자 하였는지도 모른다. 앞서도 언급하였지만 탁사 연구는 대부분 기독교 신학, 기독교 사상의 입장에서만 연구 되어 왔다. 이것이 오히려 탁사의 업적을 국한 시키거나 왜곡시킬 가능성이 있다고 본다. 일반 역사학에서도 탁사를 연구하여야 다양하게 그를 평가할 수 있다. 현재 학계의 일반적인 연구 결과로 탁사는 "한국 최초의 토착 신학자" 또는 "우리나라에서 세 번째로 안수받은 감리교 목사", "정동교회 최초의 한국인 담임목사"로 불리는 정도이다. 하지만 그는 신학자 이전에 정부 기록물 서기 역할을 한 관리였다. 그리고 강화도조약부터 을사늑약에 이르기까지 구한말과 대한제국 시기의 역사적 사건에 객관적 자료와 사적(史的) 견해를 피력한 재야 "역사학자"였으며 그러므로 전통을 바탕으로 서양을 이해하려고 한 개신 유학자 혹은 기독교 사회사상가로 폭넓게 불릴 수 있는 분이었다. 그러므로 탁사의 업적을 일반 역사학에서 다루거나 연구의 영역을 확대하여 다양하게 검증할 필요가 있다. 이런 과정이 있어야 자연스레 '애국가' 이야기며 근대화와 개화사상가로서의 업적이 부각 될 수 있을 것이다. 그런 측면에서 '탁사 최병헌 약전'의 전문 해석 작업은 대단히 의미 있다고 생각한다.

기록에는 그의 가문과 생애 그리고 살아온 환경도 있지만 이보다 훨씬 많은 분량의 구한말 조정의 내·외치, 국제관계, 대한제국의 정치와 사회 그리고 인물에 대한 이야기까지 소상히 언급되고 있다. 가령 1900년 중국에서 일어난 '의화단 사건'에서 대한제국이 어떤 역할을 하였으며 서양 연합국에게 어떤 군수물자를 제공하였는가 하는 내용은 대단히 놀라운 기록이다. 또한 임오군란, 갑신정변, 동학농민운동, 갑오개혁, 을미사변, 독립협회, 아관파천, 광무개혁 당시의 관군과 관리 그리고 백성들의 동향까지 기록되어 있어 사료적 가치가 높다. 19세기가 소위 세도정치와 삼정의 문란이 극에 달한 시기였기에, 중앙과 지방 관리들의 타락과 불공정의 현장에서, 빈궁한 유생인 탁사는 이를 직접 목격하고 경험하였다. 그리하여 정식으로 출사(出仕)하지는 못하였다. 하지만 그의 학문적 탁월함과 온화정대한 성품을 보고 일면식도 없는 인천부 관찰사 박세환이란 이가 추천하여 대한제국 농상공부 문서과 주사로 약 3년간 근무한 적이 있다.[2] 자신의 뜻대로 목민할 기회는 없었지만 이 기간의 경험이 그를 재야 개신 유학적 역사가로 활약하게 하였다. 문서과 주사는 정부 문서를 보존하고 기록 정리하는 일을 주로 보았기 때문이다.

약전의 완역을 통하여 그동안 알려지지 않은 탁사의 사적인 영역과 공적인 활동이 공개됨과 동시에 또한 후진들이 연구할 수 있는 토대가 구축되었다고 믿는다. 아울러 탁사의 업적을 기념하고 기

2 약전(略傳)에 의하면 탁사를 추천한 이는 인천부 관찰사 박세환이란 사람이다. 하지만 그때까지 탁사와는 일면식도 없었던 이였다. 역자의 견해로는 1895년 한참 아펜젤러 목사와 교회일과 전도에 전념할 때였기에 아펜젤러 목사가 박세환을 움직여 천거했을 가능성이 있다. 이는 박세환이 이듬해 독립협회 창립멤버로 활동한 것과 그가 개혁적 근대 인식을 가졌으며 기독교를 수용했을 가능성도 있다고 보았기 때문이다. 이런 연결고리로 탁사를 추천했을 가능성이 있다고 본다.

리기 위한 단체나 연구기관이 생기고 기념관까지 마련되려 하는 시점에 직계 후손들도 모임을 갖고 관심을 가지게 되어 무엇보다 반갑다. 역자는 탁사 어른의 둘째 아들인 최재원[3] 어른의 후손인 서울대 최우갑 교수와 반백 년이 넘는 지기, 죽마고우다. 그 인연으로 번역작업에 몰두하게 되었다. 또한 친구를 통하여 사촌인 최우익 교수와 홍석근, 그리고 백철, 김지영 등 많은 친지 분들과도 교분을 갖게 되었다. 그리고 석근 형의 어머니이신 최규련 어른과도 깊은 개인적 인연이 있다. 무엇보다 잊을 수 없는 분은 친구의 아버님이자 탁사 어른의 손자였던 고(故)최중일 어르신이다. 그분은 역자의 어린 시절 역자를 아들과 똑같이 거두어 주신 분이다. 어느 날 어떤 손님이 "저 아인 누군가요?"라고 질문할 때 아버님은 "아들 친구인데 또 다른 아들이에요!"라고 답변하신 말씀을 지금도 생생히 기억하고 있다. 이들과 관계 맺어진 일들은 드라마처럼 얽혀 있다. 마치 운명 같은 만남으로 역자에게 숙명의 연결고리로 이어져 있다. 그리하여 가족 같은 심정으로 연구와 해석에 매진하였다. 한문 실력이 탁월해서가 아니라 정성이 필요한 작업이었다. 또한 은혜에 보답하는 일이라 생각하고 마음을 다하였다. 한 글자를 파악하기 위해 며칠씩 고민한 적이 있다. 심지어 꿈을 꾼 적도 있다. 마음을 다할 때 그분들이 도와주셨다고 생각한다. 아무쪼록 '약전' 전문(全文) 번역을 계기로 탁사 어른의 업적이 빛을 보게 되기를 바라며 일반인들에게 회자 되기를 소망한다.

끝으로 일반 독자의 이해를 돕기 위하여 약전에 등장하는 이름

---

3 실제로는 셋째였다. 첫째가 성억(재학), 둘째가 성만, 셋째가 성천(재원)이신데 둘째 아들 성만이 어린 시절 사망함으로 재원 어른이 둘째가 되었다.

과 지명, 관제, 풍속 그리고 사건 등에는 역자가 일일이 주를 달고 연유와 관련 사항을 정리하였다. 그러므로 반드시 하주를 병행하여 읽어주시기를 바란다.

2019년 9월

숭실대 기독교학과 김정일

1

가문과 출생, 유소년기 (제천시절)

*

가문과 출생

선생 성은 최씨요 본관은 전주이다. 그 당시 조상은 상고세에 중국 당요(요나라)[1] 신하 4악[2]의 후예로 처음 강 읍(邑)에 봉함을 받아 강씨가 되었다가, 다시 후에 최 읍(邑)에 봉함을 받아 최씨가 되었다. 수양제의 동쪽 원정 시[3] 장졸들이 고구려에 영주하여 미 귀환자가 다수였다. 그중에 최씨 성을 가진 미 귀환자 중 한 명이 완산에 이르렀다가 그대로 전주 최씨가 되었다 하니 실로 최씨의 기원이 오래되었다. 그 후손이 고려조와 조선시대에 관리로 봉직하여 장상을 연이어 배출하여 주어진 가업을 이어받았다.

선생의 7세조 양정공 방언은 우암 송시열의 고제(高弟)로 들어가 도학으로 당대에 이름을 떨쳤으니, 그 종가의 후예로 선생은 개

1 唐堯(당요)는 요나라를 말하며, 요를 도당씨가 세웠기에 이르는 말.

2 요나라 때 사방의 제후를 일컫던 말.

3 이 전쟁은 612년의 려·수 전쟁을 일컫는다.

국 466년, 철종9년 무오년(1858년) 정월 16일에 제천군 현좌면 신월리에서 출생하였다. 아명은 경팔이오 약관에 이르러 정명은 병헌, 자는 선형, 호는 탁사로 하였다. 선생은 후에 중추원 의관 정3품 의산공에 봉해진 최영래의 둘째 아들로 태어났다. 의산공은 말년에 낙향하여 농업에 종사하였으며, 선생의 모친은 도정(都正) 곽제한의 여식이었다. 선생이 태어난 시(時)는 정확히 알 수 없으나 태어날 당시 제천 지세는 북으로 용두산, 송학산의 두 산이 있었고 수목이 울창하며 땅이 비옥하였다. 또한 주변에 상서러운 기운이 두루 퍼져있는 가운데 의림대지(義林大池)가 있어 경치가 아름답고 홍류폭포 물줄기가 금강하류로 흘러들고 있는 곳이었다. 남으로는 대덕산이 있어 산세가 수려하고, 신월리 북쪽으로 10리쯤에는 와봉들이 즐비하였다. 이런 곳에서 선생이 태어날 즈음 아름다운 노을이 집에 물들고 우레 소리 울리는 듯하였다.

유·소년기와 국내외 정세

1867년 철종 8년, 정사년 봄에 나라가 태평하고 백성도 편안한데다 계절과 날씨도 순조로워 (조정에서) 알성과[4]를 실시하고, 전국 각지에서 지식을 겸비한 인재들을 부르시니 수많은 선비들이 운집하여 천문[5]을 겨누었다. 선생의 선친 의산공도 큰 뜻을 품고 엄정히

4 조선시대 임금이 문묘에 참배한 다음 친림하여 실시하는 비정기 과거시험으로 주로 성균관 유생에게 제술시험 형태로 보았다. 문과는 단 한 번의 시험으로 급락을 결정하고 당일 결과를 발표하였으므로 충분히 실력이 갖추어지지 않으면 합격하기가 어려웠다.

5 천문(天門), 대궐문을 높여 부르는 말로 관리가 되어 입궐한다는 의미로 과거시

준비하여 과거에 나갔지만 급제하지 못하고, 완연한 봄 강물이 크게 불어날 즈음, 먼 길에 고생으로 다리를 절뚝이며 집으로 돌아왔다. 이후 같은 해 봄에 이상한 꿈을 꾸었는데 선생의 어머니가 회임하여 이듬해 봄 정월 열엿새 날 선생이 태어났다. 낳고 보니 선생의 골격이 단단하고 외모도 비범하여 인근 사람들이 기이하게 여겼으니 "두 손을 꼭 쥔 모습이 사랑스러워 훗날 총기와 지혜가 보통사람을 뛰어넘을 것이고 이마가 넓고 눈이 큰 것이 귀인의 상을 지닌 것이며, 화기가 넘치는 것과 곧고 순전한 뒷모습이 천상 군자의 상이다" 하였다.

선생이 4살 신유년(1861년)에 동네 아동들과 함께 풀피리를 불고 대나무를 타며 땅에 그림을 그리고 글자를 쓰거나 돌멩이를 쌓으며 놀았는데 동무들보다 출중하였다. 하루는 의산공이 부인과 일꾼과 더불어 달밤에 밀을 갈 때 선생(경팔)이 대청마루에서 편안히 자고 있었다. 야심한 시각이 되어 아버지 의산공이 밀가루로 구운 과자를 들고 사람들에게 나눠주며 이르기를 "경팔이는 이미 자고 있으니 흔들어 깨우지 말고 과자를 주지 말아라" 하였다. 그러자 선생이 자다 이를 듣고 갑자기 일어나 급히 달려와 과자를 집으며 "과자는 원래 어린아이의 먹거리인데 어른들이 아이인 나에게는 왜 주지 않습니까?" 하여 앉았던 모든 사람들이 서로 박장대소 하였다.

선생의 유년시절 가세는 비록 부요치는 못하였으나 집에 먹거리가 있었고 키우는 소도 십여 마리가 있어 살만하였다. 하지만 선생은 병치레가 있어 서당에 다니지 못하다가 7살 때 비로소 부친에게서 언문과 효경을 배웠고 그런 다음 향리의 학문소(學問所) 되는 대

험을 치렀다는 뜻으로 사용되었다.

덕서당의 조순(치수)씨에게 가서 몽학(蒙學)을 배웠다. 천성이 순오한 선생은 9살 되는 병인년(1866년) 겨울 백자문[6]을 시독 하더니 수개월 후에는 『소미통감』 한 권을 절반이나 해독하였다.

하루는 온 하늘에 눈이 가득하여 산들이 하얗게 변하고 나무에는 눈꽃이 피어 세상이 달과 함께 밝은데 의산공이 선생에게 명하여 "눈을 운으로 시 지어보라" 하니 선생이 읽었던 사서를 바탕으로 "하늘에서 큰 눈이 내리니 골짜기마다 산의 얼굴마다 모두 흰 눈 세상이라" 하니 이웃 사는 조치수씨가[7] 이를 보고 시를 아껴 이르기를 "이 아이가 장성하면 하늘의 권세를 얻어 어둡고 어리석은 풍속을 광명케 할 것이다."고 하였다. 조치수의 선견지명이었다.

한편 1858년 탁사 선생이 태어나던 때 조선의 사정과 형편을 돌아보면 철종 9년(전계군이 강화에 유폐되었을 때 관비 염 씨를 취하여 철종 곧 원범 휘를 낳았다.)[8] 이때는 강화에 만녕전을 중건하였고 일본국으로부터 사신이 조빙(朝聘)[9] 하였다. 기미년(1859년)에는 '오륜행실도'를 간행하였으며[10] 종루 시각은 자정 3각으로 정하였다.[11] 또한 8도의 수, 육군을 돌아가며 조련하였고 일본국 사신이

---

6 백자문(白者文), 여러 선현의 글.

7 조순씨는 아마도 서당을 열어 학동을 가르쳤던 조치수 노인의 호이거나 이명일 것으로 보인다. 내용으로 보아 조치수 노인과 조순씨가 다른 사람 같아 보이지 않는다.

8 철종의 아버지 전계대원군은 장헌세자(사도세자)의 아들 은원군의 손자였다.

9 조빙(朝聘), 조정에 나아가 임금께 예를 갖추어 알현함.

10 오륜행실도는 정조21년 1797년에 이병모 등에 의하여 발행되었다. 그런데 1859년에 발행하였다는 것은 오기이다. 단지 조선후기 글과 판화를 필사한 책이 나왔는데 이를 일컬었을 가능성이 크다.(역자 주)

11 종루는 종각에서 통행금지를 알리는 '인정'과 '파루'를 보신각종을 쳐서 알렸는데 인정은 22시로 28회, 파루는 새벽 4시로 33회 종을 쳤다. 이를 통틀어 종루라고 하였다.(역자 주)

다시 조빙하였다. 철종 11년인 1860년 경신년에는 경희궁 중수가 완공되어 이어하시고 여정도치(勵精圖治) 즉 성심을 다하여 나라를 다스리시니, 각 관청에서 횡탈 늑세하는 폐단을 엄금하시고 또한 무명잡세와 수령들이 벼슬의 이름만 빌리는 관행과 관물을 사사로이 사용하는 포흠(逋欠)을 범하고 탐학 하는 폐단도 엄금하였다. 또한 일본국이 외교 서한을 보내어 "아·법·영·묵 각국과[12] 통상을 허락하였다"고 하였다. 그리고 사교를 엄히 금하였다.

하여 국문하고 사사하였다. 이 해에 철종은 창덕궁으로 환어 하시었다. 이듬해인 1862년 임술년에는 장시, 포구에 무명잡세와 제방, 전답에 늑탈하는 폐단을 엄금하였다. 하지만 전적병[13]등 삼정의 폐단과 수령이 권력으로 늑탈하여 백성의 고통이 극심하여 진주민 등이 백건을 두르고, 죽창 등으로 무장하여 민란을 일으키니[14] 수괴를 붙잡아 참수하였다. 이어서 개령, 함평, 함흥군 등에도 민란이 일어났다. 1863년 계해년에는 해주군에 비와 비각을 건립하니 이곳은 선조대왕이 잠시 머문 곳이었다.[15] 이 해 12월에 철종이 승하하시어 장헌세자의 증손 흥선군 이하응의 둘째 아들로 익종대왕의[16] 가통을 계승하여 즉위하니 그의 나이 12살 때였다. 그리하여 대왕대비 조씨

12 俄國은 러시아, 法國은 프랑스, 英國은 영국, 墨國은 멕시코를 말한다. 米國(일본은 쌀 米를 써서 미국을 표기함)과 1854년 통상수교를 한 이후 이들 나라들과 통상하였다.

13 전적은 결국 쌀과 군포를 의미하며 삼정의 관리병으로 보는 것이 타당하다.

14 1861년의 임술 농민봉기 또는 진주민란이라고 일컫는다. 이 사건을 계기로 함경도부터 제주에 이르기까지 전국 각지에 민란이 일어났다.

15 선조가 임진왜란 때 피난 가다 해주 부용정이라는 곳에서 쉬었고 이를 기념해서 머물렀던 곳이라 비를 세웠다. 잘한 것 없지만 철종은 기념비를 세운 것이다. 사실은 기념이 아니라 '기억 비'라고 해야 한다.

16 익종은 헌종의 아버지 효명세자를 추존한 이름으로 세도정치를 잡으려다 21세에 왕이 되지 못하고 죽었다. 아들 헌종이 아버지를 익종으로 추존하였다.

(조대비)가 수렴청정하였다.[17] 또 경주사람 최제우가 신도를 모으고 주문을 외우며, 부적을 써 신을 부르고 검무를 추고 뛰어오르기도 하는 등 수련하니 이름하여 '동학'이라 하였다. 각 도 관찰사에게 명하여 조사하게 하고 최제우는 잡아 주살하였다.

선생 나이 7세 되는 1864년(갑자년)은 고종황제의 원년이었다. 온 나라에 대사면이 있었다. 이듬해인 을축년 1865년에는 경복궁을 중건하고 흥인문 안에 있던 종을 광화문 누각에 옮겨 설치하였으니 이 종은 세조 8년에 주조한 것이었다.[18]

1866년 병인년에는 민치록의 딸로[19] 왕비로 삼으니 그가 명성황후이다. 이때 서학인 남종삼과 서양 선교사 10여 인을 참살하고[20] 척사 윤음을 나라 안팎에 반포하였다. 그러자 프랑스 병함이 선교사 살해를 복수하고자 강화도에 내침하니 군대를 보내어 이를 격퇴하였다. 그리고 종로와 각 도 요지에 경계비를 세울 것을 논의하니 새길 내용은 "양이침범에 비전즉화니 주화는 매국이라"(洋夷侵犯에 匪戰則和니 主和는 賣國이라)[21] 하였다. 그리고 경복궁 중건 역사(役事)에 경비가 다수 필요했으므로 당백전을 발행하여 사용하였고 부요한 백성들에게 원납전을 기부케 하였다. 또 일본에 외교 문서를

17 흔히 조대비로 헌종비를 말한다. 철종 때도 수렴청정하였고 고종 초에도 조대비가 수렴청정하고자 하였으나 곧 대원군 시대가 열리며 역사의 뒤 안으로 물러났다.

18 이 종이 현재 보신각종이었다.

19 명성황후, 민비.

20 소위 병인박해이다. 이때 베르누 주교 외 9명이 처형되고 신자 약 3,000명이 죽임을 당하였다.

21 "서양 오랑캐가 침범했을 때 싸우지 않는 것은 곧 화해하는 것이니, 화해를 앞세우는 것은 나라를 파는 것과 같다."(역자 역) 그런데 본문에는 非를 匪로 잘못 기록하고 있다.

보내어 영, 불 등 제국(諸國)이 들어와 통상을 요구함으로 교전하였음도 알렸다.

이듬해인 정유년 1867년에는 러시아 사람이 경흥군에 투서하였기에 함경도 관찰사에게 명하여 조사케 하였다. 이 해에 법전인 『대전회통』과 『육전조례』를 반포하였다. 이어 청나라 화폐를 통용케 하니 이름하여 '소전(小錢)'이라 하였다. 경복궁이 완공됨으로 경과를 실시하니 시제가 "謂其臺曰靈臺"(위기대 왈 영대)라 하였다.

유년기의 불행

1867년 정유년 이해는 선생이 10세 되던 때로 시운이 불행하고 하늘이 내리는 집안의 운수가 쇠락하여 4월 초 2일 사시에[22] 어머니 곽씨 부인이 몹쓸 전염병에 걸려 별세하셨다. 어머니는 돈녕도정 행첨지 중추부사 곽제한의 2녀로 19세에 의산공과 혼인의 연을 맺어'[23] 제천군 근우면 명도리에 살림집을 마련하였다가 얼마 후 현좌면 신월리로 이주하였으니 이때가 철종 원년 1849년 경술년이었다. 제한은 본래 청주사람으로 현좌면 내곡에 대대로 살아온 이래 가세가 풍족하여 5남 2녀를 낳았다.

선생의 어머니는 그윽하고 조용하며 깨끗한 유한정정(幽閑貞靜)의 덕이 있었지만 베를 짜고 살림살이[24]를 친히 도맡아 하느라 신

22 사시(巳時)는 제9시~11시를 말한다.

23 '월모'(月姥)의 연(緣)을 맺었다고 하였는데 월모는 부부의 연을 맺게 해준다는 전설 속 노파를 말한다.

24 紡績井臼란 단어를 썼다. 즉 베짜기, 물 길어 집안일 하기, 절구질하기를 말하는 것으로 집안 살림을 통틀어 말하고 있다.

체가 점점 쇠약해졌다. 회임한 지 아홉 달, 이해 3월 24일까지 행랑 어멈을 시켜 삼베를 볕에 말려 말아놓게 하는 등 일을 하였지만 그날 밤 실신하여 인사불성하고 백약을 써도 무효하였다. 4일 후에 복중 아이가 태어났으나 사흘을 넘기지 못하여 죽고 이틀이 지난 후 어머니마저 세상을 떠나셨다. 뿐만 아니라 이러한 때에 선생도 돌림병에 걸렸고 고통 중에 어머니 상을 당하였으니 선생 형제가 당한 망극한 애통은 나날이 더 하였다. 의산공도 비탄 속에서 부인을 산 아래에 조촐하게 안장하였다. 5월에는 의산공도 역시 역병에 걸려 10여 일을 고생하여 거의 죽다 살았고, 6월 28일에는 선생의 조부께서 역병으로 고통 중에 세상을 떠나셨으니 오호통재라, 이와 같은 일로 오죽하면 선생의 희고 긴 눈썹이 다 빠지고 어머니, 조부의 사망과 부친의 병환이란 3~4중고로 인하여 선생의 형용이 마치 뼈만 남은 듯하였다.

돌림병은 이해 3월 농노 돌쇠란 놈이 먼저 감염되어 보름여 지나 해고하여 내보냈는데 그로부터 9월까지 인근에 왕래한 집들에도 감염되어 소위 일반 농민들은 거의 전부 때를 놓쳐 얼마 되지 않는 곡식도 수확하지를 못하였다. 10월 5일에 조부를 명도리 계곡에 안장하고, 먼저 떠난 어머니는 10월 그믐에 신월리 집 뒷산에 안장하였다. 1년 후 부채가 산처럼 쌓이고 밖으로 일할 노복이 없으며 가내에 일할 여자가 없어 추워지는 날씨에 얼음장 같은 집에서 세 부자가 해어진 단벌옷을 입고 해를 넘기며 빈궁함을 한탄하니 한때의 곤비함은 사람으로서 참으로 견디기 어려웠다.

소년기의 학문 활동

선생이 15세가 되는 1872년 임신년에는 더 노력하여 시경에도 눈을 뜨고 여름에 이르러서는 행시를 지으니 당시(唐詩) 오언과 칠언의 많고 어려운 시들을 다 읽었다. 이해 여름에는 동창생 유병문과 함께 우리나라 문장가들의 문장과 시집을 외워 암송할 정도였다. 달이 뜨지 않는 밤에는 심지 호롱불을 켜놓고 두 사람이 같이 문집을 공부하면서 명문 18구까지 암기하여 외우는 것을 두 번씩이나 해가 뜨기 전에 마쳤으니, 이 두 사람의 총명함을 숙장이 매번 칭찬하였다. 칠석날 가절에 전례에 따라 파접하는 행사를 하니 시제가 "근일경에 등학명산하니 우문추풍이 풍풍에 목락유성이라"(近日更에 登鶴鳴山ᄒᆞ니 偶聞秋風이 渢渢에 木落有聲이라) 해석하면 "근자에 학명산에 올라보니 예전에 듣지 못한 가을바람이 퐁퐁 흐르는 물소리와 함께 나무에 감겨 어우러지는구나."[25]였다. 이에 선생이 또한 우등으로 상을 받으니 제1구에 이르기를 "작작만궁여영죽하니 적막강산이 자불평이라"(勺勺萬窮如靈竹ᄒᆞ니 寂寞江山이 自不平이라) 해석하면 "수많은 새싹들이 달려 무궁함이 영험한 대나무 같으니 적막강산이 스스로 예사롭지 않구나."[26] 라고 하였다.

이듬해 1873년 계유년 선생이 16세 되던 해 여름에 띠로 엮은 정자[27]누옥을 밤나무밭 가운데 세우고 여름 내내 시를 짓고, 시경을 계속 읽어 어느 정도 성과를 보게 되었다. 또 이 해에 이르러 가세가

25 역자.

26 다른 해석에는 없는 부분이다. 역자.

27 茅亭(모정)은 띠로 엮은 정자란 뜻으로 초라한 정자를 말하는데 전체적인 맥락으로 볼 때 초라한 초가집을 말하는 것이 아닌가 생각된다.

점점 영락함으로 선생의 형님께서는 귀농하여 경작에 매달리니 선생도 학문하는 일에는 전념치 못하였다. 다음 해 1874년 갑술년에는 상서 한 질을 다 읽었다. 선생이 18세 되는 1875년 을해년 말에 채무 관계로 인하여 밤나무밭을 매각하고 아랫마을로 다시 이사하였다.[28] 그리고 여름에는 신해조 선생 서재에서 배우기 시작하였으나 같이 공부하는 동창이 없어 진보가 더디었다. 이듬해 1876년 병자년 19세가 되는 해에 봄부터 가을에 이르러 무더위에 한발이 기승을 부려 8월 13일에는 된서리까지 내리고 반도 강산 전반에 걸쳐 농작이 흉년들어 먹을 것이 없으니, 선생의 가세도 텅텅 비어 가을이 되어도 뒤주에 쌀 몇 되도 없었다. 그리고 캄캄한 밤 어두운 방에 벽을 뚫어 달빛 들일 곳도 없으니 책도 읽지를 못하였다.

선생이 12세가 되던 1869년 기사년에 조순(趙洵)씨가[29] 자부 상을 당하여 안으로 살림을 할 사람이 없었고 또 풍수설에 혹하여 유학을 멀리하고 밖으로만 나다녔으니 곤계(昆季)[30]즉 선생 형제는 부득이 백자동 원신보 노인 집에 왕래하면서 통감을 수학하였다. 또 인근 동네의 김일선이란 참봉 댁에도 가끔 왕래하면서 서법을 배우니 학문 수학이 제대로 이어지지 못하고 맥이 끊어지기 일쑤였다.[31] 이듬해 1870년 경오년에 선생의 형님이 전주 이씨 처자와 혼인을 하니 선생은 형수 받들기를 어머니 대하듯 하고 인근 동네 사람들

28 우거는 남의 집에 임시로 거처를 마련하는 일을 말한다.

29 조순은 어린 시절 경팔에게 조치수 노인이 맞다.

30 昆季 곤계는 형과 막내라는 뜻으로 탁사는 형이 한 분이었으니 두 형제를 일컫는다.

31 十寒一曝 이란 말을 쓰고 있는데 이는 맹자의 고자상편에 나오는 말로 열흘이 춥고 하루 반짝 햇볕이 난다는 뜻으로 학문이나 일이 지속되지 못하고 띄엄띄엄 끊어진다는 뜻이다.(역자 주)

이 그 선행을 칭찬하였다. 이즈음 선생이 통감을 다 읽고 소학 한 권도 느리지만 온전히 습득하였다. 이때 의산공은 어려운 집안 사정을 감안하여 산 아래 밤나무골 집으로 이사하였는데 떨어져 있는 밭 수(數) 무(畝)[32]와 밤나무 1,000그루가 있었다. 신미년 1871년 선생이 14세 되던 신미년 때에 인근 박회양[33] 댁 사숙에서 수학하니 숙장의 호는 화은이요 이름은 제빈이었다. 이 해 추경(鄒經) 한 질을 읽고 여름이 되어 옛 풍속에 7월 7일에 파접[34] 기념으로 시 작문대회를 하였는데 제목은 "반과산전에 봉 두보"(飯顆山前에 逢杜甫)[35]라 모두 머리를 짜 글을 지었고 선생이 우등 일등으로 뽑혔으니[36] 제2구에 이런 구절이 있었다. "공강수락로완석이오 원천운귀여고수라"(空江水落露頑石 遠天雲歸餘古峀) 해석하면 "허허로운 강의 강물은 이슬처럼 떨어져 돌을 다듬고 먼 하늘 구름 돌아와 산굴에 머물렀네"[37] 이해 겨울에 논어를 읽었는데 종일 독서하여 병이 날 지경이었다.

---

32 畝(무)는 토지 단위로 약 사방 100보의 땅을 말한다. 고려 조선의 토지 단위로 결(약 300평)과 무를 사용하였다.

33 회양 고을 수령을 하였기에 박회양이라고 불렀다.

34 罷接(파접), 글쓰기나 독서모임을 마무리 한다는 뜻. 이때 옛 풍습은 작문대회를 열곤 하였다.

35 시제의 뜻은 "산과 밥상에 햇과실이 놓이니 두보를 만난 듯하다."란 의미이다. 문학적 수사가 포함된 말이다.

36 居甲(거갑) 어조사 거를 포함 갑으로 1등 했다는 뜻이다.

37 구절의 내용 중 이덕주 해석은 끝 글자 수(峀)를 유(由)로 적었다. 문맥과 뜻을 고려하지 않았기에 해석하지 않은 듯하다. 역자가 산굴이라고 해석한 것은 앞서 의산공 세 부자가 이사한 곳이 산 아래 밭을 낀 밤나무골이었기 때문이다.

2

청년기와 한양 이거

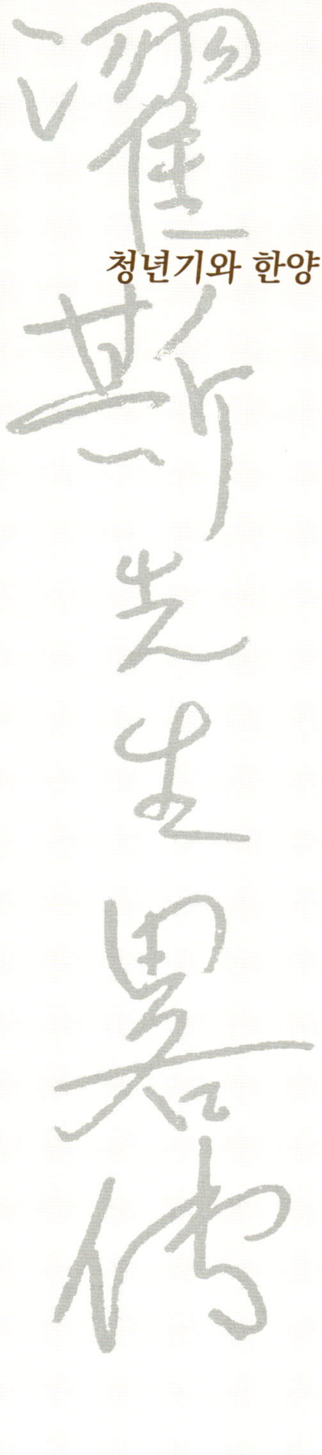

*

양자로 입적

1877년 정축년 20세 되었을 때 선생이 부득이 신월리 윤병언 댁으로 왕래하여 윤씨의 자녀 둘을 교수하고 받아오는 곡식으로 연명해 나가니 가세가 영락할 뿐 아니라, 선생의 형수께서는 과종(踝瘇)[1]의 병환으로 수년을 고생하다가 여름에 이르러 세상을 떠나게 되었다. 이때 아직 조카는 어리고 집도 없어 괴정(槐亭) 아래 조희성 댁 협실을 빌려 들어가고, 부자가 지붕을 이고 절구질을 직접 하니 이런 가련한 정황은 사람이 감당하기 어려웠다. 광주리와 바가지[2]는 비어 쓸 일이 없고, 굴뚝에는 연기가 피어오르지 않으니 선생의 학문 연구도 다락에 파묻혀 오랫동안 활용하지 못하는 신세였다.

기유년 1879년 선생이 22세 되던 해 겨울에 다시 이성로씨 서재

---

1 과종(踝瘇), 매우 독특하고 어려운 한자어인데 복사뼈 다리가 영양 불균형으로 붓는 각기병의 일종.

2 단표(簞瓢), 그런데 약전에는 簞飄라고 잘못 기재하였다. 표(飄)는 회오리바람이란 뜻이다.

로 이거하여 지내다 이 댁에서, 친구로 지내던 유병문과 더불어 긴 밤 경전을 함께 읽고 주인 아들인 이호성과 함께 3인이 동고동락 하면서 독서하였다. 선생은 이때 춘추좌씨전을 열람하였다. 그 이듬해 1880년 경진년 여름에도 선생의 형편은 나아지지 않아 학문을 하여도 이 같은 상황을 면치 못하였다. 또한 이해 겨울 이성로 댁에서 춘추를 읽고자 하나 밤에 등불조차 없어 이웃집 불빛을 간신히 의지하여 읽었고, 비록 메추라기 옷같이 허술한 옷을 입어도 깨끗하게 씻어 다려줄 사람조차 없었다. 겨울 찬 공기에 무너져가는 집에서 방에 앉으면 냉기가 엄습하여 오고, 사람도 얼어 갈 것 같은 고초가 심하였다. 이럴 즈음 선생이 눈을 감고 묵도하여 상제께 아뢰니 인간의 운이 닿고, 잘되고 못되고 하는 것이 하늘의 이치에 따르는 자연스런 일인지라 마침 한성으로부터 인마와 의복과 돈이 내려와 선생의 식솔들을 공궤하였다. 이 물질은 양정재 6세손 직래씨가 만년에 후사가 없어 한스러워 하여 양자를 널리 구하던 중에 선생의 단아함과 학문에 뜻이 있음을 소문으로 듣고 알고 있었던 터였다. 일찍이 선생이 1875년 을해년 봄 2월 경과와 1879년 을해년 여름 4월 제술과에 응시하기 위하여 편발(編髮)[3]로 한양에 올라가 화려한 수도의 모습을 보았을 때, 직래씨가 선생을 자애의 마음으로 불러 만나보고 몇 년간 마음에 두고 있었다. 이 때 선생의 부친 의산공이 선생의 형제를 불러놓고 훈유 하시되 "내가 가진 것도 없이 너희 형제를 어렵게 키워 가르쳐 금이야 옥이야 여겼는데 불행하게도 집안이 쇠락하여 너희 어미를 일찍 떠나보내고 너(큰 아들) 또한 상을 당한 슬픔에 있으니 안으로 음식 할 사람이 없고, 밖으로 살아 갈 방 한 칸 없으

3 편발(編髮). 관례를 하기 전에 머리를 길게 땋아 늘이던 일. 또는 모습.

니 애석하게도 너희 둘이 힘들고 고아 아닌 고아가 되어 외롭게 울며 춥고 배고프다고 외쳐도 야채죽도 줄 수 없으니 이런 형편에 어찌 네 동생의 혼배를 구하겠느냐. 빈궁이 뼈에 사무쳐 이러다 가문을 이어가기도 어려우니 경팔이는 집을 떠나 양부를 잘 봉양하라."는 말씀을 마치고 단장의 슬픔으로 눈물을 흘리니 선생 형제도 슬픔으로 흐느꼈다. 이해 섣달 12일에 아버지 슬하를 떠나 큰절하고 한양으로 향할 때 동창생 친구들과 사숙의 스승들이 시를 지어 슬픔을 위로하였는데 이를 다 기록하지는 못하지만 단지 박제빈 선생의 한 수 아름다운 글이 기억 속에 있으니 "해가 다하니 온 천지에 눈이 가득 하구나, 서풍이 불 때 송별하여 멀리 떠나니 대붕의 뜻을 품고 남해를 날아가누나. 새들도 사랑하는 이와 친구를 찾아 귀소하거늘 함께 배우며 스승의 제자가 된 마음은 오죽 하겠느냐. 독서란 두 글자가 여린 마음을 지우니 경팔군이 지었던 글귀가 오히려 날 울리는구나. 인생살이는 지난하나 마음에 두어 가질 포부가 있고 그로 인하여 군(君)도 집을 떠나니, 세상의 기운에 휘둘리지 마라, 아픈 마음을 시로 다 자아낼 수가 없구나. 내가 너에게 줄 것은 이 시 한 수지만 독서 두 글자를 항상 가까이 하고 널리 재능을 키워 서방과 중국을 두루 돌아보고 부디 내 제자로서 학문의 꽃을 피워라"[4]고 하였다. 12월 16일 한양성에 도착하여 남대문 안 상동 본가에서 양부모께 배알하고 가묘에 제사하였다.

---

4 (역자 역). 역자가 필력이 약하여 제대로 번역하였는지 모르지만 아름답고 눈물나는 별시(別詩)다. 이 시는 기억 속에 있던 내용을 적은 것으로 탁사 약전이 탁사가 직접 써 둔 것이 아니라면 있을 수 없는 내용이다.

강화도조약과 개화정책

이때 정계는 1868년 무진년(명치 원년) 일본 국서가 도착하였으나 천황이란 두 글자가 있어 거슬림으로 수용하지 않고 부산에 도달한 지 7년이 지난 상태였다. 1874년 갑술년에 이르러 국서를 받자는 주장이 일어났다. 이듬해 1875년 을해년 8월에 일본에서 상사(上使) 흑전청륭(黑田淸隆, 구로다 기요타카)과 부사 정상형(井上馨, 이노우에 가오루)[5]를 파견한 후 조선에 통상을 청하니 11월에 전권대사 신헌과 부사 윤자승을 강화도에 파견하여 통상조약을 체결하고 1876년 병자년 2월에 조인하였다.[6]

고종 15년에 철인왕후 김씨[7]가 승하하시고 이듬해 1879년 을유년 일본의 외무대신 화방의질(花房義質, 하나부사 요시모토)[8]이 조선에 들어와 청수관[9]에 머물렀고 부산의 개항을 청하자 의정부에서

---

5 이들은 강화도조약 당시 일본의 전권대사와 부사가 되어 우리나라에 불평등 조약을 강요하였다. 이들은 메이지 유신 직전 큐슈의 사쓰마 번주가 영국에 유학 보낸 선각자들이었다. 신헌은 접견대사라는 직함이었고 부사는 윤자승 이었다. 일본 명은 역자가 붙인 것이다.

6 이 기록은 대단히 중요하다. 1875년 을해년엔 이른바 운요호 사건이 있었던 해이고 이를 빌미로 이듬해 병자수호조규 즉 강화도조약이 체결된 것으로 알고 있는 것이 일반적인 역사 기록이다. 탁사의 기록이 맞다면 1875년에 모든 것이 체결되고 1876년에 조인만 한 것이 된다. 일반적으로 1975년 8월 운요호 사건이 있은 후 구로다가 전권사신으로 온 것이 12월, 신헌과 윤자승이 임명 된 것은 1876년 2월이었다. 개인의 기록이라 오차가 있을 수 있지만 다시 살펴볼 필요가 있다.

7 철인왕후(1837~1878), 철종비로 안동 김씨 김문근의 딸이다.

8 화방의질(花房義質), 메이지 시대 일본의 외교관, 하나부사 요시모토로 오카야마 출신, 프랑스, 영국, 미국을 유학하고 돌아와 임오군란 때 외무대신으로 제물포조약의 체결의 주역이기도 하다.

9 청수관은 본래 경기중군영을 말하며 일반에게 청수관으로 불려졌다. 서대문 밖에 있었으며 강화도 조약이후 일본의 초대공사 하나부사 요시모토의 공관으로 제공되었다가 임오군란 때 구식군인과 시민의 봉기로 청수관인 일본 공관을 공

이를 허락하였다.[10] 또한 인부(仁富)[11] 등지에 포대를 설치하고 1880년 경진년에는 수신사를 일본에 보빙(報聘)하였다.[12] 또 일본 외무경의 외교 문서가 도달하였는데 기록되기를 "조선 정부는 미국과 통상 교섭하여 스스로 문호를 닫아걸지 말라" 하였다. 또한 일본 정부에서 판리공사[13]가 국서를 가지고 왔다. 1881년 신사년 봄에는 조정에서 '유람신사단'[14]을 일본에 파견하여 정계와 여러 업무를 두루 시찰하게 하니 이들의 명단은 이원회, 어윤중, 박정양, 심상학, 홍영

격하려하자 불을 지르고 달아났다. 이 때 대부분의 건물이 불타버렸다.

10 이 부분도 일반 역사와 다른 점이 있다. 즉 강화도조약 체결과 함께 3개항(부산, 인천, 원산)이 개항한 것으로 알지만 1979년에 개항이 이루어지고 있다.

11 인천과 부평을 일컫는다.

12 개항이후 일본에 수신사를 보내고 신사유람단을 파견하였다. 1차 수신사는 김기수가 인솔하여 1876년에, 2차 수신사는 김홍집이 강화도조약의 개정을 목적으로 1880년에 파견되었다. 이때 김홍집은 강화도조약의 불평등 중 하나인 일본상품에 대한 무관세규정을 낮은 세율이지만 관세를 물리는 방향으로 개정하고 돌아왔다. 그리고 이때 김홍집이 청의 외교관 황준헌의 『조선책략』이라는 책을 가지고 들어왔다. 내용 역시 조선의 방아책(防俄策)으로 '친중국 결일본 연미방' 하라는 것으로 일본 외교관의 제안과 같다. '보빙'이란 인사드리고 사안을 보고하다란 뜻으로 당시 사용하던 외교용어이다.

13 공사란 국가를 대표하여 외교교섭을 하기 위하여 외국에 파견되는 제2급 외교사절로, 특명전권공사의 약칭이다. 그 아래에 변리공사, 대리공사가 있다. 1880년에 온 일본의 변리공사는 하나부사 요시모토였다. 이때 주로 인천의 개항문제 등을 논하였다.

14 신사유람단과 같은 용어이다. 고종은 개화파 젊은 관리들로 구성된 조사 시찰단(朝士視察團)을 일본에 파견했다. 일본의 발전한 근대 문물을 배워오도록 하기 위해서였다. 하지만 당시 조선 정부 내에서는 여전히 개화에 반대하는 대신들의 목소리가 높았던 시기였으므로 조사 시찰단의 파견은 비밀리에 이루어졌다. 조사 시찰단은 한양에서 부산으로 내려가 배를 타고 일본으로 건너갔다. 고종의 은밀한 명령으로 이루어진 일이었으므로 이들은 부산까지는 암행어사의 자격으로 내려갔다고 한다. 이후에는 임금의 명령을 받은 시찰단으로서 일본에 머무르며 일본의 근대 시설들을 둘러본 뒤 다시 부산을 거쳐 한양으로 돌아왔다.

식, 조준영, 엄세영, 민종묵, 이헌영, 조병직 등이었다.[15] 또 김윤식을 영선사로 삼아 청국에 파견하여 천진에 머무르게 하였다.[16] 한편 안기영, 권정호 등이 이재선(국태공 대원군의 서자)을 옹립 추대하기를 도모하다가 사전 발각되어 참수당하였다.

선생이 양자로 들어온 이후로 조석으로 잠자리를 봐 드리며 문안을 드리고 겨울에는 따뜻하고, 여름에는 시원하게 해드리며 양부모를 지극히 효로써 섬겼다.[17] 또한 바깥 사랑채에서 서적을 섭렵하였는데 가운(家運)이 피지 못하고 여전히 악한 기운이 남아 있어, 선생의 양부가 노환이 깊어 한 달 넘게 건강치 못하셔서 이해 가을 음력 7월에 이르러 선생의 삼가례[18]를 행하고 여름이 가기 전에 혼례를 위하여 화성에 사는 반남 박씨 집안의 규수와 약혼을 하였다.

---

15 조준영(趙準永) 박정양(朴定陽) 엄세영(嚴世永) 강문형(姜文馨) 조병직(趙秉稷) 민종묵(閔種默) 이헌영(李憲永) 심상학(沈相學) 홍영식(洪英植) 어윤중(魚允中) 이원회(李元會) 김용원(金鏞元) 등 12명이었다. 이들은 각기 팀장이 되어 각 분야를 돌아보았으며 이토히로부미도 만났다. 최근 역사학계에서는 신사유람단이란 이름이 일본측 언론이 붙인 이름으로 오해를 불러일으킬 수 있다 하여 '조사시찰단(朝士視察團)'이란 이름으로 바꾸어 교과서에 실었다. 결국 당시에는 없던 용어를 의도에 따라 새로 만든 셈이다.

16 청국의 양무운동은 아편전쟁 이후 서양의 무기제조기술을 배우고 해군력을 양성하는 것을 목적으로 한 중체서용의 부국강병 정책으로 리홍장, 증국번 등이 주도하였다. 해군력과 무기제조 기술을 양성하기 위하여 천진에 도크를 설치하였으며 이를 견학코자 한 것이었다.

17 定省(정성)이란 표현을 쓰고 있다. 저녁에는 잠자리를 보아 드리고, 아침에는 문안을 드리는 일. 혼정신성(昏定晨省).

18 삼가(三加)에는 복두(幞頭)•공복(公服)을 씀. 관례는 중국에서 전래한 사례(四禮)의 하나로 성인의식이라 하여 매우 중요한 행사로 인식됨. 삼가례를 행하려면 먼저 관자(冠者)의 조부(祖父)나 아버지의 친구 중에서 덕망이 있고 예법을 잘 아는 분을 빈(賓)으로 모셔서 삼가(三加)의 절차를 행함. 삼가례가 끝나면 아명(兒名)을 버리고 자(字)를 지어 부르며, 사당(祠堂)에 고하고 어른들에게 차례로 인사를 한 다음 잔치를 벌임. 그런데 이를 혼례로 간주하고 있으나 이 자체가 혼사는 아님.

하지만 선생의 양부 병환이 점점 깊어감으로 8월 초 3일에 정동으로 거처를 옮겼으니 전에 살던 집은 지금의[19] 미창정(米倉町) 상동회당[20]의 서편이었고 새로 살게 된 곳은 지금의 러시아 영사관 정문 안 북편이었다. 하지만 약을 드시게 해도 무효하여 이해 8월 29일에 양부께서 돌아가시니 선생의 마음이 슬픔으로 가득하여 더 거론할 수 없었다. 마침 이때 나라에서 정시(庭試)[21]가 시행됨으로 제천의 명사인 최승면이란 친척과 선생의 생부 의산공과 상지사(相地師) 조순[22] 선생이 방문하여 위로하였다. 시흥 외곽 금불암 선영의 임좌원[23] 맞춤한 곳을 택하여 9월 9일에 장례를 봉안하였으니 아는 사람들이 혹 말하되 "묘 자리는 선생의 고독함을 천우신조하여 상지사[24]까지 보내서 도와주었다"고 하였다. 선생이 노모 아래서 부친의 무덤을 모시고 주야로 애곡하는데 박씨 가의 규수는 선생이 부친상으로 슬피 거한다 하는 소식을 듣더니 결혼하기로 마음을 먹었다 하였다.[25]

---

19 이 약전을 쓸 당시를 말함.

20 상동회당은 상동교회의 전신이며 1885년 스크랜턴에 의해서 시작되었다. 위치는 현재의 서울 중구 남대문로 30번지이다.

21 정시(庭試), 정기적으로 치는 과거인 식년시 외에 조선시대 왕실의 경사가 있을 때와 특정 지역의 유생이나 관료를 대상으로 실시한 특별 과거로 처음에는 세자 책봉 또는 세자·왕후·왕태후의 병환 쾌유와 같은 왕실의 경사가 있을 때나 중국 황제의 즉위 등을 계기로 실시되었다. 정시는 특별 과거로 그 실시가 전국에 알려지지 않았기 때문에 응시자가 소수였다. 또, 오로지 표(表)와 전(箋)만으로 시험을 보았으므로 급제자는 대체로 양반 집안의 어린 학동들이었다. 때문에 학문을 깊이 연구한 선비가 급제하지 못하는 폐단이 있었다.

22 조순은 제천에서 탁사의 어린 시절 글을 가르쳤던 치수 노인으로 본업이 상지사 즉 지관임을 알 수 있다.

23 정남향에서 동쪽으로 15도 기운 방향을 임좌원(壬坐原)이라고 풍수에서 사용하는 용어이다.

24 地官(지관)을 상지사(相地師)라고 함.

25 아마도 효성에 감복하여 결정하였을 성싶다. 하지만 본인의 입으로 이를 적시하지는 않았다.

임오군란

세월이 빠르게 흘러가 어느덧 1882년 임오년 6월을 당하니 초 9일에 군요가 크게 일어났다. 앞서 계유년 1873년 10월경에는 최익현이 상소를 올려 아뢰되 "국태공은 그 품위를 높이고 칭호에 걸맞게 하시되 국정에 간여하는 것은 불가하시다"하였다. 또한 대원군을 높이어 대노(大老)라 하였다. 하지만 국태공은 이때부터 가슴에 항상 불평을 품고 있었다. 1874년 갑술년 2월 8일에 이르러 세자가 탄생하고 이후 정권이 모두 중궁전(명성황후)에 있었다. 그는 문세를 혁파하고 소전(청나라 화폐)을 혁파하였다. 마침 민비의 오빠 민승호 침실에 화약이 폭발하여 승호 부자가 모두 사망하니 민간에 떠도는 말이 이는 국태공의 비밀공작이라 하였다. 1882년 임오년에 무위영과 장어영을 신설하고 일본인 堀本禮造(굴본예조, 호리모토 레이조)를 초빙하여 병제를 훈련하니 이름하여 '별기군'이라 하였다. 또 명문자제 백여 명을 선발하여 사관생도라 칭하고 하도감에서 무예를 익히게 하였다. 6월 9일에는 훈련도감군(구식군대)이 반란을 일으키니 그 원인은 군졸의 급료를 아홉 달 동안[26] 지급하지 않아 인심이 분분한데 선혜청에서 제대로 된 쌀도 아닌 곡식으로 병졸에게 내려준즉 군인들이 창고지기를 구타하고 선혜청 당상 민겸호에게 소원(訴冤)하였지만 민씨 가문의 상노배가 악을 행하니[27] 군

---

26 일반적으로 구식군인에게 급료가 2-3달 밀렸다고 알려져 있다. 그런데 탁사는 9달 동안 밀렸다고 구체적으로 기록하고 있다. 13개월 동안 밀렸었다는 연구도 있음.

27 민씨 집안의 노비까지 권세를 등에 업고 위세를 떨었다. 이에 군중이 더 분노하였다. 이 부분에서 탁사의 사관을 엿볼 수 있다. 즉 임오군란의 원인을 "민씨 가문의 상노배가 악을 행하였다."라는 표현은 민씨 가문의 전횡에 좋지 않은 생각을 가지고 있었기에 간접적으로 드러난 수사라 생각한다.

인 가족이 더욱 격노하여 일어났다. 이때 국태공이 군영의 집사 등을 불러 설득하되 "너희들은 모두 죽은 목숨이니 죽기를 각오하고 거사 하라" 하니 난군들이 범궐 하였다. 이때에 민 황후가 위급 중에 이르렀더니, 도감군에 김중현이란 자가 있어 궁인으로 변장한 민후의 가련한 정경을 보고 난군에게 이르기를 "이는 내 여동생이라" 하고 궐문 단봉문 밖으로 나선 후 홍계훈 댁에 숨어 있게 하였다. 홍계훈은 본래 무감으로 중전을 받들어 섬겼으므로 이미 민후를 잘 알고 있었다.[28] 그 후 윤태원의 사저에 머무르다가 결국 충주 장호원의 민응식 집으로 피신하였다.[29] 한편 대원군이 입궐하여 정권을 장악하매 군인 가족을 진무하고 한편으로 밀린 군료를 지급하며, 또 한편으로는 민후의 국상을 반포하여 신민으로 국복(상을 당한 백성의 복장)을 행케 하니 이르되 "민후는 군란 중에 승하하셨다" 하였다. 한

28 임지(稔知). 임(稔) 벼가 한 번 익는 기간 즉 약 일 년을 말하고, 知와 결합하여 '충분히 알다'라는 뜻이 된다.

29 민비의 피신과정과 관련해 「高宗실록」과 「승정원일기」 모두 아무런 기록을 남겨 놓지 않았다. 이는 당사자인 민비 등이 난이 평정된 이후 입을 다문 채 史官(사관)에게 당시의 정황을 전혀 언급하지 않은 데 따른 것이다. 현재 알려진 것은 전설처럼 전해지는 얘기뿐이다. 이에 따르면, 민비는 재빨리 궁녀로 변장한 뒤 사태수습을 위한 入侍(입시)의 명을 받은 대원군과 함께 입궐한 媤母(시모)의 가마를 이용해 出宮(출궁)을 시도했다. 그러나 궐문에서 이를 수상히 여긴 난군들이 가마를 부수고 심문하기 시작했다. 이들이 민비의 얼굴을 몰라 잠시 머뭇거리고 있는 사이 武藝別監(무예별감) 洪在羲(홍재희)가 뛰어 들어 큰 소리로 瞑이는 내 누이 홍상궁이다』라고 외치며 민비를 둘러업고 재빨리 궐문을 빠져나갔다. 일개 별감이 중궁을 등에 둘러업고 갔다는 것은 당시의 예법상 상상할 수 없는 일이나 훗날 洪啓薰(홍계훈)으로 개명한 홍재희가 민비의 신임을 얻어 출세가도를 달린 점에 비춰 개연성이 있는 얘기다. 홍계훈은 후일 을미사변 때 경복궁을 수비하다가 일본 낭인들에 의해 피살된다. 이것이 일반적으로 알려진 임오군란의 비사이다. 하지만 탁사는 민후를 업고 빼낸 이를 김중현이라고 적시하고 있다. 또 다른 기록은 홍계훈이 직접 업고 나왔다고 기록하고 있다. 김중현이라는 사실은 새롭게 밝혀진 사실이다. 전남 해남군 옥천면에 김중현의 비가 있다. 비에 당시의 비사가 기록되어 있는데 신빙성이 떨어진다는 말이 있다 하지만 탁사의 기록으로 어느 정도 보강되는 측면이 있다.

편 무위영과 장어영의 2영과 통리기무아문을 모두 혁파하고 훈련도감, 금위영, 어영청 등 각 영을 복구하였다.[30] 이때 난군이 청수관에 불을 지르니 화방의질이 도주하였고 총리대신이었던 이최응[31]과 경기 관찰사 김보현과 선혜청 당상 민겸호와 민창식 등이 난 중에 모두 척살되었다.[32]

고종이 청국 텐진에 사람을 파견하여 영선사로 가 있던 김윤식을 북양대신 리홍장에게 호소케 하여 천병(청군)을 청하니 청국 대신이 이르기를 "이 사건은 외국의 침범이 아닌즉 천조에서 도움 주는 것이 불가하다" 하였다. 하지만 여러 번 거듭 간청하니 부득이 파병하니 오장경, 황사림 등이 남양만 대부도에 건너와 정박하였다. 한성으로 상경하여 남단(南壇) 북쪽에[33] 주둔하고 4대문에 게시문을 붙여 백성을 안돈케 한 다음 국태공을 체포하여 정여창으로 함께 배를 타고 청나라 보정부[34]에 유치(幽寘)하였다. 아울러 난군 수괴 10

---

30 원래 임난을 겪으며 중앙군은 5군영 체제를 구성하였다. 즉 훈련도감, 금위영, 어영청, 총융청, 수어청을 두었다. 그런데 총융청과 수어청은 경기도 지역을 방어하는 부대였고 훈,금,어 3영은 한성을 수비하는 부대였다. 이는 민후에 의하여 만들어진 2영 체제를 허물고 다시 옛 5군영 체제로 복귀했다는 뜻이다.

31 남연군의 아들로 대원군 이하응의 형이다. 대원군의 통상수교 거부정책에 반대하여 명성황후 편에 섰다. 1881년에 통리기무아문 총리대신이 되었다가 유림의 반대로 물러나 있었다.

32 김보현은 경기관찰사로 일본 공사 하나부사 호리모토를 인천을 통해 도망가게 방조하였다고 경군에 의해 죽임을 당하였고 수상(영상) 이최응과 원성의 대상이었던 선혜청 당상 민겸호와 민창식 등이 호리모토와 일본인 8명과 함께 죽임을 당하였다. 이는 황현의 '매천야록'에도 기록이 되어 있다. 그만큼 탁사의 기록이 정확하다.

33 남방토룡단(南方土龍壇)을 줄인 말이다. 서울 남산의 남서쪽, 지금의 후암동 부근에 있었으며, 이곳에 이르는 고개를 남단고개(南壇峴)라 하였다. 조선시대 도성 밖 이곳에서는 기우제와 기설제를 지냈다. 용산 미8군 주둔지를 말한다.

34 보정부(保定府), 중국 하북성 중부에 위치한 주도. 북경에서 남쪽으로 15㎞에 위치한 지역으로 정치의 중심지였음. 리홍장의 북양군벌 근거지이기도 하였다.

여 명을 둔지리에 효수하였다. 그리고 이 해 가을 8월에 민후가 충주로부터 환어하시어 '통리교섭통상아문'과 '군국기무아문'[35]을 신설하였다. 또 기기국과 전환국과 박문국을 설치하고 당오전을 주조하였으며 원산항과 인천항을 개통하고 한미조약과 한영조약과 한덕조약을 각각 성사시켰다.[36] 그리고 어윤중으로 하여금 서북경략사로 임명하여 사무를 관장케 하고 일본인과 통상장정을 체결하여 인천항에 일본 조계를 정하였으며 부산항에 일본이 해저전선을 매설하는 조관을 성사시켰다.

이때에 조선이 오랫동안 태평하였는데, 갑자기 군란을 보았기에 분요를 당한 선비나 아녀자들은 난을 피하여 시골 등지로 도망하니 가마꾼들이 술을 마시는 사이 젊은 처자의 가마를 백발 노파의 가마로 바꿔 드는 자가 있었고 가묘에 숨는 일도 있었고 시신을 오간수 도랑에 버리는 자도 있었다.[37]

임오년 고종 19년(1882년) 6월에 난병들이 범궐하니[38] 중궁전은 족질인 전 예조판서 민영위의 충주 사저로 피어하시고[39] 전 영상 이

그러므로 리홍장의 보호 하에 대원군을 감금한 것이었다.(역자 주)

35 일반 역사에는 임오군란 진압 이후 7월 25일 기무처가 설치되고, 11월 17일과 18일 통리아문과 통리내무아문이 설치되었는데, 이는 12월 4일 통리군국사무아문과 통리교섭통상사무아문으로 개칭되었다고 기록되어 있다. 탁사의 기록은 개인의 기록으로 차이가 있다.

36 한미조약은 조미수호통상조약이고, 한영조약은 조영수호통상조약, 한덕조약은 조독수호통상조약으로 1882년과 1883년에 각각 이루어졌다.

37 이 부분에 있어 앞서 언급한 임오군란의 정황을 탁사는 다시 기록하여 놓았다. 거의 대동소이 하나 약간의 차이가 있을 뿐이다.

38 이 부분에서 탁사는 임오군란의 좀 더 상세한 사실을 재론하고 있다. 앞부분과 약간 다른 내용이 서술되어 있다. 이 같은 내용은 탁사 자신이 써두었던 내용 중 새롭게 드러난 사실을 부연하였다기보다 누군가 다른 관점으로 추가된 듯한 인상을 받게 한다.

39 민영위는 사저가 당시 충주가 아니라 여주였다. 그러므로 민후의 여주 사저로

최응, 전 경기 감사 김보현, 선혜청 제조 민겸호는 난으로 모두 살해 당하였고 전 참판 민창식도 흉도에게 무참히 살해당하였다. 병자년(1876년)의 흉년 이후 세납이 감축되고 선혜청의 훈련도감 군료는 불완석(미흡한 곡식)이 많아 군중의 마음에 서운함이 쌓여 처음에는 호소를 하였고 그 후에는 선혜청 역원과 서로 충돌하여 관청에 투석하며 공곡(국가 관곡)을 탈취하는 지경에 이르렀다. 당상이 주동자 2명을 포청에 감금하고 엄한 처벌을 행할 때 각 군영의 병사들이 감옥을 부수고 범죄자들을 풀어주며 동별영에 모두 모여 그 위세가 대단하니 군권이 이미 넘어간지라. 재빨리 범궐하여 척신을 살해하며 민후를 가리키며 분노하니, 중전이 재빨리 궁녀복을 취하여 입고 후원으로 나갔다. 마침 이때 민후의 족손 민응식이 계방(桂防)[40]에 입궐해 있던 때라 곧 민후를 가마에 몰래 태우고 충주 장호원으로 인도하여 숙부인 민영위 사저에 잠어케 하였다. 때에 대원군이 변란 소식을 듣고 궐에 당도하여 대소 사무를 모두 처결하였다. 비망기를 승정원에 내려 중궁전의 승하와 의대(衣+對)계 즉 시신을 찾을 수 없으니 입던 옷으로 장례를 치를 것을[41] 반포하였다. 저자거리의 악력배들이 청수관에 방화하여 일본 공사 하나부사 요시모토가 인천항으로 나가 대피하였다가 일본 군함 10여 척을 이끌고 제물포에 정박하니, 병조판서 조영하를 전권대신으로 보내 변리토록 하였다. 한편 청국 제독 오장경이 3영병을 거느리고 경성에 들어와 왕궁을

이어하였던 것인데 일반적인 역사 기록과 조금 차이가 있다.

40 조선시대 왕세자를 모시고 호위하는 임무를 맡기 위하여 설치되었던 관서. 계방(桂坊)이라고도 한다. 세자익위사라고 하여 강학과 호위를 맡았다. 그런데 탁사는 방(坊)을 방(防)으로 잘못 쓰고 있다.

41 국상 등을 당하였을 때 복장을 갖추게 하는 상례. 민후가 죽은 줄 알고 국상을 하고자 함. 이는 권력 관계에서 민후 세력을 배제하기 위한 조치였다.

호위하고 군란 수괴 30여 명의 목을 베었다. 이때 청의 톈진에 주재하고 있던 영선사 김윤식과 문의관 어윤중이 본국에 변란이 일어난 소문을 듣고 북양대신 리홍장에게 난을 제압해 달라 청하니 리홍장이 청의 황제에게 상주하여 파병하였던 것이다. 오장경이 운현궁을 방문했기에 다음날 대원군이 둔지현 청군 군진에 가서 감사의 회답을 전하니 오장경이 영접 안치하여 말하기를 “왕비의 유고를 알지 못하고 상례를 집전함은 명예를 크게 훼손함이요, 또한 난병의 중한 범죄자들을 근무지로 돌아가게 하고 면죄함은 국법을 스스로 파괴함이라 황성(북경)에 사람을 보내어 사실을 설명하라” 하고 (대원군을) 천진으로 압송하였다. 이해 8월에 중궁전(명성황후)을 봉영하여 환궁케 하고 청병, 구완식으로 병사를 영도하여 가마를 호위케 하였다.

갑신년 10월에 우영사 민영익이 우정국 연회에서 검객에게 자상을 당하였다. 이를 근위 신하가 주상께 고하여 이르기를 “청병이 조선 장수 신하를 살해하고 장차 궐을 범하려 하였으니 청하건대 경우궁으로 피어하시고 일본 공사를 초치하시어 보호케 하소서” 하였다. 주상이 부득이 하여 각각 중전과 후궁을 받들어 함께 이어하시니 일본 병사가 전보같이 신속히 들어와 수비하였다.

이 난으로 선혜청당상 민태호, 해방총감 민영목, 영사 한규직, 윤태준, 이조연, 보국대사 조영하 등이 모두 우환 살해당하였다. 19일 상오 주상이 하도감으로 피어하였던 때에, 내외에 기별하여도 임금의 안위를 들을 수 없었다. 우영의 영관 신태휴가 청나라 장수 오조유로 더불어 정예병을 이끌고 선인문으로 입궐하고 원세개는 돈화문으로 입궐하여 양군이 합세하니, 중과부적하여 일본병은 퇴각하기 시작하였다. 궁궐 안이 대단히 소란한 가운데 신태휴가 주상의 소재를 파악하고 북묘[42] 쪽으로 도망하고자 하여 가마에 모셔 피어하니, 이때 도승지 박영교대신 홍영식은 피살되고 박영효, 김옥균, 서광범, 서재필은 모두 망명하였다.

21일에 주상이 환궁하시었다. 대왕대비전과, 곤전(왕비전), 각 후궁전[43]이 혜화문에서 환궁하였다.

42 서울 명륜동에 있던 관우를 모신 사당(역자 주)

43 당시는 대왕대비나 왕후, 후궁 모두 전(殿)을 붙여서 인칭대명사로 사용하고 있다. 곧 대왕대비와 왕후와 후궁을 말한다.

3

보은 이거와 격동의 정세

*

보은 이거

탁사 선생이 난리 경황 중에 대부인(양모)을 위안하며 더럽고 허물어져가는 곳이라도 곡식을 지고 와서 때론 길에서 야채죽으로 끼니를 때워가며 군란을 무사히 피하였다. 이 해 겨울에 정동에 있는 13칸 기와집을 380냥에 매도하여 충북 보은군 사막리[1]로 거처를 옮기고, 선생의 형님이 상경하여 가묘에 신위를 봉안하며, 선생의 양모를 모시고 하인 몇에게 짐을 지게 하여 보은에 내려가 거하게 되었다. 거처를 옮기게 된 첫째 이유는 보은 사막리에 약간의 토지가 있었기 때문이고, 둘째는 속리산 아래에 풍수적으로 사증팔항(四甑八項)이 있어 10승지지(十勝之地)며 피난처란 말을 믿었기 때문이었다. 선생이 한 번 낙향한 이후부터는 문을 걸어 닫고 책읽기에만 주력하여 세사(世事)를 뜬구름 같이 보았다. 1883년 계미년 가을에

1 충북 보은군 내북면 사막리(현 보은읍 봉평리)를 말한다.

보은군 약동에 거주하는 김씨 집안에 중매쟁이[2]를 보내어 혼사를 의논하였으니 이 같은 일은 임오군난에 수원 박씨 가에서 약혼했던 규수를 데리고 어디로 피난하였는지 알지 못했기 때문이고 한 번도 기별이 없었기 때문이었다.

혼인과 갑신정변

갑신년 1884년 2월 20일에 선생이 김씨댁 규수로 결혼례를 성사하니 이는 금릉인 김보신의 여식이요 이름은 노득이니, 당시 19세로 조선개국 475년 병인년 6월 11일생이었다. 선생이 27세에 비로소 금슬의 벗과 짝하여 화락한 가정을 이루고 어머니를 봉양하였다. 이해 가을에는 타계하신 부친의 제사를 드리게 되었는데 다음날 밤에[3] 인근 가옥으로부터 실화로 불이 일어나 옮겨 붙어 집을 태웠으니 선생이 거듭된 재앙을 당하였다. 한편 부인 김씨는 이때 친정에 가있다 이듬해인 을유년 1885년 가을에 장자 재학을 낳았다.

당시의 정계를 살피건대 1884년 갑신년 봄에 우정국을 설치하고, 또 경기 연안 바다에 방영(防營)을 설치했으며 오금(五金, 금, 은, 동, 철, 주석) 광산 개발을 명하고 금천교에서 정오를 알리는 대포를 쏘도록 하였을 뿐 아니라 농업과 직조, 옹기와 벽돌, 목축과 종이, 차의 생산을 담당하는 각 국(局)을 설치하여 복제를 개정하였다. 10월에 이르러 김옥균, 홍영식, 박영효, 서재필 등이 혁명을 일

2 옛날에는 중매를 매작(媒妁)이라고 불렀다.

3 이런 부분이 약사의 내용을 일기처럼 쓴 것이 아니라 후대에 한꺼번에 썼음을 말해주는 내용이다.

으켜 청국을 배척하고 독립을 주창하되 민영익이 홀로 귀 기울이지 않았다.

17일은 우정국 낙성일이니 각 나라 명사들이 모두 모이자 야밤에 불을 지르는 것을 신호로 하고, 불로 소동이 일어났을 때에[4] 혁명을 따르는 무사에게 민영익을 죽이라고 했으나 왼쪽 귀만 자르고 생명은 해치지 못하였다. 때마침 독일인 목린덕[5]이 정부 고문으로 참판과 같은 지위에 있었는데 그도 낙성연에 참석하였다가 민영익의 위급함 보고 응급 구조하여 자기 집으로 부척하여 도피시켰다. 또한 김옥균 등이 일본병사를 불러들여 입궐하여 난을 일으켰을 때 일본 공사에게 와서 지키라고 하고, 고종 부처를 위협하여 개혁안에 승인케 하였다.[6] 일본 공사 죽첨진일(竹添進一, 다케조에 신이치로)가 입궐하여 청국을 배척하고 독립을 해야 한다고 주장하였다. 그리하여 일병(日兵)이 입궐하여 파수하고, 주군을 위협하여 계동궁, 경우궁으로 이어하시게 하였다. 갑신정권은 박영효로 전영사(前營使)[7] 김옥균을 선혜당상으로 임명하여 업무를 보게 하였다. 그러자 청 장군 오조유와 공사 원세개 등이 병사를 이끌고 입궐하여 일본군을 격퇴하니 김옥균, 서광범, 서재필, 박영효 등은 외국으로 도주하

4 탁사는 중요한 정치적 사건인 임오군란과 갑신정변 등을 재차 언급하는 등 자세히 기록하기 위한 흔적이 보인다.

5 목린덕(穆麟德)은 임오군란 때 원세개가 초빙한 외교고문 묄렌도르프를 말한다.

6 이 부분도 탁사는 일반 역사와 조금 다르게 기록하고 있다. 일본 측은 조선의 국왕이 일본 공사관에 요청하였기에 출동한 것으로 자신들은 갑신정변에 대하여 참여한 책임이 없다는 주장을 펴고 있다. 다시 말하면 일본은 고종의 요청이 있어 출동했을 뿐 갑신정변에 처음부터 가담한 일이 없다는 것이다. 그런데 일본 군대의 요청을 고종이 아닌 김옥균이 한 것으로 기록하고 있다. 상당히 민감하고 중요한 문제이다.

7 친군전영사(親軍前營使)의 준말로 후군전영사와 함께 군대지휘 훈련 책임을 맡았다.

고 난으로 인하여 죽은 이는 조영하, 윤태준, 이조연, 한규직, 민영목, 민태호, 유재현 등이었다.

일군(日軍) 패주 후에 고종은 성균관으로 화를 피하여 가시고 중전께서는 각심사로 피하였더니 청병이 어가를 준비하여 하도감에[8]이어케 하였다. 이 때 우의정 홍영식과 도승지 박영교[9]는 모두 피살되고 왕은 환궁하시었다. 그 후에 일본 공사가 병사를 이끌고 다시 돌아오니 청나라 공사 오대징도 다시 들어와 특별조약을 의정부에서 체결하고, 천진에 들어와 조인 하니 이름 하여 '천진조약ㄹ(텐진조약)이라 하였다. 그 중요한 사항은 '일청 양국이 서로 의논하여 동원한 병력을 철병하기로' 한다는 내용이었다.[10] 이 해에 관복과 사복을 편한대로 개정하도록 명하고 통리군국아문을 혁파하였다. 일본 대사 정상형(井上馨, 이노우에 카오루)이 병력을 이끌고 조선에 들어왔다. 서상우[11]와 목린덕(묄렌도르프, Paul Georg von

8 훈련도감에 속한 관청의 하나로 훈련도감은 본청 이외에 서영(西營)•남영(南營)•북영(北營) 등 이외에도 하도감•염초청(焰硝廳) 등을 부속 관청으로 두었음. 瞑만기요람(萬機要覽)朞에 하도감은 훈련원(訓鍊院) 동쪽에 있으며 규모는 3백90칸으로 기록되었으며, 종사관(從事官) 1인과 감관(監官)이나 기패관(旗牌官) 가운데 1인이 배속되었다고 한다.

9 박영교는 박영효의 친형으로 갑신 개혁파였다. 청군 출동 후 체포되어 홍영식과 함께 피살되었다.

10 청일 양국이 만일 조선에 파병할 때는 서로 논의하여 파병하고 당시 조선에서 동시에 철병하기로 하였다.

11 1882년(고종 19) 통리기무아문 부주사(統理機務衙門 副主事)로 조미수호통상조약과 이듬해 조영수호통상조약을 체결할 때 종사관으로 참여하였다. 1884년 갑신정변 직후 참의교섭통상사무(參議交涉通商事務)에 임명되었다. 곧이어 예조참판에 임명되어 전권대신으로 일본에 파견되어 김옥균(金玉均) 등 개화파 인사들의 송환을 교섭했으나 실패하였다.1885년 서리독판교섭통상사무(署理督辦交涉通商事務), 호조참판·이조참판 등에 임명되었으며, 동지부사로 청나라에 다녀왔다. 귀국 후 성균관대사성이 되었고, 조이수호통상조약(朝伊修好通商條約)의 비준, 교환을 주관하였다. 1886년 협판교섭통상사무(協辦交涉通商事務)로 톈진[天津]에 파견되어 북양대신(北洋大臣) 이홍장(李鴻章)에게 제1

Möllendorff)에게 명하여 일본에 가서 판사(辦事)케 하였다.[12] 그리고 한아조약[13]과 한의조약이 이루어졌다.

억울한 송사

을유년(1885년) 겨울 11월에 선생의 장남 재학이 태어났다. 즉 부인 김씨가 산기가 있다가 산달이 점차 가까워 오매 약동 처가로 가서 심한 고통 중에 후사를 보았다.(아명은 성신) 이듬해 병술년(1886년) 봄에도 다시 약동 처가로 가서 한동안 살았다. 선생은 한 번 보은으로 낙향한 후로 농사도 장사도 하지 않으니 재산도 줄어들기 시작하여 부채가 생겼는데 3-4년 지나자 부채가 점차 산더미 같이 불어남으로 사막리에 있던 전토를 매도하고 아예 약동으로 이거하니 지난날 진사 김상소씨의 옛 집터였다. 선생은 이사한 이후에도 밭고랑과 이랑을 골라 씨 뿌리는 도구나 베틀은 돌아보지 않고(경작하지 않고) 오직 주야로 책 읽는 일만 하고 부인은 무지렁이처럼 농사짓고 베짜기에 골몰하여, 짧은 치마를 입고 물을 긷는 일까지 모두 직접 하니 파릉 산중에[14] 양맹 부처[15]와 같았다. 그리하여 불과 수

차 조러밀약사건(第一次朝露密約事件)을 설명하였다.

12 여기서 판사(辦事)한다는 것은 갑신정변의 개요와 일 처리 등에 대한 것을 설명하고 교섭하여 일을 처리한다는 뜻으로 '독판교섭통상사무'를 일컫는다.

13 조선과 아라사(러시아)의 조러수호통상조약을(1884년), 한의조약은 조이수호통상조약을 말한다. 여기서 의(義)는 이탈이아로 伊와 같이 쓰였다.

14 중국의 섬서성에 있는 강과 산중이란 뜻으로 첩첩산중이란 뜻.

15 금슬이 좋은 부부를 가리켜 '양맹(梁孟)'이라 하였다. '후한서(後漢書)' '양홍(梁鴻)'편에 나오는 이야기다. 중국고사나 유교경전, 중국사에 등장하는 고사를 인용하는 경우가 탁사 약전에 많이 나온다 이를 이해하지 못하면 읽기가 어렵다.

년 내에 부채도 갚게 되고 집안에 여분의 식량도 비축하여 주변 산마루에 눈이 덮일 때도 이를 만족해하며 즐거워하였다. 1887년 정해년 겨울에 이르러 의외의 뜻하지 않은 일[16]이 생겼으니 선생이 군옥(감옥)에 죄수로 잡혀들게 되어 태형을 당한 일이었다. 이는 (보은으로)낙향했을 때 재산을 등록(매입)하기 위하여[17] 업무 처리를 할 때 소개인 송리중이 장부처리를 하면서 중간에서 건몰하고[18] 위조수표로 선생께 타판(妥辦)하였다가[19] 이제 와서 채주와 본 군(보은군) 군수 송헌면과 송리중이 동모하여 선생께 다시 징수시켰다. 선생이 송사에 들어가 명백한 증거로 변론하였으나 본관사또의 위력으로 왜곡된 송사를 행하니 어찌 능히 막겠는가.[20] 선생이 옥중고초를 극심히 당하자 할 수없이 속전 300냥을 재징납 하였다. 그리고 이해 12월 29일에 출옥하였다.

16 '천수의 사(天水의 事)'란 표현을 하고 있다.

17 서울 집을 판 돈으로 집과 전답을 사기 위하여.

18 건몰(乾沒) 즉 남의 물건이나 재산을 빼앗다는 뜻.

19 따져 밝히다란 뜻이지만 여기서는 확인시키다 정도로 해석하면 될 것 같다.

20 숙능어지(孰能禦之)란 사자성어로 표현하였다.

4

재 상경과 기독교 수용

*

탁사와 기독교와의 만남

가세가 넉넉지 못한 중에 남은 농우 한 쌍과 논 4두락을 다 팔았다. 선생이 억울하여 하늘을 두고 비통하여 말하길 "자고로 이런 그릇된 정령으로 망하지 않은 사람이나 나라가 없으니 조선을 위하여 탄식하노라 나 같은 잔반[1]이 비록 향곡에 거할지라도 성명과 천명을 보전하기 어려우니 어찌 울울 초야에만 거하리오." 하였다. 얼마동안 세월을 보낸 후에 베틀과 나물 캐는 망태기까지 모두 불태워 버리고 어머니께 엎드려 이별을 고하고, 또한 처자의 탄식하는 안타까움을 못내 웃으며 다독인 뒤에 한양을 향해 떠나[2] 목적을 이루고자 하니 때가 1888년 무자년 정월 초순이었다.

---

1 잔반(殘班), 조선후기 몰락양반을 지칭하는 말로 신분제의 동요와 함께 다수 양반이 잔반으로 전락하여 낙향하거나 은둔하는 경우가 많았다. 이들이 대개 사회를 변화시키기 위한 종교운동이나 민란의 주동 또는 개화사상에 접근하는 이가 많았다.

2 이 부분을 西遊長安이란 상징적인 단어로 사용하고 있다.

이때 척질 김명진이 마침 경기관찰사로 임직하고 있었기에 그 아들 조카와 함께 선화당 뒤 관풍각에 머물렀다.[3] 그리고 2월 8일에는 경과에 다시 응시 하였다. 이 해 6월에 김명진이 경상감사로 전보되어 식솔과 관리를 거느리고 대구로 부임하니 선생은 일정한 주거가 없어 대고모의 손자 남정면 집과 옛 친구 오양선 집에 거주하였다. 선생이 이곳저곳 세상을 돌아보며 '장안미를 삭(索)' 하더니 (생활비만 축내고 있었더니)[4] 친구 중에 윤호와 박명원이 있어 정동 배재학당에서 영어를 배우고 있었다. 배재학당[5]은 미국 선교사 아편설라(아펜젤러)가 창설한 것으로 서력 1885년에 조선에 도래하여 정동에 주택을 마련하고 붉은 벽돌로 세운 학교로, 조선인민들을 모집하여 영어를 가르치고 예수교의 진리를 전파하는 것을 목적한 학당이었으니 지금의 배재고등학교의 전신이다.

1887년에 미국 선교사 한 사람이 와서 정동에 머무르니 이름은 조원시(George Heber Jones 1867-1919) 목사였다. 그즈음 윤호씨가 선생을 조원시에게 소개하여 조선어 교사로 추천하니 선생은 허다한 세월을 객지에서 허송하는 것이 불가하고, 앞에서 언급한대로 불우한 일들이 없지 않았으므로 조원시의 어학교사로 들어가게 되

3 선화당은 각 감영의 본청으로 관찰사의 정청이며 관풍각은 감영에 딸린 감사의 개인 집무실이다. 김명진의 아내가 임신하여 친정에 가 있어 마침 한성으로 올라 온 탁사가 경기감영에 한동안 머물렀다는 뜻이다. 김명진은 문신으로 이미 1886년에 경기감사(관찰사)였으며 1888년 경상감사로 발령을 받는다.

4 이 말은 중국 당나라 때 백거이와 관련된 고사에서 나온 말이다. 즉'長安米貴'란 말로 백거이가 과거보러 장안에 갔지만 비싼 양식만 축낸다는 長安米貴 居大不易 란 말에서 나왔다. 즉 '서울은 생활비가 비싸 살아가기가 힘들다'는 뜻으로 쓰인다.(역자 주)

5 아펜젤러는 영어교육을 위해 작은 학당을 설립하였다. 처음에는 2명의 학생을 가르쳤으나 이듬해 20명으로 늘어나자 조선의 황제 고종은 '배재학당(培材學堂)'이라는 이름을 하사 하였다.(역자 주)

었다. 이때가 1888년 무자년 10월13일이었다. 그런데 이즈음에 하나의 풍설이 성행하였으니 서양인이 조선의 유아를 아주 잡아 먹는다하고 혹, 어떤 물장수는 서양인의 집 마굿간에서 유아의 잘린 팔을 발견하였다 하였다. 또 혹 말하길 서양인이 유아를 삶아 먹는다 하며, 조선인의 안정(眼睛)[6]을 취하여 약으로 만들어 먹는다 하니 사람들이 즉시 마음이 변하고 귀신에 현혹되어 서교를 믿지 않았다. 이와 같은 낭설이 점점 심해져 불상사가 생길 듯하여 미국인 병사가 입경해서 공사관을 파수하고, 만약 무슨 변란이 생기면 미국인은 공사관으로 피신하라고 하는 정도였다. 선생도 역시 유언비어에 빠짐은 시중에 떠도는 말들을 들었기 때문이지만 조원시 선교사 집에 머무르며 보니 서양인은 날 때부터 푸른 눈과 긴 머리칼을 가졌고 움푹 들어간 눈과 높은 코를 가졌더라고 인식하게 되었다. 또 적토준마 같이 빨리 걷고 달리니 노방에서 본 사람들이 모두 말하길 "수라한 같이 흉하게 생긴 사람들이 어찌 사람을 먹지 않겠는가." 라고 하였다. 선생도 조원시 선교사를 처음 보았을 때는 공포와 의구심이 있었지만 수개월을 지나고 보니 친밀한 정이 점점 생기게 되었다.

격동의 정세

이때 정계를 논하자면 을유년(1885년)에 내무부와 제중원을 설치하였고 이중하로 토문감계사를 임명하여 청국 관원과 더불어 회판(담판)하였다.[7] 각궁 각방 속사(屬司)에서 신설한 잡세를 명하여

6 눈알, 눈동자를 뜻한다.

7 소위 숙종 때 세운 '백두산정계비' 문제로 '서위압록 동위토문'(西爲鴨綠 東爲土門)이란 문구 문제로 청과 대립하다 토문강이란 두만강이 아니라 토문강이 따로 있다 주장하여 간도를 우리 땅으로 인정받았다. 그리고 간도를 관리하기

타파하고 상공국을 신설했으며 오장경의 정무사[8]를 건설하였다. 또 이해 영국 병함이 거문도를 불법 점령하였다가 1887년 정해년에 환부하였다. 전 해인 1886년 병술년에는 이도재와 신기선을 김옥균의 잔당이라 하여 해도에 원찬(유배)하고[9] 미국인 덕니(데니)에게 내무협판을 명하고 가숙 당상의 제도를[10] 설치하였다. 또 육영공원을 좌우에 세워 명문가 자제들에게 영문을 수학케 하였다.[11] 1887년 정해년에는 전보국과 경학원,[12] 연무공원을 설치하였으며 박정양으로 전권대신에 임명하여 미국에 주재케 하였다.

1888년 무자년에 다시 통위영과 총어영과 장위영을 설치하고 박문국을 혁파하였으며 영국인 해래백사[13]가 전선을 가설하는데 공로가 있다하여 품계를 올려주고 김가진[14]으로 일본에 판사대신을 삼아 파견하였다. 러시아로 더불어 육로로 통상하는 조약(조러육로통

위하여 토문감계사를 파견하였다. 이때 파견한 관리가 이중하였다.(역자 주)

8 임오군란 때 군대를 거느리고 온 청나라 장수 오장경(吳長慶)은 우리나라에 주둔하며 중국 상인까지 들어와 장사하게 하였다. 이것이 우리나라 화교의 시작이 되었다고 한다. 그래서 그를 기리는 사당을 지었고 그 이름이 정무사였다.(역자 주) 이런 세세한 기록을 편년으로 정리한 것이 놀랍다.

9 遠竄, 원찬이란 '멀리 귀양 보내다'란 뜻. 이도재와 신기선은 전라도 완도로 귀양을 보냈다. 지금 여수 돌산도에는 비가 있다.(역자 주)

10 家塾黨庠 가숙당상, 사숙과 학교를 세워 인재를 키우다.

11 육영공원 내에 좌원과 우원을 두고, 좌원은 현직 관료 중 선발된 사람을, 우원은 관료가 아닌 사람들을 선발하여 교육시킴.

12 본래 1887년에 최고의 국립교육기관이었던 성균관(成均館)과는 별도로 근대교육을 위해 세웠다. 이후 성균관은 유생(儒生)의 교육기관으로서 유지해갔으나, 경학원(經學院)은 1894년에 폐지되었다.(역자 주)

13 영국인 핼리팩스(T.E. Halifax: 해래백사)로 우리나라에서 전신선 가설에 도움을 주었다. 탁사가 이런 인물과 업적까지 기록해 놓았다는 것이 역시 놀랍다.

14 구한말 주 일본공사를 역임하여 외교에 밝았다. 일본으로 부터 남작의 작위를 받았지만 독립운동에 헌신하였다. 대동단 총재로 상하이 임시정부를 지원하였고 항일 무장투쟁을 계획하였다.

상장정)을 정하고 일본의 체신성과 함께 만국전보에 가입하는 약정서를 다시 개정하였다. 1889년 기축년에 묘당[15]으로부터 공사(公私) 의제(衣制)를 개정하여 중앙과 지방에 반포하였으니 소매가 넓은 옷[16]을 폐하여 인민의 통상복은 주의(周衣) 즉 두루마기 한 벌을 착용케 하고 관리는 두루마기 위에 전복(戰服)과 소대를 착용하며 예복은 착수단령 즉 소매가 좁고 둥근 속적삼 옷에 흉배를 착용[17]하게 하였다. 러시아와 경흥군에 개시(開市)를 열기로 약정하였고 조선과 일본 간에 통어(通漁)장정도 마련하였다.

이즈음에 선생은 조원시의 어학교사로 성서도 열람하며 조선의 문전과 역사를 교수하고 화조월석(花朝月夕)[18]에 시사(詩士)들과 교유하니 상사(上舍 즉 생원)[19] 오양선과 추범 서병건, 군수 남면과 생원 어남사 등 십 수 명이었다. 이 해 10월 24일에 양정 어머니(양어머니)의 상을 당하여 고향(보은)집에 황급히 돌아가 대성(戴星)[20]하였다가 초종과 상례를 다 치른 후에 상복을 입고 상경하여 조원시 선교사를 여전히 교수하였다. 선생이 시국의 변천함과 풍속의 어지

---

15 종묘(宗廟)와 명당(明堂)이라는 뜻으로 조정(朝廷)을 일컫기도 하였고, 또는 의정부(議政府)를 달리 이르던 말.

16 흔히 소매가 넓은 도포를 말한다. 袖 소매 수.

17 窄袖團領 소매가 좁고 둥근 적삼을 입으라 하였다는 등의 복제를 규정한 의제는 제도와 규칙까지 개인의 문집과 일기 약사에 기록하기에는 특이한 내용이다.

18 꽃이 피는 아침과 달뜨는 저녁이란 뜻으로 '경치가 좋은 계절에'란 의미이다.

19 생원과 진사를 일러 상사라고 한다. 그런데 탁사는 '오상사양선' 이라고 붙여 썼는데 이는 진사 오양선 또는 생원 오양선이란 뜻이다. 그런데 이렇게 붙여 쓴 것을 하나의 단어로 해석하려하면 의미가 파악되지 않는다. 그리고 생원이나 진사는 과거에서 소과 합격자란 뜻이기에 이는 대과를 칠 수 있는 자격을 얻었다는 뜻으로 구별에 의미가 없기에 탁사가 이렇게 사용한 것 같다.

20 戴星(대성)하다. 즉 별을 머리 위에 이고 있다는 뜻, 아침 일찍 집을 나가 저녁 늦게야 집에 돌아옴의 비유.

러움을 항상 한탄하고 사회 개량을 연구하더니 하루는 어렴풋이 깨닫게 되었다. "국가 정치 문명이 종교 성쇠에 달려 있어, 교화가 밝을 때는 관헌이 법률을 바로 쓰고 교화가 없는 시대에는 관리도 왜곡된 송사를 하거늘 법률과 교화가 병행하여야 문명에 이르는 것이라. 이와 같은즉 조선 정치의 문란함은 유교가 쇠락하여 제 구실을 하지 못함에 있도다. 조선을 문명케 함에는 유신한 종교를 실행함이 제일 급무라" 하여 그때부터 기독교의 서적을 섭렵하였다.[21]

1890년 경인년에 함경감사 조병식이 황두(黃豆)의 수출을 금지함으로 탄핵을 당하였다.[22] 이해 문조(효명세자)비 신정황후 조씨가 승하하심에 수능[23]에 봉안하였다. 또한 주전소를 평양에 설치하여 당오전을 주조하였으며 경리청[24]을 설치하였다. 동명왕릉에 수호관을 배치하고 전환국을 세워 은화와 동화를 주조하여 기왕에 사용하던 돈 엽전과 당오전의 교환을 편리케 하였다. 또 왕자 강[25]을 의화군에 봉하였다. 이면상으로는 천진 주재 독리(督理)[26]에 명하여 천진에 거주케 하고 함경도 영민(營民)이 소요를 일으키자 감사 이원일을 파견하였다. 오국(오스트리아)과 통상수호의 조약을 성사하였고 임오군요의 수괴였던 훈련국 포수 박홍근 등 6적을 참형하였다.

1893년 계사년, 선생이 여유롭게 시부를 탐구하고 글 짓는 일

21 탁사의 개혁사상과 정신을 단적으로 설명할 수 있는 자술이다.

22 이른바 방곡령 사건을 말한다.

23 수릉(綏陵)은 조선 제23대 순조의 맏아들인 문조와 그 비 신정황후(추존) 조씨의 능.

24 1712년(숙종 38) 북한산성에 설치하였다. 1747년(영조 23) 총융청(摠戎廳)에 합병되었다가 1891년(고종 28) 다시 분리설치 하였으나 1894년에 폐지하였다.

25 이강(李堈) 의화군 또는 의친왕을 말한다.

26 독리통상사무(督理通商事務)衙門을 말한다.

을 스스로 포기해버린 후로, 과거에 참여한 이래 수십 여 차례였지만 극위[27] 즉 과거 방해 행위에 누차 뜻을 꺾이게 됨을 탄식하고, 관리의 불공정 행위를[28] 한으로 여겼다. 이는 과거의 폐단이 극심하여 권력이 있는 자는 사알[29] 무예별감[30] 등을 끼고 재물로 뇌물을 행함으로 입격을 용이하게 하지만 기타 빈약자는 아무리 이태백과 두보의 문장과 우군[31]왕희지의 필체를 지녔어도 일반 응시자들이 산더미같이 낸 답안지 위에 답지를 제출해 봐야 등제의 희망은 없었다. 앞서 1892년 임진년 가을에 경무대 정시(庭試)에 동료 오양선과 입장하여 마지막이라는 심정으로 성심을 다하여 제출하고자 하였는데 포졸에게 봉변만 당하여 필경은 답안지를 훼손함으로 제출치 못하고 집으로 돌아왔다. 이때로부터 선생이 과거보기를 중단하여 말하되 "선비는 국가의 근본이라 이제 이와 같이 천대하는 세상에 과업에 종사하는 것이 무엇이 유익하리오." 또한 권세가문에는 출입을 끊고 이르길 "숙계지세(叔季之世)[32]에는 항상 간사배가 권세를 이용하고 군자는 은둔하여 피하나니 권세가 문 앞에서 배회하는 것은 진실로 어리석고 배알(창자)도 없는 자의 모습이다." 또 말하길 "이 못나고 어리석은 자는 재력이 남만 못하고 가문이 남만 못하고 외모와 언변도 남만 못하니 어찌 출세하기를 희망하겠느냐. 잠거포도(潛居

27 棘圍(극위) 서책(書冊)을 지니고 들어가는 행위 등을 막기 위해 설치되었음.

28 유사(有司), 어떠한 단체(團體)의 사무(事務)를 맡아보는 직무(職務), 관리

29 조선시대에 임금의 명령을 전달하는 일을 맡아보던 정6품의 잡직(雜職).

30 궁궐 문이나 왕을 호위하는 무관.

31 右軍, 여기서는 왕희지를 가리킨다. 군대로 해석하면 전혀 엉뚱한 뜻이 될 뿐이다. 왕우군(王右軍)우군장군右軍將軍 왕희지王羲之.

32 춘추좌전과 채근담에 나오는 말로 왕조말기 현상 또는 말세, 망하기 직전 이란 뜻.

抱道)[33] 넓은 뜻을 품고 있으면서 때를 기다림이 가하다."고 하여 이에 종교철학을 연구하기로 결심하였다.[34]

입교와 수세

그 후에 조원시를 뵙고 예수교에 입참하기를 결정하였다 하니 조 선교사가 크게 기뻐하여 말하길 "선생이 나와 함께 자리한지 이제 5년에 이르러 성서도 많이 열람하였고 예배 때에 강도하는 것도 많이 들었으니 더 오래 기다릴 것이 없도다. 돌아오는 주일 예배에 성 세례를 받으라." 선생이 흔연히 응답하고 숙소로 돌아와 시사(詩社)의 모든 친구에게 말하니 한가지로 시사 동무들이 모두 불가하다 하며 이르되 "자네가 빈궁한 소치로 서양인의 어학선생이 되었을지라도 어찌 공맹의 대 성교(聖教)를 버리고 하루아침에 서교인이 되려고 하는가? 우리가 평소에 해행문(蟹行文)[35] 즉 서양 글자를 보지 못하게 함은 천주학에 입교할까 염려함이니, 이에 선생이 예수교에 입교한다 하니 우리는 작금 이후로 절교할 것이라." 종친 사람도 책망하여 "만일 군이 서교에 입교하면 선책(僐冊, 호적)에서 제명 하겠다"하여 평지파란이 도처에서 일어났다.

성일(主日)을 당하여 선생이 교회에 가고자 하나 갓망건과 의복

---

33 潛居抱道 잠거포도 '도인(道人)의 마음을 품고 있으면서, 세상에 나서지 않고 때를 기다린다.

34 탁사의 입교 동기를 설명할 수 있는 부분으로 사회현상을 처절히 통탄하며 이를 해결할 방편으로 입교하게 되었음을 대변하였다.

35 해행문(蟹行文)은 서양의 글씨가 옆으로 게걸음 하듯이 삐딱하게 씌어졌다는 뜻.

이 일절 없어져 문 밖에 나갈 수 없었다. 선생이 의관이 없어진 것을 보고 이상히 여겨 사방을 두루 살피는데 소위 사중시반(社中詩班) 즉 시사의 시 동무들이 모두 옷을 숨긴 한통속들이었다. 다음날 의관을 휴대(정제)하고 조 선교사의 사무실에 가니 조 선교사가 믿음의 유무를 문답하고 일장이 한바탕 서로 웃었다. 다음 주일에 가만히 다시 오기를 약조하고 1893년 계사년 2월 8일에 성 세례를 받으시니 이때가 조선개국 502년이요, 이 해 가을 선생은 지방회에서 권사의 직을 부여받았다. 이때에 정계를 보면 위로부터 관직을 매매하여 감사 자리에 7~80만 냥이고, 목사나 부사 한 자리에 2~30만 냥이었다. 여차한 지방관들은 인민의 고혈을 빨아 먹으니 전국 창생이 어육이 됨으로 성천, 강계, 함주 등 군민은 소요를 일으켰다. 강화군에 진무영을 개설하여 경기 연해에 도총제영을 만들고 교동수사가 절제총관이 되게 하였다.

동학농민운동, 청일전쟁, 갑오개혁

동학은 근본 서력 1860년 경신년 4월 5일에 경주 용담인[36] 최제우가 창설한 것이다. 1864년 갑자년 2월에 동학 문도인 박승호 등이 최제우의 신원운동으로 복합상소 하였는데 조정에서 우두머리를 참하라 하니 무리가 놀라서 도망하였다. 그리하여 삼남지방의 여러 군에서 사람들을 모으니 교도가 수십만 명에 이르렀다. 마침내 보은군 장내에 운집 하였더니 선무사 어윤중을 파견하여 늦도록 효유하고

36 龍潭(용담)은 경주 부근 지명이다.

해산케 하였다.

홍종우가 김옥균을 상해로 유인하여 총으로 살해하였는데[37] 이듬해 1894년 봄에 김옥균 시신을 양화진으로 인도하였다가 다시 역율(逆律)로 처벌하였다.[38]

1894년 갑오년에는 개성, 김해, 고부 등 군에 민란이 발생하였다. 그중에 가장 심한 자(탐관오리)는 조병갑이었다. 그는 고부에서 학정을 일삼아 농민들의 재산을 수탈함으로 백성들이 관아에 회집하여 읍소하였지만 조병갑이 도리어 그들을 잡아 감옥에 가두었다. 소요의 우두머리 전봉준이 동학당을 이끌고 분기하여 고부를 점령하고 여러 군읍에 격문을 전하니 삼남이 이에 호응하였다. 이들은 탐관오리를 부복하여 곤장을 치고 외딴 섬에 추방하였다. 전봉준이 다섯 진영 군졸을 고부 백산에서 모두 격퇴시키고 전주에 이르니 전라감사 김문현이 성을 버리고 도주하였다. 동학도가 전주에 거하자 조정에서 초토사 홍계훈으로 병사를 이끌고 남하하여 대포와 속사포로 전주성을 습격케 하니 성내 외 수천호가 불타고 수라장이 되었다. 동학당은 싸움에 처해 곤란하게 되면 각각 부적을 가슴에 품고 주문을 외우는데[39] 이는 화살이나 총탄에 맞지 않는다고도 믿기 때문이었다. 동학도 천여 명이 서로 베고 죽으니 성을 비우고 퇴주하

37 1894년 3월 28일 오후 4시. 중국 상하이의 뚱허양행(東和洋行)이라는 한 호텔에서 세 발의 총성이 울려 퍼졌다. 그곳에서 갑신정변의 중심인물인 김옥균이 숨졌다. 이는 친구 사이였던 홍종우가 김옥균을 돕는다는 구실을 댔고 동양 3국의 단합을 위해 리홍장을 만나야 한다고 해서 상해에 간 것이었다.

38 홍종우에게 살해당한 후 시신을 양화진으로 이송하여 '대역부도죄인'이란 죄명으로 형식적인 참형을 다시 하였다. 이를 逆律(역적을 다스리는 법)로 처벌했다고 표현함.

39 3.7자 주문으로 "지기금지 시천주조화정 원위대강만사지"란 주문을 외웠다.(역자 주)

였다.[40] 또 이원회를 순변사로 정하여 충청도에 보내어 동학도의 북상에 대비케 하였다.

조정이 청나라 공사 원세개를 통해 청국의 원병을 청하여 리홍장이 제독 엽지초[41]와 섭사성으로 병사 800명을 이끌고 5월에 아산만에 상륙하여 성명을 발표하되 "속국 조선에 내란이 일어나 도움을 요청하므로 청을 받아 병력을 동원하노라" 하고 일본에 통지하니 "일본은 조선 거주민(조선에 거주하는 일본인)을 보호한다."는 성명을 발표하고 육군 소장 대도의창(大島義昌, 오오시마 요시마사)[42]가 육군 제1 여단을 영솔하고 7월 14일에 인천항에 상륙하고자 하였다. 이에 동학교도들이 양국의 출병 소문을 듣고 초조해 하다 흩어져 점차 진정되었다.

청국이 일본의 철병을 협의 하였으나 듣지 않았으며 일본이 이르되 "조선은 청의 속방이 아니라 그러므로 양국이 협력하여 조선 내정을 개혁하자" 하니 청국이 또한 듣지 않았다. 대도규개(大島圭介, 오오토리 게이스케)[43]가 6월 23일에 병졸을 인천에 진 치게 하고 개혁안 5개조를 7월 3일에 제출하여 국정 개선을 권고하니 조정 의

40 이 부분이 역사 내용과 상당히 다르다. 역사에서는 황토현, 황룡촌 전투 등에서 관군을 격파하고 전주성까지 점령하니 정부에서는 서둘러 화약을 청하게 되고 동학농민군은 폐정개혁안 12개조를 발표하였다고 기록되어 있다. 그러므로 탁사를 재야사학자라고 볼 때 그의 사관(史觀) 또는 경향성을 알게 된다.

41 청의 제독으로 청일전쟁의 패장이었다. 중국식 발음으로는 '섭지초'라고 읽어야 한다.

42 현 아베 총리의 4대조 할아버지인 오시마 요시마사(大島義昌), 일본군 5사단 9여단장은 1894년 7월 경복궁을 기습하여 고종을 포로로 잡았다. 일본은 본격적으로 내정간섭을 시작했고 이에 반발한 동학농민군이 전국적으로 다시 기포하였다.

43 오토리 게이스케(大島圭介) 일본공사는 본국 훈령에 따라서 1894년(고종 31) 7월 3일 고종에게 내정개혁방안요령(內政改革方案要領) 5개조를 제출하는 한편 청의 세력을 물리칠 것을 강요하였다.

논이 분분하였다. 주상이 교정청을 궁중에 설치하여 영의정 심순택과 좌의정 조병세 등을 총재로 하고 당상관 신정희, 김종한, 조인승 등으로 하여금 교섭하니 청국 공사 원세개가 형세의 불리함을 보고 본국으로 도망 귀환하였다. 그리하여 정부와 일본공사 간에 교섭이 귀결되지 못함으로 7월 23일에 일본군이 궁궐에 난입하여 대군주(주상)께 협박조로 청하되, "정무를 대원군에게 위임하고 완고당(보수파) 심순택 내각을 경질하라" 하였다. 그리하여 외척 제신(諸臣)들을 파직하고 개혁을 개시하니 '군국기무소'를 설치하여 우의정 김홍집으로 총재를 삼아 폐정을 개혁 하였다.

이때에 일본 병사들이 청군을 공격하여 7월 23일에 일, 청 양 해군이 풍도 부근에서 개전을 하니(청일전쟁) 7월 29일에 성환 들에서 전투가 있어 일본군이 청군을 대파하고, 8월 1일에 양국이 선전을 포고하였다. 청국에서는 제독 위여귀와 좌빈귀 등으로 평양을 점령하고 대동강변에 요새를 포진하여 방어를 엄하게 하였다. 9월에 일본 제1군 사령관 산현유붕(山縣有朋, 야마가타 아리토모 육군대장)과 야진도관(野津道貫, 노즈 미치츠라), 대도의창(大島義昌, 오오시마 요시마사) 등이 패장 엽지초를 추격하여 평양에 도달하니 청나라 장수 마옥곤이 응전하므로 다시 대파하였다.

일본 해군과 육군이 서로 상응하여 제1군은 압록강을 건너 구련, 봉황 제(諸) 성을 파하고, 대산암(大山巖, 오오야마 이와오)은 제2군을 인솔하고 요동의 화원구(花園口)[44]에 상륙하여 여순구(뤼순 해안)를 통과하였다. 또 양군이 협력하여 우장전장(牛莊田庄)[45]을 진

44 요동반도 남단의 해안, 청일전쟁 일본 진출지.

45 소 농막과 밭을 일컫는다. 농토와 가축.

취하고 위해위(威海衛, 위하이웨이)를 공략하여 청국 북양함대를 궤멸시켰으며 전군이 직예성[46]을 공격하기로 결정하였다. 이듬해 을미년(1895년) 3월에 청국 전권대신 리홍장이 일본 마관(馬關, 시모노세키)[47]에 건너가 일본 전권대신 이등박문과 회담하여 4월 17일에 조약(시모노세키조약)을 체결하니 양국의 평화가 회복되었다.

한편 조선과 일본이 공수동맹을 맺으니 9월에 의화군[48]을 보내어 일본에 보빙하고 갑신난의 개화파 죄인들의 죄를 씻어주어 서용케 하며 관제를 개정하여 궁내부, 의정부와 8 아문을 성치하고 대신을 두어 시무케 하였다.

이때로부터 청국 연호를 사용치 않고 '개국기년'을 사용하고 국권의 독립을 동짓날 태묘에 선고하였다. 또 정부를 내각이라 개칭하고 능지처참 등의 악형을 폐지하였다. 한편 이때 일,청 양국이 강화조약을 정하니 제1조는 "청국이 조선의 독립을 확인한다." 함이었다. 이때로부터 조선이 청의 굴레를 벗어나 독립국이 되니 이는 광무황제 32년 을미년(1895년)이었다. 일본 내무대신 정상형(井上馨, 이노우에 가오루)이 조선에 전권공사로 들어와 정치개혁 20조를 국왕께 진달(奏達)하고 그에 따라 대원군의 집정을 파하며, 외척을 불러 쓰는 것을 제한하고, 박영효를 내부대신으로 임명하였다.

46 지금의 화북성.

47 지금의 하관(下關) 시모노세키, 이전엔 마관(馬關, 바칸세키)이라고 불렀다.

48 이강, 의친왕.

5

목회자 수련의 길

*

신앙의 확신과 가족과의 한양생활

이즈음 선생은 아펜젤러 목사를 도와 전도도 하고 주일학교 교사도 하였는데 1894년 갑오년 봄에 동학의 창궐함을 듣고 아펜젤러 목사와 상의한 즉 아공(亞公, 아펜젤러 목사 약칭)이 종로에 있는 교회 집으로 들어오라고 하였다. 이사를 준비하려고 보은 향제에 내려가니 마침 그 때에 동학도가 속리산 아래 장내에 운집하여 있었다. 선생의 처형 김석균이 동학의 접주였다. 선생을 위협하여 동학에 입참하라 하며 이르되 "우리 동학의 목적은 '척양척왜'이니 만일 내 말을 듣지 않으면 도살을 면치 못할 것이다" 하였다.[1] 선생이 이르기를 "그러면 동학에 그 어떤 경전이 있는가? 읽게 보여 달라 사람은 모두 자유가 있는데 어찌 위협적으로 사람의 마음을 강제로 굴복케 하는가?" 그러자 김석균이 말하길 "동경대전이 있으니 자네가

1 아마 탁사가 이미 기독교인이 되었다는 소식과 서양인 아펜젤러와 함께 일한다는 사실을 알고 위협한 듯하다.(역자 주)

만약 보고자 원한다면 내일 아침에 받들어 올 것이니 몸을 씻고 이를 닦고 향을 피우고 도포를 입고 무릎을 꿇고 앉아 성심과 공경의 마음으로 열람하라" 하였다. 선생이 알았다 답하고 다음 날 아침에 '동경대전'을 열람하여 보니 유, 불, 선 3교의 경전 장(章), 구(句)를 얼마씩 간추려서 편성한 것이요 순전한 진리에 입각한 말들이 없는지라 선생이 이르되 "이와 같은 성훈은 평소에 살펴 본 바라 나는 정녕 죽을지언정 예수교의 진리를 따르겠다." 하니 김석균이 원망하여 일갈하기를 "너는 학식으로 망하리라" 하며 이에 반이(搬移, 이사)를 방해하고 중도에 습격하여 협박할 것을 의논하였다.

선생이 행리(行李, 이삿짐)를 꾸릴 때 가묘는 친부의 엄한 교훈이 있었으므로 묻어 안치하지 못하고 사위목주(신주)[2]를 함 가운데 안배하여 형님께 친히 제사를 담당하도록 부탁하였다. 두 척 수레에 가재도구를 싣고 사인교 가마에 부인과 한 살 젖먹이 재원(아명 성천)을 타게 하니 장자 재학(아명 성억)은 나이 10세요, 둘째 성만은 7세요, 장녀 성희는 불과 4세라 평교자에 혹 타고 혹 걷게 하여 1894년 음력 3월 3일에 보은 약동을 떠나 경성으로 향하니 노중에 고생은 말할 것이 없었지만 경성에 도착하여 종로에 있는 집에 당도하였다. 아펜젤러 공이 선생의 이사비용 반액을 보전하여[3] 살림을 장만케 하였고 교회 일을 의논하여 전도기관을 설치하였다. 그리고 신학문에 도움이 되는 서적을 수입하여 조선 인민의 지식을 계발케

2 사위(四位목주(木主), 사위는 안자(顔子)•증자(曾子)•자사(子思) •맹자(孟子)의 사 신위 (四 神位)를 말하며 목주는 신주를 말한다.

3 이 부분을 어떤 이는 건물 수리비를 지원하였다고 하였지만 반이(搬移)는 이사를 말한다. 탁사가 생활이 어려워 경성 아펜젤러가 사둔 집에 살러 오게 되었는데 수리비 일부를 지원하였다면 나머지는 탁사가 마련했다는 뜻이 된다 하지만 그런 형편이 못되었다.

하고 '그리스도인 회보'를 주보로 발간하되 선생을 주필로 삼았다.

선생이 신주를 벽장에 봉치한지 수개월, 침식이 항상 불안하고 국내에 전쟁이 일어나곤 하였는데 하루는 결심하여 한 삯꾼을 불러 신주함과 괭이 한 자루를 지게 한 다음 시흥군에 있는 선영에 가서 신주를 편안히 묻고 봉안한 후 땅에 엎드려 기도하였다. 이날 밤부터 편히 자고 음식도 잘 먹게 되어 주 안에서 즐거워하였다.

이 해 7월 23일 이른 아침에 일본군 수천 명이 별안간 종로 네거리를 점거하매 채소상과 땔나무와 숯(柴炭)을 실은 말이 분분히 도주하고 수백석의 참외 과일 등이 하찮게 나뒹굴게 하였으니 이는 일본공사 대도규개(大島圭介, 오오토리 게이스케)와 대도의창(大島義昌, 오오시마 요시마사)이 병사를 이끌고 범궐했을 때였다. 일본과 청나라 간에 전쟁이 일어남으로 청 공사 원세개가 본국으로 도주귀환하고 경성에 거주하던 청나라 사람 중에 성서를 팔던 신도(매서인)들도 철수하였다.

앞서 아펜젤러 목사가 원대한 교회 경영 계획으로 사람들의 왕래가 많은 종로통에 아주 큰 집을 9999냥 9전 9푼에 구입하였으니 이는 이조(吏曹) 집리(執吏)[4] 오상연의 가옥으로 국가에서 10,000냥 가는 주택을 금하였기에 1푼이 부족하게 거래한 것이었다. 아펜젤러 목사(亞公, 아공이라 칭함)가 청나라 사람으로 하여금 그 집에 살면서 성서를 판매하게 하였는데 (일, 청 전쟁으로) 청나라 사람들이 도망함으로 선생을 그 집에 이주하게 하고 대청은 주일에 예배당으로 모이게 하였다. 선생이 그 집에서 매주일에 강도(講道)하니 때

4 육조(六曹)나 각 지방 관아(官衙)에서 일을 나누어 맡아 주관하는 서리(書吏).

는 1894년 10월이요 동 이름이 향정(香井)[5]이니 지금 중앙예배당[6] 신축한 곳이었다.[7] 그리고 선생이 처음 우거하던 종로통 남변 가옥에는 신학문에 관한 서적과 교회의 제반 서적들을 구입하여 백성들로 보게 하고 간판은 '대동서시'[8]라 하여 신자 이경희로 하여금 매매케 하였다.

을미사변과 을미개혁

을미년(1895년)에 일본세력이 크게 성행하여 박영효, 김홍집이 개혁으로 분주 하더니 마침내 김홍집, 박영효 양 파가 대립하여 서로 알력으로 짓밟고, 또한 정상형(井上馨)[9]공사의 간섭이 너무 심하

5 향정이란 지명은 동네 별칭 같은데 지금의 종로 인사동을 말한다. 이곳에 큰 우물이 있었고 곁에 오래된 향나무가 있어 붙여진 별칭이었다.

6 미국 북감리회의 아펜젤러 선교사가 정동제일교회에 이어 1890년 서울에 세운 두 번째 교회이다. 종로서적 건너편에 있었다.

7 지금의 중앙교회로 아펜젤러 목사가 정동교회에 이어 기독교대한감리회 서울연회 소속으로 1890년 두 번째로 세운교회이다. '지금' 이라는 至今 즉 지금에 이르러 라는 말을 쓴 것은 약전이 1894년 무렵에 써두었음을 추측케 하는 단서가 된다. 1931년에 중앙교회가 연와석조로 개축한 적이 있는데 이때는 중앙교회로 명명 한 때였고 '예배당'이라고 한 것은 탁사 당시 더 이전이었다.

8 최병헌 목사가 운영을 맡아 보았던 기독교서점으로 '종로서적' '대한성서공회'의 기원이 된다.(역자 주)

9 나가토노쿠니[長門國]에서 출생하였다. 1863년 이토 히로부미[伊藤博文] 등과 함께 영국에 유학하고 돌아와 바쿠후[幕府] 타도운동에 힘썼다. 1868년 메이지유신[明治維新] 후 신정부에서 여러 요직을 거쳐 1871년 대장대보(大藏大輔)가 되었으나, 1873년 정부의 재정정책에 불만을 품고 관직에서 물러나 실업계로 들어갔다. 1875년 관계(官界)로 복귀, 1876년 특명전권 부변리대신(副辨理大臣)이 되어 변리대신 구로다 기요타카[黑田淸隆]와 함께 내한, 조선정부에 운요호[雲揚號]사건에 대한 책임을 추궁하여 한일수호조약을 체결하였다. 1884년 전권대사로 다시 내한, 갑신정변 처리를 위한 한성조약(漢城條約)을 체결하였다. 1885년 제1차 이토[伊藤] 내각의 외무대신, 구로다[黑田] 내각의 농상무대

여 정당 중에는 배일사상이 생기기도 하였다. 박영효는 결국 실패하여 같은 해 7월 6일에 일본으로 망명하고 김홍집 당(黨)[10] 곧 김홍집 내각이 정권을 장악하였다. 또한 군부대신 조희연[11]을 해성(海城)[12]에 파송하여 일군을 위문하였고 8아문을 개정하여 7부로 하고, 지방관 제도를 개정하여 23부로 정하였으며, 주상을 존칭하여 '대조선대 군주'라 하며 '건양'이란 연호를 사용하고, 양력을 사용토록 하였다. 또 군제를 개혁하여 영관, 위관을 두고 재판소와 학교를 설립하기도 하였다.

을미년 음력 8월 20일은 10월 11일이니 궁중에 대 변란이 일어났다. 일본공사 삼포오루(三浦梧樓, 미우라 고로)가 말하되 "요호(요상한 여우)가 궁에 있다" 하면서 이날 병졸을 지휘하여 궁중에 난입할 때 대대장 우범선과 이두황이 훈련대 병사를 인솔하고 광화문으로 진입하니 그때 연대장 홍계훈이 (칼을)뽑아들고 막아서서 말하되 "야심한 밤에 궁궐에 침범함은 무슨 일이냐! 나를 죽이기 전

신, 1892년 제2차 이토내각의 내무대신, 청일전쟁(淸日戰爭) 때인 1894~1895년 주한공사, 1898년 제3차 이토 내각의 대장대신 등을 역임하였다.

10 한말 정당(政黨)이라 함은 역사 상황으로 볼 때 '내각'을 두고 하는 말로 여겨진다.

11 1895년 2월 청일전쟁에서 승리한 일본군을 위문하고자 정부 대표로 특파청국전지일진군대위문대사(特派淸國戰地日陣軍隊慰問大使)에 임명되어 우장(牛莊)으로 파견되었다가 귀국 직후인 4월 내무대신 박영효(朴泳孝)와의 알력으로 해임되었다. 10월 제3차 김홍집 내각에서 을미사변의 책임을 지고 물러난 군부대신 안경수(安駉壽) 후임으로 군부대신이 되었다. 1896년 2월 아관파천이 일어나자 파면되고 을미사변 주범으로 체포령이 내려져 유길준(兪吉濬)·장박(張博, 장석주로 개명)과 함께 일본으로 망명했다. 일본에서 오무라 지사부로(大村智三郎)라는 이름을 사용했다. 친일반민족행위자.

12 해성, 하이청 중국 랴오닝성(遼寧省) 동부의 도시로 안산(鞍山) 남서쪽 약 30㎞ 사허(沙河)강 좌안에 위치함. 농산물 집산지로 잠사, 견직, 등유제조, 양조공업이 성하고 옛 이름은 하이저우(海州), 덩저우(橙州)였다.

에는 들어가지 못할 것이라" 하였다. 그리하여 잠시 격투 중에 총을 맞고 쓰러져 죽을 때까지 꾸짖기를 그치지 아니하였다. 우범선이 건청궁[13] 후문으로 들어와 곤녕각[14]을 에워싸는데 궁내대신 이경직과 별입시[15] 최영근이 주상을 모시고 있었다. 일본병사들이 이경직을 살해하니 최영근이 노하여 높이 소리 질러 말하되 "주상께서 여기 계시거늘 어찌 이같이 무례한 일을 행하느냐"고 하였다. 일본군들이 또한 궁녀들을 위협하니 비통한 곡성이 터졌고 옥호루 상층을 범접하여 곤전(중전이 있는 곤녕전)을 위협하니 명성후께서 큰 소리로 일갈하기를 "너희들이 이같이 함은 나를 죽이고자 함이냐" 하고 곧 시해를 당하시니 일본병사(日兵)가 옥체를 궁궐 담장 뒤로 끌고 나간 후 다비(불태움)하였다.

목회와 관직의 겸업

1895년 을미년, 이때 선생은 향정동 예배당에서 전도하면서 아펜젤러 목사와 같이 배재학당에 협성회(協成會)를 조직하여 강연도 하고 회보도 출판하니 이는 조선 사회에 처음 시작되는 일이었다. 정부로서도 폐정을 개혁하며 인재를 택용하니 같은 해 10월에 선생을 농상공부 주사에 서임하였다. 이에 아공(亞公)과 협의한 후에 출사하여 근무하고 남는 시간에는 교회업무에 진력하였다.

---

13 명성황후가 기거하던 경복궁 안의 궁궐, 일본의 낭인들에게 시해당한 곳이다. 1873년 고종이 사비를 들여 짓기 시작하여 1884년부터 기거하였다.

14 건청궁 안의 명성황후 시해 장소.

15 고종이 시위를 위하여 따로 불러들인 관리.

한편 이때 각의에서 선생을 천거한 이는 인천관찰사 박세환이니 평생에 한 번도 본 적이 없었고 얼굴도 알지 못하는 분이었다. 중간에 소식을 전한 이는 본 부(농상공부)의 주사 조동선이었다. (농상공부)에 나아가니 대신은 정병하, 협판은 고영희, 비서과장은 서정직, 문서과장은 김승문, 광산국장은 손붕구, 농무국장은 송헌빈, 상공국장은 윤경주 등 제씨였다. 선생은 문서과의 사무를 담당하여 과장의 지휘대로 일을 행하였다.

이 해에 일본인이 곤전을 살해하고, 대원군이 입궐하자 일본공사가 폐비할 것을 요청하니 주상이 부득이 폐비 명령을 내리시니 김윤식, 이승오의 상소로 인함이었다. 이후에 각국 공사들이 조선왕비의 위해함을 조사하여 재판을 해야 한다고 청하니 주상이 최영근으로 증거인 삼아 지방법원과 대심원에서 수 회 재판을 하였다.[16] 배일당(排日黨) 이범진이 최영근 등을 시켜 러시아 공사 위패(韋貝, 베베르 Karl Ivanovich Veber)[17]와 서로 소통하여 친밀한 관계를 유지하게 하였다. 전(前) 대사성 김복한이 임최수, 이도철 등으로 국모의 복수를 하기 위하여 의병 일으키기를 모의하다가 실패를 하여 죽임을 당하였다. 그러다 10월에는 명성왕후를 복위(復位)하고 천하에 령을 반포하여 정식 장례를 치르게 하였다.

---

16 이 부분은 약전에 기록이 되어 있지만 좀 더 엄밀한 고증이 필요할 것 같다.

17 한자명은 위패(韋貝). 1884년 텐진 주재 영사(領事)로 있을 때 전권대사(全權大使)로 한국을 방문하여, 조러수호통상조약을 체결하였다. 1885년 한국 주재 대리공사(代理公使) 겸 총영사 자격으로 다시 서울에 와서 조러수호통상조약을 체결케 하였다. 1884년 갑신정변(甲申政變) 이후, 한국을 둘러싼 외국의 이권(利權) 다툼에서 영국과 일본의 세력을 견제하여 러시아의 세력확대를 도모하였다. 1894년 청나라 주재 러시아 대리대사로 전임되었다가 동학농민운동 때 다시 내한, 청일전쟁 이후의 삼국간섭(三國干涉)에 중요한 역할을 하였다. 1896년 아관파천(俄館播遷)을 성공리에 완수하고, 친러내각의 조직에 주동적인 역할을 하였다.

건양 2년 2월 1일은 (음력 병신년 12월 그믐[18]) 서력 1896년이었다. 이날 비와 눈이 날리는데 왕과 태자께서 몰래 러시아 공사관으로 이어하시었다.[19] 그리하여 친러당(내각)이 구성되어 이범진이 법부대신 겸 경무사로 전권을 가지고, 먼저 베고 나중에 아뢰라는 명을 받고 총리대신 김홍집과 농상공부대신 정병하를 도살하니 내부대신 유길준과 군부대신 조희연, 법부대신 장박과 전(前)경무사 권영진은 모두 일본으로 도피하였으며 어윤중은 시골집으로 돌아가 용인군에서 살해를 당하였다.[20] 이때 각국 공사들이 조선 왕후의 위해 당함을 조사하여 재판을 해야 한다고 청하니 피고는 삼포(三浦, 미우라) 공사요, 증인은 입직 내시였던 최영근, 심문관들은[21] 러시아 공사 위패(韋貝, 베베르)와 영국공사 주포전(朱逋典, 힐리어)[22]과 미국공사 알렌이었다.[23] 지방재판소와 고등법원에 수차 재심하여 곤전을 시해한 것은 조선민이 아니요 일병이라, 미우라가 패소됨에 일본정부에서 삼포오루(三浦梧樓, 미우라 고로)를 면관하고 금고에 처하였다.[24] 한편 의병이 국모 복수를 부르짖고 처처에서 봉기하매 지

18 晦日 회일은 그믐을 뜻한다.

19 이런 기록은 매우 중요하다. 탁사의 거처지가 러시아 공사관과 가까운 지근에 있었기에 직접 볼 수도 또 소문도 가장 빨리 들을 수 있었을 것이다. 이 기록이 개인의 역사이지만 아관파천 당일 일기까지 기록해 놓은 것이 자료의 신뢰감을 높인다.

20 소위 아관파천(俄館播遷)을 말한다.

21 미우라를 위시한 범죄자들은 형식적으로 히로시마 법정에서 재판을 받았다. 이 기록은 역사적으로 확인할 수 없다. 하지만 자료 조사를 더 해 볼 필요가 있다.

22 John N. Jordan. 단 당시 영국은 공사를 파견하지 않았고, 조던은 1901년 부임. 오기로 보임.

23 당시 힐리어는 총영사였고, 미국공사 알렌의 이름은 기록되어 있지 않다. 하지만 당시 미국공사는 알렌이었기에 해석에 넣었다.

24 의미 있는 역사자료이다. 즉 명성황후 시해에 대한 재판이 벌어져 피고가 미우라 공사, 증인으로 입직내시 최영근, 심문관으로 러시아, 영국, 미국 공사가 담

방 진에 주둔하는 부대 병사들이 또한 반기를 들어올려 8방이 소요하였다.

이때(아관파천 당시) 러시아는 압록강 상류에 벌목권을 획득하고, 미국인은 운산군에 금광권을 얻고, 프랑스는 경의철도 부설 이권을 얻었다. 선생은 매일 농상공부에 출근은 하나 (주상이) 러시아 공사관에 파천하신 후로 정치에 대하여 아는 체 하는 사람이 많아, 어제 발송한 훈령을 금일의 지령으로 뒤집고, (왕의)전교라 칭하여 정령이 크게 문란하니, 선생이 더욱 벼슬아치로서 전담하는 것이 의미가 없다고 여겨[25] 사면을 청하니 이때 농상공부 대신은 조병직이요 협판은 권재형이었다.(후에 중현으로 개명) 조 대신이 조용히 선생을 청하여 소회를 말하니 "최 료(寮, 주사 관리)는 나와 거취를 같이 하오 이것이 실로 나를 아끼는 것이오"라며 호주머니에서 녹지를 꺼내 보이며 말하길 "본 부 주사 서임 청이 현재 10여 건인데 그 중에 요청할 권리가 있다고 하는 자가 5~6인이요, 엄 귀인[26]과 이범진의 청한 바도 또한 많으니 최 주사가 만일 이제 사면을 하면 이 시점에 누구를 임명하리오. 원부의 시비가 반드시 있으리라" 하고 사직서를 돌려주거늘 선생이 이르되 "우리나라에서 벌어지는 일들은 날로 나빠질 것입니다. 그렇더라도 일이 이렇게 되었지만 대신의 자리도 금방 바뀔 것이니 제 거취도 그때 함께 하겠습니다."고 하였다.

당하여 형식적이지만 판결을 내렸다. 그런데 역사에서는 이후 미, 영, 러 세 나라가 일본의 조선 지배를 순차적으로 승인하였으니 재판의 신뢰는 알만한 것이었다.

25 탁사 자신이 '사환(仕宦)'이라 칭하고 있다. 즉 농상공부 문서과 주사는 정부의 공식적인 문서를 취합하여 정리하는 관리로 정부의 일을 소상히 알 수 있는 자리였다. 그러므로 이런 공적인 사실과 자신의 역사인식이 결합하여 기록하였기에 그를 신학자이면서도 재야사학자라고 부를 수 있는 이유가 된다.

26 귀인 엄씨로 고종의 후궁이며 영친왕과 덕혜옹주의 어머니.

이때부터 선생이 더욱 교회 사무에도 전념하여 그리스도 회보를 '조선회보'라 개칭하여 매주 발간케 하고 또 '엡윗 청년회'를 만들어 청년의 뜻과 의를 펴게 하였다. 또 배재학당에 한문 강사로, 주일학당장(長)을 겸하여 시무하면서 서재필, 윤치호 등이 독립협회를 조직하는데도 동지로서 협력하여 백성의 뜻을 개발 하였고, 배재학당에 토론회, 강연회도 신설하였다.[27] 이때 정부로부터 일반 관민에게 단발을 명령하였다.

대한제국과 광무개혁

정유년은 서력으로 1897년이니 2월 20일에 주상이 러시아 공관에서 정동 황화방(皇華坊) 경운궁으로 이어하시니 러시아 공사관에 주필(임금이 거동하여 머묾)한지 약 1년이었다. 그 동안에 경운궁 중화전이 불타서 다시 중건됨으로 환어하시었다. 이때 농상공부대신 조병직은 물러나고 이윤용[28]이 부임하였는데 구습의 예를 따라 각 묘사능묘(종묘사직과 왕릉)에 춘형[29] 제관을 각 과 주사로 차비케 하니, 선생이 마음속에 스스로 맹서하되 "하나님을 존경하여 받드는 자 어찌 위패를 숭배하리오." 즉시 청유서를 농상공부에 제출하고 정동에 가서 감리교 연회에 참석하니 이때 회장은 조이스(I.W.

27 독립협회와 민의수렴을 위한 민권운동에 앞장섰지만 다른 이들에 비하여 탁사 최병헌의 업적은 일반역사학계에서 크게 부각되지 않고 있다. 이에 대한 보완이 필요하다.

28 친일파·민족반역자. 대원군의 사위. 이범진 등과 모의, 아관파천을 성공시키고, 군부대신·농상공부대신을 역임한 인물. 이완용의 서형.

29 춘형(春亨), 제사.

Joyce) 감독이었다. 이 연회에서 선생은 전도사 직첩을 수락하였다.[30]

1897년 8월 10일은 음력 7월 13일이니 하오 두 점 종이 칠 무렵 아들 성만이가 죽어 천국으로 떠나니 아펜젤러 목사가 교회의 예를 따라 다음날 새벽 벽두에 서서(西署)[31] 공덕리 가는 길가 서변 양지 바른 곳에 장사하였다.[32]

이때 정계를 돌아보면, 조선 개국 506년(1898년) 8월 13일은 건양 2년이라.[33] 장예원 대신 민영규가 건의하여 '건양' 연호를 마땅히 개정하여 '광무'와 '경덕' 중 하나로 고치고자 삼가 아뢰었다. 정일품 대광보국숭록대부 의정부 의정대신 심순택이 임금의 뜻을 받들어 '광무' 두 자로 낙점하였다.[34] 8월 14일에는 주미 전권공사 서광범이 미국에서 병으로 세상을 떠났다. 8월 31일에 전권공사 민영익을 특명하여 영국, 독일, 러시아, 미국, 프랑스, 오스트리아 6국 대사로 적절히 업무를 맡아보게 하였다. 또 국호를 '대한'이라 하고 주상이 황제 위(位)에 오르시었다. 9월에는 즉조당 편액을 '태극전'[35]이

30 탁사가 농상공부 주사 관리직을 사면한 직접적인 이유가 밝혀진 셈이다. 국정의 변모와 국정의 변칙 운용을 보고 실망을 안고 사직을 하고자 하였지만 조병직 장관의 만류로 사직서를 거두어 들였다가 1897년 이윤용 장관이 묘사능묘 춘형을 주사로 참관케 하라고 한데 대하여 기독교인으로 제사를 지낼 수 없다는 신앙 때문임을 알게 한다. 그리하여 정식 사면서를 이듬해 1898년에 다시 제출하였다.

31 서울 안 5부(部)의 하나인 서부(西部)의 경무(警務) 관서(官署).

32 탁사는 자식의 아명을 성억(재학), 성만, 성천(재원), 성백으로 불렀다. 그런데 둘째인 성만이 어린 나이에 죽어 셋째인 성천이 결국 둘째가 되었다.

33 '건양' 이란 연호는 을미개혁 즉 1895년에 사용한 연호이니 1898년은 건양 4년이라야 맞다. 그런데 탁사는 건양 2년이라고 하였는데 이는 착각인 듯하다.

34 광무의 연호를 대한제국의 시작과 함께 부여한 것이 아니라 건양을 중도에 바뀐 사실은 약전을 통하여 처음 알게되었다.

35 대한 광무(光武) 원년(1897)에 경운궁(慶運宮) 내의 즉조당(卽祚堂)을 고친 이

라 새겨 게시하고 왕비를 황후로 존칭하였다. 9월에는 러시아 사관(士官)을 초빙하여 병졸을 훈련케 하였다. 10월 12일에 왕의 가마가 '원구단'에 이르시어 천지 고제를 친히 집례 하시고 황제 태극전에 친히 왕림하시어 하례 인사를 받으시고 황태후 보책과 황태자 황후 보책과 명헌태후[36]에게 존호를 올렸다. 24일에는 궁인 엄씨로 귀인을 삼으니 이는 음력 9월 25일에 엄씨가 황자를 낳으므로 귀인으로 봉함이었다. 지방제도를 개혁하여 13도로 정하고 진남포와 목포를 개방하여 통상케 하며 11월에 영국인 백탁안[37]을 총 세무사직에서 해직하고 러시아인 아력위후[38]를 초빙하여 탁지부 고문관 겸 해관총판으로 삼아 재정을 정리케 하였다.

관직의 사임과 목회 전념의 길

동년 1898년 10월 3일에 선생이 정계의 일을 아주 사절하기로 결심하여 사면서를 이윤용께 제출하고 거리낌 없이 귀가하여 교회 일을 전무(專務)하였으며 천국에 헌신하여 동포들을 죄악 가운데서 구원하기로 주야 노력하였다. 10월 3일에 선생이 덕산 땅에 가서 전

름. 이듬해에 중화전(中和殿)으로 고쳤다.

36 명헌태후는 헌종계비를 말한다.

37 백탁안(栢卓安, John McLeavy Brown:1835.11.27.~1926.4.6.)은 대한제국 총세무사로 활동하였으며 경운궁 영역을 측량하고 석조전 건설계획을 발의하였다. 고종은 아관파천 이후 경운궁을 정궁으로 삼아 1897년 이곳에서 대한제국을 선포하고 자주적 국가임을 내세웠다. 경운궁은 고종이 나라이름을 대한으로, 존호를 황제로 고쳐 즉위한 1897년으로부터 일본의 강요로 황제에서 물러난 1907년까지 약 10년간 정치와 외교를 이끌어간 주 무대가 되었다

38 러시아인 알렉세프를 말한다.

도하고자 하여 안원 박헌규 형제로 동행케 하고, 평택읍에 유숙하여 보행으로 제3일에 신자가 있는 땅에 당도하니 유제 군수[39]가 덕산 장시에 십자가 기를 세우고 선생을 환영하여 수일간 강론함으로 신입교인 100여인을 얻게 되었다. 경비 7원 80전은 배재학당 형제들이 모아 준 것이었다.

10월 21일에는 명성황후의 인산일로 주상이 산릉에 친람하시고 각국 공사와 선교사들이 행차에 조문 동참하였다. 그리하여 러시아 사람 알락섭(알렉세프)을 탁지부 고문으로 삼아 각 제사일체를 조사 하였다. 일본 명치황도 국서를 보내어 조의를 표하니 대사(특명전권공사) 가등증웅(加藤增雄, 가토 마쓰오)과 '국분(國賁)[40] 통역관'이 경운궁에 나아가니 황상이 함녕전에 납시어 국서를 접수하였다. 12월에 러시아인이 절영도를 점령하여 탄고(炭庫) 용지(用地)를 만드니 2만 8천 평이나 되었다. 이때 의정서리 겸 법부대신 조병식이 집권하여, 김윤식, 이승오 양인을 을미년(1895년) 8월에 명성황후를 폐위한다는 것을 종묘에 아리어 올린 죄로 제주도에 위리안치 하였다. 시란돈(스크랜튼) 의사가 달성궁[41]을 매입한 후에 교회당

---

39 1893년, 쌀장사였던 유제가 구휼미로 2,000석을 나눠주자 지역 주민들이 적극 추천해 1895년 군수가 되었다. 유제 군수가 서울과 면천을 오고가던 중 아펜젤러 선교사로부터 복음을 접하게 됐고 면천교회를 설립해 복음을 전파하였다.(역자 주)

40 國分象太郞(고쿠분 쇼타로)는 당시 일본 공사관의 통역이었음. 그러므로 본문에 國賁이라고 한 것은 國分의 오기인 듯하다.(역자 주)

41 스크랜튼 여사는 달성궁(현재 한국은행 자리) 내의 건물 구입하여 1897-1905까지 교회이름을 달성교회로 호칭하기도 하였다. 1898에는 전덕기가 입교하고, 엡윗 청년회 조직에 참여하여 민족 독립운동 전개에 기여하였다. 원래 이 자리는 달성위궁(達成慰宮) 터였다. 그곳은 선조의 사위(달성 서씨)이자 인조의 고모부인 '달성위'가 살던 집이었으나, 1895년 의료선교사 스크랜턴(William Scranton·한국명 施蘭敦)이 이를 사들여 교회(달성교회)를 세웠다.(역자 주)

을 신설하고 전도하였다.

무술년은 광무 2년이며 서력 1898년이라 선생이 아펜젤러 목사를 동반하여 양주 옹암리 땅으로 전도하러 가니, 이화학당 농장에서 소를 키우던 사람 노형달이 근본 양주 읍내인으로 고향 전도를 위해 소개한 곳이었다. 그곳에 가서 강재희 집에 머물렀으니 이는 처음 익은 과실이요, 현재 남감리교회에서 열심히 사역하는 강조원 목사는 재희씨의 아들이었다. 또 이해 음력 4월 초 이틀에 (넷째 아들) 성백이가 태어났다.

일본 선교여행

무술년(1898년) 3월 31일은 음력 3월 10일 목요일이었다. 방거 목사(D.Bunker, 房巨)[42]와 같이 한강에서 작은 기선 안래환(安來丸, 야스기마루[43]을 타고 인천에 도착하여 4월 2일에 다시 일본 우편선 비후환(肥後丸, 히고마루)을 타고 부산항을 향해 출발하여 4월 5일에는 장기항(長崎港,나가사키)에 이르렀다. 해관검역관이 나와서 여행 중에 병자가 있는지 유무를 조사하고 갔다. 항구 바깥 당산에 수목이 빽빽하고 백화가 서로 자태를 뽐내어, 이역산천의 풍광이 대한제국과 같지 않았다. 4월 6일 오전에는 마관(馬關, 시모노세키)에 도착하니 왼편으로는 문사정(文司町)이 있고 오른편으로는 춘범루(春帆樓)가 있었다. 여기에는 노를 단 작은 배들이 운집하여 마치

42 배재학당 3대 교장, 선교사.

43 안래환(丸)이라고 배 이름을 환으로 쓴 것은 일본식 표기인데 이는 1989년 대한제국 시기에 한강을 오가는 기선이 일본 배였을 가능성을 말해주고 있다. 아직 한국 배는 돛배였을 것이다.

준수한 빛깔들의 성치(星馳) 즉 별똥별이 반짝이는 것 같았다. 8일 상오에 기차를 타고 다른 곳으로 가면서 비파호와 후지산을 연이어 관람하고 하오 11시에 요코하마 항구에 도착하여 야마히라 혼마치(山平 本町)2번지 풍기표란 여관(助方)에 숙소를 정하였다.

4월 10일은 구주 부활 성일이었다. 불노정(不老町, 후루마치)에 있는 복음교회에 가서 이창직 형제를 만나니 장로교 신자라, 일본의 풍속과 교회 형편을 세세히 물어보았다. 11일부터는 조선 국문(한글)을 2호 활자체로 정서하였다. 이때 조선에는 상당한 국문 활자가 없고 다만 목판에 병서자(竝書字)와 내각에서 7서(七書, 사서삼경)의 언해를 인출하는 큰 활자가 있을 뿐이었다. 그리하여 성서 출판의 방법이 없었으므로 지금 선생의 글씨를 가져다가 제2호 및 4, 5호 활자를 만들게 함이었다.[44] 13일에 기차로 동경에 도착하여 본국공사 이하영을 만나니 이 공사는 전부터 선생과 잘 아는 사이라 기쁘게 환영하고 공사 관리 중 사무관 장굉근으로 안내케 하여 상야(上野, 우에노)공원과 전장[45]의 오래된 고성 터를 유람하고 하오에 공사관으로 돌아왔다. 4월 17일에 교우 이창직과 같이 동경 친목회에서 유학생 제군을 만나 '한훤(寒暄)의 예' 즉 날씨를 묻는 상투적인 인사를 마친 후에, 신해영, 어용선 등이 편집하는 '친목회보'를 살펴보고 5월 3일에는 한글 활자주조 사업을 마치고 방거 목사

---

44 일본 방문 목적이 한글성서 인쇄를 위한 정보를 얻기 위함임을 알 수 있다.이 부분도 기독교역사에서 주목하여 볼 내용이다. 왜냐하면 성경번역의 역사에서 과정과 역자만 다루었지 한글의 활자에 대해서는 미처 살피지 못하고 있다. 탁사 최병헌의 이러한 노력으로 한글성서번역이 가능하였다는 것을 이해해야 한다. 앞으로 더 연구해야 할 내용이다.

45 戰場 전장이라고 하였지만 이는 막부시대 이전 모모야마시대 즉 전국시대를 일컫는 말이다.

(D.Bunker)와 함께 영국 황후환이란 증기선으로 요코하마 항을 출범하여 고베로 향할 때, 이족도 화산에 연운이 자욱함을 보았다. 5월 5일에 고베항에 들어가 송본장길(松本庄吉, 마쓰모토쇼키치) 방(여관)에 유숙하였다. 이어서 방거 목사를 동반하여 산상폭포와 조지소 각 처를 두루 돌아보고 5월 12일에 다시 비후환을 타고 출범하여 해협을 지나 시모노세키, 마기[46], 대마도, 거제 대포항을 경유하여 16일에 부산항에 돌아와 정박하였다. 그리고 18일 상오 10시 경에 제물포항에 하륙하여 주강환으로 용산에 도착하여 인력거를 타고 성문 안으로 들어오게 되었다.[47]

독립협회의 활동과 해산

이해(1898년) 1월 14일에는 앞서 부대부인[48]이 세상을 떠난 지[49] 3일째 되는 날이라 성복[50]하고 있을 때에 특진관 조병세, 외부대신 조병식, 궁내부 대신 민영규 등이 상소하여 부득 임곡[51]하고 시독관

46 마치(馬峙)가 지금의 어디인지는 확실치 않다. 단지 시모노세키를 떠났으니 아마 대마도로 가기 전에 있는 일본의 섬이 아닌가 생각된다.

47 入闔, 곤(闔)은 궁문 안길이란 뜻, 여기서는 집이 있는 남대문 안으로 들어오다라는 말로 사용 된 듯하다.

48 부대부인(府大夫人)은 대원군의 정 부인 여흥 민씨를 가리킨다.

49 1898년 1월 8일(음력 1897년 12월 16일).

50 초상(初喪)이 난 뒤에 상제(喪制)와 복인들이 처음으로 상복(喪服)을 입음.

51 임곡(臨哭), 장례식에 가서 울며 슬퍼함. 그런데 문맥상 임곡하지 못하고 라고 해야 한다. 오기로 보인다. 이때 조병세, 조병식, 민영규 등은 고종에게 날씨가 추워서 몸이 상할 수 있으니 운현궁에 가서 곡을 하지 말라고 상소했다. 물론 이것은 핑계이며, 사실은 대원군과 여전히 사이가 좋지 않은 관계였던 고종이 운현궁에 찾아가는 것을 피하기 위해 상소를 올리도록 한 것이다. 실제로 고종은 대원군이 사망했을 때에도 운현궁에 찾아가지 않았다.

이우만으로 문후케[52]하였다. 1898년 2월 23일[53]에는 운현궁 국태공(흥선대원군)도 수를 다하여 서거하였고, 이때 김홍륙[54]이 자객에게 대단히 크게 자상을 입었다. 그러자 주상으로부터 칙령이 내려 "3일 내로 범인을 체포하지 못하면 경무사를 엄히 다스릴 것이라" 하였다.

또한 이즈음에 일로(望·露)간에 협상을 성립하니 러시아 사관(士官)과 고문관을 혁파하고, 영국인 백탁안(柏卓安, 브라운, John M. Brown)[55]을 다시 총세무사를 삼았다. 5월에는 마산항과 성진항을 개방하고 평양에는 통상시장을 열었다. 9월에는 일본인에게 경부철도부설권을 허락하고, 프랑스에게 허락하였던 경의철도부설권을 취소하였다.[56] 또 미국인은 경인철도부설권을 일본인에게 양도하였다. 탁지부 고문관 알락섭(알렉세프)이 희랍(그리스)정교 교회당을 한성에 설립하는 것을 허락받았다. 2월에 여주 군수 남정수가 예수교인 2명을 투옥하여 아사케 하고, 용인 군수가 교인 김준희 등 3인을 체포 감금하고 가산을 적몰함으로 미국공사 안련(호러스 알렌, Horace Newton Allen)이 황상께 글을 올리니 황상이 설면(사면)을 윤허하시었다.

기해년은 1899년이니 대한 광무 3년이라 6월 3일에 동학 거두

52 웃어른의 안부를 물음.

53 음력이다. 양력은 4월 27일이다.

54 김흥육은 대한제국 당시 매관매직을 일삼던 친러파 고종 측근으로 러시아어를 익혀 통역관으로 출세하여 아관파천 당시 비서원승을 지냈다. 백성의 원성이 컸다.

55 브라운(柏卓安, 백탁안)은 명치 26년(1893년)부터 조선정부의 총세무사가 되어 재정을 감독하였다. 그리고 덕수궁 석조전을 짓는데도 관여하였다.

56 경의철도부설권은 애초에 고종33년 1896년 7월 3일에 프랑스에게 허락하였다가 1898년 9월에 취소하였다.

최법헌[57]을 제자 송경인이 밀지를 받들고 원주 매곡면 송곡촌에서 포박 압송하여 경무청에 구속하였다.[58] 또 17일에는 남별궁 명설루가 실화(失火)하였다. 그리고 7월에 옥사하는 큰 일이 벌어졌으니 내부대신 박정양, 선혜청당상 민영준과 이충구, 김재풍, 이용근 등이 체포되고 윤웅렬은 경무청 경무사로, 이재순을 궁내대신으로, 심상훈을 군부대신으로 명하였다.

이때 독립협회 회원이 장악원[59]에 운집하여 시폐를 개정할 상소를 올렸다. 이에 황실에서 하비(下批)[60]하시기를 "앞서 진술한 바가 다 나라를 걱정하고 사랑하기에 표출된 것이나 조정의 일을 허망한 논쟁거리로 삼을 수 없다." 하심으로 모든 독립협회 회원들이 다시 상소를 올렸다. 그러자 정낙용 등이 (독립협회에 맞서는) 황국협회를 훈련원에 조직하니 회원이 수 천 명이었다. 그러자 황태자께서 연조금(보조금) 삼백원을 하사하셨다. 같은 달 동학도 수괴 최법헌(시형)을 교수하여 사진 300여장을 뽑아서 팔도에 순시(巡示)하였다. 8월 5일에 경무사 윤웅렬은 윤치호의 부친이라 하여 파면하고[61] 탁지부대신 민영기를 경무사로 임명하여 수백 명의 순교를 선발하였다. 이들이 장악원을 에워싸고 독립협회의 모임[62]을 엄금하며 시위병 500명으로 동현 병문(울타리)에 주둔하고, 협회 연사 최정덕은

57 법헌은 2대 교주 최시형에게 동학교도들이 불렀던 이름이다.

58 최시형을 처형한 것이 1898년 6월 2일이라고 역사는 기록하고 있다. 그런데 탁사는 1899년의 일로 기록하고 있다. 독립협회나 김홍록의 독차사건도 1898년의 일이다.

59 장악원(掌樂院)은 궁중음악과 무용이 행해지던 장소였다.

60 하비(下批), 상소에 대한 임금의 답변.

61 황국협회는 독립협회에 맞서기 위하여 왕실의 명으로 만든 어용단체였기에 윤치호가 독립협회의 회장이 되자 아버지 윤웅렬은 파직 된 것이었다.

62 만민공동회를 일컬음.

황제를 협박하였다고 하여 경무청에 체포 투옥하였다. 그러나 이용익은 독립협회의 탄핵으로 관직에서 파면을 당하였다.

1899년 9월 13일에는 가짜 칙령을 허위로 전한 죄인 이유인[63]을 완도군으로 종신 유배하였고 또 거짓 칙령을 받들어 실행한 마모령[64]은 임자도에 15년 유배하였다. 16일에는 주상께 올리는 가배차(커피)를 끓이면서 독을 타서 올린 공홍식[65] 독차사건이 있었다. 주범 공홍식의 진술한 내용에 "흑산도에 유배된 종신 죄인 김홍륙이 사주한 것이다." 함으로 우선 홍륙의 처를 체포하였다.[66] 또 이용익은 독립협회의 강력한 탄핵으로 면관 되자 상해로 가서 청나라 사람 30여 명을 거느리고 와 궐내에서 행패를 부렸다.

---

63 당시 법무대신이었다.

64 마모령, 고등재판소 재판관으로 당시 거짓된 재판을 하였던 馬毛寧인데, 역사에 기록된 마준령을 잘못 기록한 것으로 생각된다.(역자 주)

65 김홍육은 적소 흑산도로 떠나기 직전 처 김소사(金召史), 공홍식(孔洪植)과 함께 궁중 주방에 있는 김종화(金鍾和)를 꾀어, 고종이 즐기던 커피에 독약을 넣었다. 고종은 냄새가 이상하여 마시지 않았으나 이로 인해 관련자들을 처벌하였다.

66 김홍륙은 함경도 사람으로 연해주를 출입하는 가운데 러시아어를 익혀 1894년(고종 31)과 1895년에 이범진(李範晋)이 러시아공사 베베르(Veber)와 조로통상조약(朝露通商條約)을 체결할 때 통역관이 되어 출세의 기회를 잡았으며, 1896년 아관파천(俄館播遷) 때는 비서원승(祕書院丞)이 되고, 윤용선(尹容善) 내각에서는 학부협판(學部協辦)이 되었다. 그 뒤 러시아의 세력을 믿고 권력을 남용함으로써 이를 규탄하는 방서(榜書)가 나붙기도 하였다. 1898년 친러시아파가 몰락할 때 관직에서 사퇴하였으며, 같은 해 8월 러시아와의 교섭에서 사리(私利)를 취하였다는 죄목으로 전라남도 흑산도로 유배되었다. 이에 앙심을 품게 된 김홍륙은 고종의 생일인 9월 12일(음력 7월 25일) 만수성절(萬壽聖節)에 전선사주사(典膳司主事)인 공홍식을 시켜, 고종과 태자가 마시는 커피에 아편을 넣게 하였다. 공홍식은 은전 1,000원(元)을 주겠다는 조건으로 궐내보현당고직(闕內普賢堂庫直) 김종화(金鍾和)를 매수하여 행동에 옮기게 하였다. 고종은 냄새가 이상하여 마시지 않았고, 태자는 마시다가 토하고 쓰러졌다. 이 사건으로 김홍륙·공홍식·김종화는 사형을 당하고, 김홍륙의 처 김소사(金召史)는 태(笞) 100대와 3년간의 백령도 유배의 형을 받았다.(한민족문화대백과, 한국학중앙연구원)

1899년 기해년 10월 10일에 흑산도로 유배된 죄인 김홍륙, 공홍식과 김지상의 노비 복이를 교수하였다. 거리의 우매한 백성(시민) 수천 명이 작당하여 홍륙의 시신 목을 묶어 종로 대로로 끌고 다니면서 배를 찌르고 어깨를 지지고 하니 야만인 짓에 가까웠다. 11일에 독립협회에서 상소하여 정부 법률의 부정함을 힘써 논하고 의병원 심순택, 궁내부대신 이재순, 법부대신 신기선, 군부대신 심상훈, 탁지부대신 민영기, 찬정 윤용선 등을 파면하기를 아뢰어 4회에 걸쳐 상달케 하니, 각 학교 학생과 여학교 학생들까지도 휴학하고 독립협회에 나아가고, 각 시장 시민도 철시하고 협회에 나아가니[67] 소청에 의연금도 오백여 원에 달하였다. 과천 땔나무 장사도 1원, 군밤장사 아이도 5전, 감옥서 죄인들도 수삼 전의 보조를 갹출하여 정부에 개혁을 앙망하니 민심이 어디에 모이는지를 알만 하였다. 황상이 한성부판윤 이채연으로 칙령을 전하여 이르기를 "독립협회 회원은 모두 퇴거(해산)하라, 7명의 신하들은 다 퇴직케 하고 상소자 대표 윤치호는 엄히 견책하노라" 하시니 회원이 다 만세를 외치고 해산하였다.

22일에는 조서를 내리사 협회의 열띤 토론회(관민토론회)를 금지하였다. 그리하여 경무관 안환과 위홍석 등을 보내 엄금케 하니 그럼에도 회원 중에 스스로 감옥에 들어가기를 자처한 이가 300명이나 되었다. 10월 29일에 대신 이하 모든 관료와 독립협회, 총상회, 황국협회, 국민회, 광부협회, 친목회, 찬양여회, 협성회, 보신사회의 각색인민들이[68] 종로통 길에 운집하여 신장정(헌의 6조)을 제정해서

67 만민공동회와 관민공동회를 두고 일컫는다.

68 이 부분은 탁사의 기록에 등장하는 사료적 가치가 있는 내용이다. 일반적으로 알려진 것보다 광범위한 부류의 시민들이 참여하였음을 알 수 있다.

올리며[69] 모두 외치고 만세를 부르니 4천여 년 역사 가운데 초유의 사건이었다. 참정대신 박정양을 통하여 주상께 올린 신장정 6조가 다음과 같다.

제1조 외국인에게 의부(依附)치 말고 관민이 같은 마음으로 합력하여 전제 황권을 견고케 할 사(것)70.

제2조 광산, 철도, 석탄채굴, 삼림벌채의 조차 조병을 외국인과 조약체결 시에 각 부 대신과 중추원 의장의 서명 날인이 아니면 시행치 못할 사.

제3조 그 어떤 세금을 막론하고 전국 재정은 모두 탁지부71로 관장케 하고, 타 부처나 사적 회사에서 간섭치 못하게 하며 예산과 결산을 인민에게 공포케 할 사.

제4조 지금으로부터 중대 범죄인을 특별히 공판하되 피고로 철저히 설명케 하여 자복한 후에 판결할 사.

제5조 칙임관은 황제 폐하가 정부에 자문을 구하시어 과반수로 임명할 사.

제6조 위 장정을 실천할 사.

황상께서 6조를 재개하신 후 5조목을 첨입하시고 농상공부대신 김명규로 회중에 반포케 하시었다. 그 내용은 다음과 같다.

---

69 이를 헌의6조라 함.

70 사(事) 라고 마무리 하였는데 이는 일, 것 등으로 해석하면 된다. 하지만 교과서 등에도 그대로 사(事)라고 하였기에 그대로 해석하였다.

71 도지부(度之部)는 탁지부를 말한다.

첫째, 간관(諫官)을 폐지한 후로, 언로가 막혀서 경계하고 힘쓰는 뜻이 없으니 중추원 장정을 속히 보완하여 시행케 할 것.

둘째, 각 항 규칙과 신문도 막고 제한하는 것이 없을 수 없으니 회규를 정부와 중추원으로 하여금 시의를 참작하여 제정하고 신문조례는 내무부와 농상공부로 각국 예에 따라 제정할 것.

셋째, 관찰사 이하 각 지방관 군대장 등으로 공화(公貨, 공식화폐)를 횡령한 자는 장률72에 의거하여 처리하고 백성의 재산을 핍탈한 자는 마 낱낱이 본래 주인에게 돌려주고 징계할 것.

넷째, 어사나 시찰 등의 관원이 폐단을 저지른 것이 있으면 현지 인민으로 내부에 고발하여 징벌케 할 것.

다섯째, 상공학교를 설립하여 백성의 산업을 권장하라.

이 날은 계천기원절[73]이어서 황태자께서 내탕전 6천 냥을 각 학교에 내려주시니 배재학당에는 315냥이었다. 등불을 밝히고 만세를 불렀다.

11월에 독립협회원 17인을 칙령으로 경무청에 투옥하니 정교, 남궁억, 현제창, 방한덕 등이고 회장 윤치호는 약현 본가에서 후문으로 도망하여 정동 아펜젤러 댁에 숨어 도피함으로 체포하기에 실패하였다. 순교를 대거 풀어 종로 각 시전 문을 강제로 열고[74] 물건을 판매케 하니 이때 경무사는 김정근, 법무대신은 조병식이었다. 경무사가 17인을 고등재판소로 이전 감금하니 독립협회 회원 등이

72 장률(贓律). 뇌물을 받거나 공금을 횡령한 관리를 처벌하는 법률.

73 대한제국 선포일. 대한제국 황제즉위식 이후 제정.

74 약전엔 억륵(抑勒)이란 단어를 쓰고 있다. '억지로, 강제로 하게하다'란 말로 철저히 한학에 입각한 단어 선택이다.

경무청과 고등재판소 문전에서 회집하여 밤을 새니 회비를 보조하는 자가 허다하며 심지어 일본인도 술과 과일을 보내어 회원을 위로하였다. 이때 조병식, 이기동, 유기환, 민영기, 박제순, 민종묵 등이 회원을 무구(誣搆, 모함)하여 익명서 한 장을 황제께 상소하여 아뢰되 "독립협회에서 장차 대통령을 선출하여 세우고 회원 등은 다 개국공신이 될 것이라 합니다." 함으로 잡아들였더니 협회에서 무고라 변론하며 상소하였다. 그러자 황제가 구신(諂臣)[75]의 작위를 면삭(免削)하고[76] 17인을 석방하시었다.

21일에 보부상 수천인이 봉과 막대기를 지참하고 인화문전[77]에 이르러 큰소리를 지르며 충돌하여 독립협회 회원 등을 죽이고 쫓아내니 죽은 자가 수 명이요 부상자도 수 명이었다. 만민(공동회원)이 다시 모여 보부상 3인을 타살하고 이기동[78] 집을 돌을 던져 부수었다. 이에 보부상반 우두머리 길영수와 상무장 박유진 등이 독립협회에 긴 글을 보냈다. 그 글의 요지는 "대한의 신하된 자는 마땅히 공, 맹의 도를 배우는 것이 가하거늘 회원은 무슨 심정으로 눈이 깊고 코가 큰 서양 요괴 같은 사람을 선생으로 섬기고 아비도 없고 임금도 모르는 천주교를 배우며 독립협회 역당의 창귀가 되었는가? 이

75 구신(諂臣), 무고하게 헐뜯는 신하.

76 면삭(免削), 면탈 삭제.

77 고종이 아관에서 환어하실 때 경운궁의 정문이었다. 하지만 문이 작고 앞길에 개천이 있어 이를 파하고 1900년에 대안문(후의 대한문)을 만들면서 정문의 역할을 상실하였다. 하지만 언제 어떻게 철거되었는지 확실한 기록이 없다.(역자 주)

78 약전엔 이기(李基)라고 되어 있지만 이는 위에 등장한 이기동으로 '동'자를 빠뜨렸다. 이기동 (李基東, 1856년~1922년) 조선 말기의 무신으로 본관은 함안(咸安)이다. 그는 1898년에 서재필, 이상재, 윤치호 등이 주도한 독립협회에 대항하기 위하여 황국협회의 회장이 되어 독립협회와 대립하였다. 대립 끝에 결국 1899년 독립협회가 해산되었다.

화학당 여 교인은 규범을 알지 못하고 저런 도에 빠졌으니 한심하도다. 우리 보부상은 황상의 거룩한 뜻을 가슴에 품고 황실을 보위코자 하노라. 이같이 충곡의 권유를 한 후에 남녀 교인들이 회심하여 몰래 버리기도 한즉 좋거니와 만일 따르지 않으면 교회당을 훼파하고 교도를 도살하리라" 하였더라.이때 이기동, 유기환을 장연군[79]에 유배할 것을 결정하고 병정 50인으로 보호하여 성 밖으로 출문 하였다. 12월에 만민공동회가 날로 흥왕하므로 부득이하게 탁지부대신 민영기[80]는 평남관찰사로, 김영준은 춘천관찰사[81]로, 윤웅렬은 경무사로 윤치호는 한성판윤을 제수하여 민회(만민공동회)를 해산케 하셨다. 이해 러시아가 포경 근거지를 함경, 강원, 경상 3도에 걸쳐 요구함으로 허락하였다. 또 대한제국과 청 양국이 통상조약을 성립하였다.[82] 그리고 남쪽 관우를 모신 관왕묘[83]가 실화(失火)한 것도 이때였다.

---

79 장연(長淵)은 황해도 장연을 뜻하는 듯하다.

80 한말의 척신. 1898년 군부대신에 올라 수구파의 거물로서 황국협회를 조직, 독립협회를 탄압했다. 탁지부대신으로 을사조약에 반대하였다. 국권 피탈 후 일본 정부의 남작이 되었다. 동양척식회사 부총재, 이왕직장관을 지냈다.(한민족문화대백과)

81 춘천관찰사라고 기록되어 있는데 관제로 볼 때 강원관찰사의 오기인 듯하다.

82 과거 조선에 대하여 종주권을 행사하던 청나라는 임오군란 직후 조청상민수륙무역장정을 맺어 근대적 통상관계를 규정하였다가 1899년에 다시 조청통상조약을 맺어 근대적 무역관계의 확립을 보게 되었다.
김정일,『김정한국사, 근현대편』, 24.

83 남대문 밖에 세운 관우를 제사하기 위해 세운 사당으로 선조 31년(1598) 임진왜란에 참전하였던 명나라 장군 진인(陳寅)이 한양에 머물던 거처의 후원에 건립하였음. 현재 서울에는 그 후에 세워진 동묘만 남아 있다.

6

목회 1기, 전도사 최병헌(정동시대)

*

전도사 생활

선생은 이 해 감리교연회에서 학습례를 받고[1]선교사 원두우(언더우드)[2], 이운림, 기일[3]과 한국형제들로 성경을 번역하였다. 10월 18일은 음력 기해년(1899년) 9월 14일이니 종로 향정동 집에서 정동 교회사택으로 다시 이사하였다. 감리교 연회의 감독은 크란스돈[4]이었으며 8월 25일에 정동 신축 교회당에서 개회할 때 한국어 서기는 선생이오, 영어 서기는 조원시(조지 존즈 목사)요 장로사는 시란돈(스크랜턴 여사)씨였다. 그때에 선생이 전도사인 고로 김기범, 김창식, 송기용 등을 먼저 회원으로 지명하였다.

일본 백작 이등박문이 내한하니 정부에서 6천 엔을 들여 대 연회

1 현재의 장로교의 학습을 말하는 것이 아니라 감리교 전도사에게 주는 학습, 세례권을 말한다.

2 Horace Grant Underwood 호레스 그랜트 언더우드, 원두우(1859-1916).

3 게일(James S. Gale) 영국인 선교사로 한영자전 편찬에 힘을 쏟았다. 연못골(연동교회) 담임으로 한글의 보급과 한국문화에 대단히 관심이 많았다.

4 스크란돈의 오기로 보임.

를 배설하였다. 그리고 이등은 각처에서 연설하였다. 9월 1일은 음력 7월 16일이니 (대한제국) 기원 경축절이었다. 독립협회에서 축하연을 개설할 때 보조금이 800여원이었다. 독립회관 문전에 청송문을 세우고 본국인[5] 즉 일본인이 축사하고 하오에는 외국인을 독립관에 청하여 축하식을 행할 때 황금색으로 '기원만축'(紀元萬祝) 4자를 국문과 한문으로 크게 써 문설주 위에 현판으로 내걸었다. 위원은 정교, 이무영, 나수연이었다. 음력 7월 25일 만수성절[6]에는 독립협회원이 독립관에 모여 모자 위에 각각 꽃가지 하나씩 꽂고 축하연을 행하였다. 경축가를 악공으로 합주하게 하고 다과를 나눈 후에 인화문[7]앞에 모두 모여 경축절을 즐거워하니 황상께 무감 2인을 보내어 성은을 높이었다. 또한 각 교회가 장악원에 모여 원두우(언더우드), 헐법(헐버트), 윤치호 등이 연설하였고 배재학당에서는 큰 종이에 글을 쓰고 모두 등불을 켜 축하할 때 선생이 연사로 봉축사를 낭독하였다.

11월 19일에 양주 우산(牛山)과 옹암 등지에서 순회 전도할 때 박응룡이 흔연히 영접하여 기도한 후에, 붓을 잡고 사도신경과 십계명을 써서 벽 위에 붙여놓기를 청하거늘 전례를 따라 행하였다. 인근에 거주하는 윤사전 등은 자칭 문장거벽(文章巨擘)[8]이라 그날 밤에 훼방 차 내방하여 예수교의 진리를 문의 하였는데, 선생이 성신

---

5 여기서는 일본인을 뜻함. 일제 강점기에는 일본인을 내지인 또는 본국인이란 표현을 사용하였다.

6 1897년(광무1)에 제정된 황제 탄일의 명칭. 이 해에 건원칭제(建元稱帝) 하면서 황제의 탄일을 만수성절, 황제 즉위일(卽位日)을 계천기원절(繼天紀元節)로 정하였다.

7 인화문(仁化門)은 본래 경운궁의 남쪽 정문을 가리킨다.

8 자칭 과거시험용 문장을 잘 짓는 사람.

의 지혜와 순전함으로 천국의 신령하고 심오한 도리를 강연하니 이에 대해 윤사전은 횡설수설 하며 오로지 이치에 맞지 않는 말만 늘어놓았다. 하지만 일동 인민이 감히 비방치 아니하였다. 다음날 예배에 강재희 등 4인과 부인 2명이 입교하기를 원하니 (교적부에) 이름을 기재하였다. 그리고 옹암 뒷산에 올라 기도하였다. 그 이튿날에 윤사전 댁을 심방하여 말씀을 강도하고 상경하였다.

광무 3년은 서력 1899년이라 만국기도회로 1월 1일부터 7일간을 매일 밤에 회집하였다. 제7일 밤에 아펜젤러 목사가 로마서 12장 1절에 활제(活祭) 즉 '산 제사'란 제목으로 강론한 후에 교인들로 하여금 곧 "거룩한 주의 제단 아래 나아가 엎드려 몸으로 산제사를 드리라" 하고, 일제히 엎드려 나아가 성가를 합창하니 이때 선생이 성신의 인도하심을 입어 천성낙원에 들어가 한 점 티끌만한 속세의 명예와 이익을 생각하는 마음 없고 거룩한 몸이 한량없는 기쁨으로 주를 찬송하였다. 선생은 이때로부터 성신으로 거듭난[9] 증거를 얻어 마음과 정신과 몸(心, 神, 體)을 다 바쳐 천국 복음 전하는 일에 헌신하였다. 또 당시에 최정식, 서상대는 감옥 담을 넘어 도주하고 이승만은 탈옥을 꾀하다가 다시 체포 투옥되었다.

4월 6일에는 순행 전도하기 위해 연안[10] 등지에 갔으며, 통진 강녕포로 해서 강화 월곶을 지나 백천 비야리 포구에 이르렀고, 다시 육로로 가서 나진포에 다다랐다. 여기서 오해두 댁에 머무르면서 전도하고 권면한 후에 해주부에 이르러 수양산 아래 청성묘와 탁열정, 불류담에 이르니 뛰어난 산천의 경치와 맑고 신선한 광경으로 여행

9 이는 선생이(탁사가) 신으로 거듭난 것이 아니라 성신(성령)으로 거듭난 증거를 얻었다는 뜻으로 받아들여야 한다.

10 연안(延安), 황해도 연백 지역의 옛 이름.

의 피곤함을 깨끗이 씻어주었다.

16일 예배 시에 김윤삼 댁에서 남녀 도합 19명에게 세례를 행하고 오후에는 연안군 남예배당에 이르러 저녁예배를 드리니 모인 사람이 30여 명이었다. 이때 해주 관찰사는 이지용이요 군수는 윤위영인데 조원시 목사와 함께 방문하고 연안읍으로 돌아와 오해두 등 5인에게 세례를 행하였다. 계속 이동하여 교동 인현포에서 전도하고 호두포에서 배를 타고 강화 교항동에 내려 김상림 댁에서 계삭회[11]를 행하여 남녀 7인에게 세례와 입교례를 행하고 홍의교회당에서 전도한 후 또 남녀 도합 8인에게 세례와 입교례를 행하였다. 22일에 천초환을 타고 한강 용산에 도착하였다.

이즈음 시흥군 금불암 선영을 모신 땅을 묘지기 유치삼이 몰래 팔아먹였기에 영암군의 종친 장규와 더불어 본군 군수 이고영을 만나 내막[12]을 설명한 후에 기소하여 유치삼을 감옥에 가두고 매수인 민영기와 재판하여 선영의 토지를 되찾았다.

이 해 독일 황제의 동생 하인리히 친왕(형리 친왕)[13]이 도래하였거늘 각 대신이 남대문 밖으로 출영을 하였고 폐하를 배알한 후에 대관정[14]에서 연회를 개최하였다.

---

11 계삭회(季朔會, quarterly conference), 감리교회 선교 초장기에 1년에 4차례 계절마다 모였던 구역회의 전신. 오늘날은 여선교회의 지방의회를 가리킨다. 참고로, 감리교회의 여선교회는 월례회, 계삭회, 전국대회, 총회 순으로 조직되는데, 계삭회는 15개 이상의 교회가 지방별로 모이는 모임을 말한다.

12 이허(裏許)라고 하였는데 이는 속내, 내막을 뜻한다.

13 독일 황제 빌헬름2세의 동생 하인리히 친왕이 1898년 도이칠란트호를 타고 7월 28일 부산에 도착하였다가 이듬해 6월 9일 서울에 도착하였다. 이때 대한제국은 약 4만원의 은전이 들어가는 영접비를 썼다. 그는 우리나라에서 이권 챙기기에 급급하였다.

14 대관정(大觀亭), 지금의 왕실 영빈관으로 덕수궁 함녕전에서 가까운 지금의 프라자호 텔 주차장 자리에 있었다.

의화단 사건과 급변하는 국제정세

광무 4년은 서력 1900년이었다. 1월에 조서를 내려 "잇달아 발생한 경회, 우의 사건(춘생문 사건)[15] 죄수들을 불쌍히 여겨 이른바 6범[16]의 범죄자 외 죄수들은 일괄 방면하고, 재판소에 영을 내려 이들을 재심리하여 6범 중에 방면 조치 가한 자는 가하고, 형을 감등할 수 있는자는 감등하라" 하였다. 2월에 안경수[17]가 자수하여 일본

---

15 1895년(고종 32) 10월 을미사변에 대한 반동으로 11월 28일에 명성황후계(閔妃系) 친미·친러파의 관리와 군인에 의해 기도되었던 사건이다. 을미사변 이후 친일정권에 포위되어 불안과 공포에 떨고 있던 국왕 고종을 궁 밖으로 나오게 하여 친일정권을 타도하고 새 정권을 수립하려고 하였다. 이 사건에는 시종원경(侍從院卿) 이재순(李載純), 시종(侍從) 임최수(林最洙), 탁지부 사계국장(度支部司計局長) 김재풍(金在豐), 참령(參領) 이도철(李道徹), 정위(正尉) 이민굉(李敏宏), 전의원(前議員) 이충구(李忠求), 중추원의관(中樞院議官) 안경수(安駉壽) 등이 합작, 모의하였다. 여기에 정동파(貞洞派) 관료 이범진(李範瑨)·이윤용(李允用)·이완용(李完用)·윤웅렬(尹雄烈)윤치호(尹致昊)·이하영(李夏榮)·민상호(閔商鎬)·현흥택(玄興澤) 등이 호응하였다. 또 친위대 제1대대 소속 중대장 남만리(南萬里)와 제2대대 소속 중대장 이규홍(李奎泓) 이하 수십명의 장교가 가담하였다. 또 언더우드(Underwood, H. G.)·에비슨(Avison, O. R.)·헐버트(Hulbert, H. B.)·다이(Dye, W. Mc) 등 미국인 선교사와 교사 및 교관, 그리고 미국공사관 서기관 알렌(Allen, H. N.), 러시아공사 베베르(Veber, K. I.)와 같은 구미외교관도 이 사건에 직접·간접으로 관련되어 있었다. 일본은 이 사건을 '국왕 탈취사건'으로 규정하고 이를 구실로 히로시마 감옥에 투옥되어 있던 을미사변의 범인들을 석방시켰다. 춘생문사건(春生門事件), 한국민족문화대백과, 한국학중앙연구원 편.

16 六犯, 모반(謀叛), 강도(强盜), 살인, 통간(通姦), 편재(騙財 남의 재물을 속여서 빼앗음), 절도 등 6가지 범죄.

17 개화에 눈을 떠 일본을 왕래하다가 1887년(고종 24)에 통리교섭통상사무아문(統理交涉通商事務衙門)의 주사로 발탁되어 최초의 주일공사 민영준(閔泳駿)의 통역관이 되었다. 그러나 민영준의 돌연한 사임으로 3개월 만에 귀국하여 별군직(別軍職)·장위영영관(壯衛營領官)·전환국방판(典圜局幫辦) 등을 지냈다. 이 시기에 일본의 문물을 수용하면서 화약 생산을 위한 제약소(製藥所) 설립과 신식 화폐 발행에 주력하였다. 1894년 동학농민군의 봉기를 계기로 청일전쟁이 발발하자 핵심적인 친일개화파관료로 등장하였다. 제1차 김홍집내각(金弘集內閣)에서는 우포도대장 겸 군국기무처회의원(右捕盜大將兼軍國機務處會

으로부터 돌아왔다. 그는 무술년 여름에 세자 대리사건[18]으로 망명하였는데 이제 스스로 나타나 심판을 청하니, 일본공사 임권조(林權助, 하야시 곤스케)[19]가 폐하 알현 시에 형벌을 내리지 말아달라고 요청하였다. 이에 이충구와 김재풍은 신지도로 종신유배 하였는데 안경수는 사건의 주모자였다.[20] 을미년 8월 을미사변 당시 경무사 권형진도 귀국하여 자원 자수하였다. 이때 이유인이 경무사 겸 평리원장[21]으로 있어 안경수, 권형진 양인을 교수형에 처한 후에 방을 내걸게 하니, 황제께서 보고하지 않고 교수형에 처함을 듣고 대노하시

議員)을, 제2차 김홍집내각에서는 탁지부협판(度支部協辦)을 지내면서 갑오개혁을 추진하였다. 1895년 4월의 삼국간섭 이후 일본을 배격하고 러시아 세력을 끌어들이려는 명성황후의 신임을 받아 경무사(警務使)와 군부대신을 역임하였다. 그러나 을미사변으로 명성황후가 시해되자 군부대신직에서 해임되었다. 그 후 친미·친러파가 을미사변에 대한 반동으로 일으킨 춘생문 사건(春生門事件)에 가담했다가 실패하자 징역 3년을 선고받았다. 1896년 2월 국왕의 아관파천으로 특지 사면되었고 경무사와 중추원 일등의관직에 임명되었다. 독립협회의 창립에 참여해 초대회장직을 맡기도 하였으며 정부의 식산흥업정책에 따라 설립된 대조선저마제사회사(大朝鮮苧麻製絲會社)의 사장을 지내기도 하였다. 1898년 7월 경무사를 지낸 김재풍(金在豊)·이충구(李忠求) 등과 더불어 추진하던 황제양위음모가 발각되자 일본으로 망명하였다. 그 뒤 망명정객 박영효(朴泳孝) 일파와 합세하여 독립협회와의 제휴를 통한 정계 복귀를 기도하였으나 실패하였다. 이후 주한일본공사 하야시(林權助)의 주선으로 1900년 1월에 귀국하여 공정한 재판을 받는다는 조건으로 자수하였다. 그러나 심한 고문을 받은 뒤 이준용 역모사건(李埈鎔逆謀事件, 1894)을 고하지 않은 죄 및 황제양위미수사건(1898)에 관련된 죄로 교수형에 처해졌다. 안경수(安駉壽), 한국민족문화대백과, 한국학중앙연구원 편.

18 문맥의 내용으로 무술년은 1898년이고 황제 양위음모사건을 말하려는 것 같음(역자 주)

19 임권조(林權助), 하야시 공사를 말함.

20 본문에서 “주모자였지만 처벌하지 않았다”는 내용이라야 문맥에 맞을 것 같은데 원문은 “주모자였다.” 까지만 기록되어 있다.

21 1895년(고종 32) 을미개혁(乙未改革)에 따라 조선 개국 초부터 존속하여 온 의금부(義禁府)를 고등재판소로 개칭하여 기구를 개편하였다가 1899년(광무 3) 다시 평리원으로 고쳐 사법에 관한 제반 사무를 맡아보았다.

어 재판장 이유인은 유배 10년, 법무대신 권재형은 파면시키고 판사 이인영, 검사 장봉환은 유배 3년에[22] 처하였다.

(1900년) 6월에 청국 의화단이 크게 일어나 외국인을 배척함으로 각국 병선이 태고항[23]에 운집하여 발포하니, 의화단의 결집과 저항이 견고하나 연합군이 필경 상륙하였다. 그러자 의화단이 독일 영사를 살해하였다. 6월에 황주 철도(鐵島)에 유배 중이던 죄인 이유인, 장봉환, 이인영이 모두 풀려났다.[24] 7월에는 청의 광서제가 우환으로 붕어하고 서태후는 도주하고 단친왕(端親王)[25]이 (왕위를) 찬탈하여 황제를 계승하고,[26] 북경의 병사들과 의화단과 권비[27]가 연합하여 외국인을 공격하도록 하니 기독교도가 많이 피살되었다. 이때 영국 공사관은 화재를 입어 불타버리고 독일 영사는 살해를 당하였다.

7월에는 황제가 조서를 내려 "근자에 풍속을 살펴보니 관이 일을 처리함에 박할(剝割)[28] 즉 백성들의 풍속을 살피는 관리가 재물을 긁어모으는 것만 일삼으니 그들이 생각하는 바를 들어보면 놀랍고 분통함에, 깨닫지 못하고 의혹만 많음으로, 그리하여 전북관찰사

---

22 이들은 국모(어머니)를 죽였는데 무슨 재판이 필요한가 하여 황제께 보고치 않고 재판하여 처형 하였다.

23 천진에 있는 항구.

24 청국 의화단 사건을 언급하다 갑자기 이유인 등 해배 사실을 언급한 것은 편년식 서술을 하다 보니 1900년 6월에 있었던 동월의 국내 사건을 다룬 것 같다.

25 광서제의 이복조카로 옹정제 후손.

26 청나라는 황제의 조카 등 황족에게 몇 가지 호칭을 붙여 주었다. 친왕도 그 중 하나다. 단친왕은 마지막 황제 선통제가 된 인물이다.(역자 주)

27 의화단의 청년들이 의화권이란 무술을 익힌다고 하여 義和拳匪라고 불렀다.(역자주)

28 박할(剝割), 사람의 가죽을 뜯어내고 살코기를 발라낸다는 말로서 백성들로부터 무리하게 재산이나 노동력을 착취하는 것을 의미함. 탐관오리.

이완용과 전남관찰사 민영철, 경남관찰사 이지용, 경북관찰사 김직현, 평북관찰사 조민희, 평남관찰사 정세원, 강원관찰사 정일영, 황해관찰사 민형식을 면관(파면)하고 조사하여 처리하라" 하셨다. 8월에 귀인 엄씨를 순빈으로 봉하고, 궁인 이씨로 소의에 봉하였다.[29]

이때 천진 연합군은 일본병사 2만, 영국병사 1만, 미국병사 5천명이었다. 주상이 궁내부 참리관[30] 오인택으로 백미 1천석과 맥분 3천포와 궐연 2천 갑을 가지고 천진 연합부대에게 제공하였다. (8월에는 의화군[31]을 의친왕으로 삼았고 또 엄빈의 소생자인 은을 영친왕으로 봉하였다.) 각국 연합군이 통주를 격파하고 북경에 곧바로 도달하여 각국 공사를 구출하였다. 일본과 러시아 양국 공사가 대한을 분할하자 함으로[32] 미국 장로교 양 교회에서 중추원에 헌의하였다.[33]

9월에 홍릉을 금곡으로 천봉(遷封) 즉 옮기고자 하여 조씨, 구씨 무덤 1천여기를 이전하였다. 10월에 경운궁 선원전이 실화로 타버렸으므로 황제가 미국 공사관과 담장을 사이에 두고 있는 집으로 잠시 이어하시었다. 11월 계천기원절에 학부에서 (각 학교에) 8엔씩을

---

29 소의(昭儀)조선시대에 왕의 후궁에게 내린 품계. 내명부(內命婦)의 하나로 빈(嬪)·귀인(貴人) 다음가는 자리이며 정2품이었다.

30 대한제국 시기 궁내부에 소속되어 외국어 번역과 통역 업무를 관장했던 문관직.

31 의화군 또는 의친왕 이강이다. 장 귀인의 아들로 고종의 다섯째 아들이다.

32 실제로 러, 일 사이에 한반도 39도선 분할론이 나온 것이 이때다.

33 여기서 미 장로교라 함은 한국에 있는 남, 북 장로교를 일컬음.(역자 주) 장로교에서 분할론을 헌의하였다는 것이 의외다. 그리고 이는 매우 중요한 사료가 된다. '대한분할설'에 대해서 1900년 8월에 6건의 헌의가 중추원에 제출되었는데, 그 헌의서 내용이 서울대학교 규장각에 소장되어있다. 이를 확인하면 약전의 내용이 얼마나 신뢰도가 있는지 검토할 수 있을 것이다.

내려 보내었기로 등불을 달고 경축하였다.[34] 이 해 러시아에서 동양 함대의 석탄저장소와 해군병원 설립지를 마산항 부근 율구미 만에 허락하도록 요청하니 황제가 허락하였다. 또 경인철도가 개통되어 운행하기 시작하였다. 이어서 훈장조례와 육군 법률도 반포하시었다.

성서번역과 선교활동

선생은 이 해 1월 7일 예배 시에 아들 성백을 하나님께 열납하여 세례(유아세례)를 받게 하고 양종묵, 김준용, 김상기, 김영기 등 6인을 학습반에 입교시켰다. 3월에 순행전도로 양주 국담리 송씨 집과 진답면 송촌 이 선생 집과 봉치리 정씨 집, 천천면 도덕리 김선달 집, 홍감찰 댁에서 강도(講道)하고 누원 서유산 점방에서 유숙하였다가 귀경하였다. 경자년(1900년) 2월 29일에 선생의 장남 재학의 길례를 이루었는데 신부는 종성 출신 이영식의 매제로 귀일에 근배식(결혼식)은 전래의 구례를 따라 하였다. 선생은 교회 일에 종사할 뿐 아니라 가세가 원래 청빈하여 마부, 수모, 임꾼, 아예(娥隷) 등 하인의 행사비용[35]에 불과 328냥이 들었다. 6월에 아펜젤러 목사가 서양의 앵도(앵두)[36]를 시종 이무영을 통해 황궁에 진상하였더니 황상이 아공에게 가는 호리병[37](도자기)과 곡두선(접부채) 등 선물을 하

34 약전에는 엔(円)이란 단위를 원과 함께 혼용하고 있다.

35 행하(行下), 아랫사람의 수고를 갚거나, 또는 경사(慶事)가 있을 적에 자축하는 뜻으로, 주인(主人)이 부리는 사람에게 주는 돈이나 물건(物件).(역자 주)

36 체리를 이렇게 표현하지 않았나 생각된다.(역자 주)

37 이 부분은 세(細) 다음 글자가 번져 무슨 글자인지 분명치 않다.

사하시었다. 7월 30일에 상동 교회당에서 정초식 성례를 행하였다. 이때 미국부인 미모리알씨가 은전 8천원을 연보함으로 이 교회당을 건축하였으니[38] 모이는 교인 수가 315인이었다. 8월 27일에 인천부 우각현 교회당 건축이 완공됨으로 경향 각처 교인들이 회집하여 봉헌식을 행할 때 조원시 목사 강연과 아펜젤러 목사의 기도로 행하였다. 마침 신약성서 전부가 번역됨으로 미국공사 안련(알렌)이 혁의책자 즉 가죽으로 표지를 입힌 책자[39]를 각 교회 목사에게 나눠주고 영광을 하나님께 돌렸다. 12월 25일은 구주 성탄이니 남녀 교우

---

38 상동교회 주춧돌에 기록된 내용이다. "오늘 양력 일천구백년 칠월 삼십일 하오 여섯시에 모퉁이 돌놓는 회당은 이후에 미드 미모리알이라 하는 회당이니 곳 미드부인 기렴하는 미이미 감리교회당이라. 이전에는 이 회당 일홈을 상동회당이라고도 하고 달셩회당이라고도 하였나니라. 이 터는 시란돈 의원이 일천팔백팔십구년에 병곳치는 일노 쓰랴고 사셔 병원을 지으랴고 뜻하니라 수년 동안은 길의원이 여기서 병을 보았고 또 권사 노병일씨로 더브러 젼도 하였나니라 이 교회 설립하기는 일천팔백구십삼년에 하였고 이 때에 쳣재 목사 된 이는 시란돈 장로이니 퍼시터 감독께 시굼을 밧엇나니라 처음에 모여 레배하기는 이회당 동변벽돌집에서 하였더니 차차 좁아지는 고로 일천팔백구십오년 륙월에 달셩회당으로 옴겻시니 이 회당은 시란돈 대부인이 그 터를 사고 교우를 위하야 회당을 지였는데 지금까지 그 회당에 모였나니라. 시란돈 대부인이 새 회당 설립하기를 위하야 여러번 합중국에 구하였더니 합중국 미드부인이 새 회당 설립하기를 위하야 기렴하는 회당을 설립하라고 금사쳔원을 보내였고 그 후에 또 미드부인 일가가 회당안 제구를 위하야 금 오백원을 보내 엿시며 그 외에는 시란돈 대부인이 회당셜립 하기를 위하여 여러 곳에셔 엇은 돈이 은 오백원이니라. 그 후에 화공이 화당도형 낸 거슬 가지고 리거를 시험하니 기리가 부족할 듯 한지라 그런고로 열 석자를 더 느리기로 작정 하니라. 엿태까지 대한 교우가이 집짓는 일에 연보할 틈을 엇지 못하였더니 이제야 엇은지라 이에 연보책을 뫼여 대한 교우들이 자기 힘대로 연보하니 임의 슈합한 돈이 은96원 85젼이요 쟝챠 드러올 돈이 은156원 71젼이라 이 회당 역비는 터 갑외에 은8천원이오. 이 교회에 입교인은 205인이오 합습인은 108인이며 이사년 동안에 동국교회 감찰하는 이는 무어감독이오 감독의 대리는 시란돈이오 이 교회 목사는 시란돈이오"(하략). 그러므로 미모리알 부인은 '시란돈 대부인'으로 불렸던 메리 스크랜튼 선교사의 부인이다. 그는 이화학당을 세운 스크랜튼 여사의 아들이다.(역자 주)

39 가죽으로 커버를 입힌 성경이라 붙인 이름.(역자 주)

가 특별히 연보하여 빈한한 동포에게 구휼할 때, 백미가 8석 5두요, 소나무 가지(소나무 장작)가 10여 바리였다. 서양 천으로 만든 작은 주머니 300여 개에 각각 쌀을 채워 하나씩 나눠 주었다. 아동에게는 과실봉지를 나눠주어 성탄을 경축하였으니 이때부터 매년 (성탄절) 관례가 되었다.

시련(아내와 자식을 잃고)

서력 1901년은 광무 5년 신축년이었다. 2월 18일에 세밑(歲底)을 당하여[40] 풍운이 분분하되 아(亞) 목사가 정몽호 노인에게 시량(柴糧) 즉 땔나무와 양식을 도와주는데 야반에 친히 가지고 가서 다른 사람이 알지 못하게 주었으니 참으로 오른손이 하는 것을 왼손도 모르게 함이었다. 이때에 경운궁 안에서 대나[41](大儺, 섣달그믐에 역귀를 쫓는 의식)를 열어 귀신을 쫓으며 불놀이를 크게 벌여서, 올라간 기통(氣筒, 불똥)이 수백여 보 떨어진 주사 이난복의 지붕에 박혀 불이 났다. (현재 배재학당 동문 쪽 기숙사 옛터). 경자년(1900년) 봄부터 선생의 부인 김로득씨가 기(氣)가 부족하여 해를 넘기도록 고생이 심하였는데 겸하여 임신까지 하였다. 이 해 1901년 4월에 이르러 병세가 위중함으로 병상에 누웠었는데 17일에 아들 성백이까지 경기가 있으니 성백이는 무술년(1898년) 4월 2일에 태어난 세 살된 유아였다. 침, 약이 무효하여 21일에 천국으로 먼저 돌아갔

40 이를 기출 번역에서 설날이라고 하였는데 세밑(歲底)는 년 말이다. 하지만 전체 내용으로 볼 때 년말 연시를 당하여라고 해석하면 무방할 듯하다.

41 구나(驅儺·궁중에서 세모에 역귀를 쫓던 일)의 일은 관상감에서 주관하는 것. 대나(大儺)라고 함은 구나를 크게 열었다는 뜻.(역자 주)

으니, 선생의 부인이 병중에 더욱 애통하여 병이 더 악화 되었다.[42] 22일에 아현동교회 교인 매장지에 겨우 흙이나 덮어서 장사지내니 묘자원(묘방을 등진 방향)[43]이었다. 29일에는 선생의 부인이 병중에 예쁜 딸을 순산하였지만 젖을 먹여 키울 도리가 없었는데 이승만 부인이 양육하기로 하고 데려갔다. 그러나 5월 2일에 선생의 부인 김씨가 결국 천국으로 떠났다(1901년, 신축년 3월 14일). 5월 5일에 선생이 부인을 시흥군 금불암 선영 산기슭 아래 안장할 때 목사 서원보[44]씨가 집례 하였다. 또 10일에 신생아가 우남가 댁에서 죽어 매장케 하였다.[45]

5월 12일에 문(모어) 감독이 들어와서 연회를 상동회당에서 개최하니 이때 선생의 나이 44세였다. 한 달 내에 (음력 3월 3일 성백, 14일 아내 노득, 22일 신생아 타계) 아내와 자녀의 참상을 당하니[46] 비록 주 안에서 시험을 이기고 화평함으로 전도하나 부지중에 안혼병[47]이 생겨서 이때부터 돋보기안경을 쓰고 글씨를 보게 되었다. 또 문 감독이 상동교회당 봉헌식을 행할 때 조원시 목사가 통역을 하였다. 이 연회에서 선생은 주리(담임) 전도사로 상동교회당에 파송되었고 조원시 목사와 '신학월보'를 간행하였다. 20일에 문 감독과 같

42 직접 기록은 하지 않았지만 아마 막내가 아직 어려서 더욱 슬퍼하고 병이 깊어진 듯하다.

43 12지를 시간의 방향으로 하기에 동남방향으로 여겨짐.(역자 주)

44 서원보(스웨러, Swearer) 선교사.

45 탁사의 아내 김로득, 아들 성백, 신생아 3녀까지 3명의 가족이 거의 동시에 세상을 떠났다.

46 탁사는 자녀 중 둘째 성만, 넷째 성백, 그리고 신생아였던 둘째딸, 셋째 딸까지 네 명의 자녀를 잃었다. 앞서 조부, 어머니, 형수, 아버지까지 잃었으니 짧은 기간에 8명의 직계가족을 잃는 아픔을 겪었다.

47 시력이 나빠지는 병, 원시로 여겨짐.(역자 주)

이 인천항으로 내려가 내리교회당의 정초식을 행하였다. 그때 선생의 차녀 봉희는, 이웃에 사는 이만쇠라는 남자 아이가 가지고 놀던 (장난감)화살에 맞아, 왼쪽 눈에 중상을 입어 여(女)병원에서[48] 응급치료를 받았다. 그러나 필경은 한쪽 눈을 잃고 말았다.[49]

민요(民擾)와 외세 침탈

(1901년) 6월에 제주민 이재수, 오대현, 강우백 등이 소요를 일으켜 천주교인 수백 명을 도살하니 일반인 사망자도 백여 명이었다. 프랑스 신부는 강화도로 도피하고 참령 윤철규가 200명 군졸을 거느리고 입도하여 진무할 때 광주 병사 200명과 전주 병사 200명을 또 파송하였다. 이때 프랑스와 일본 양국이 또한 병함을 파견하였다.[50] 윤 참령이 황제의 남고(南顧, 남쪽 사람들을 돌아보다)하시는

48 스크랜턴 부부가 세운 이화병원을 말하는 듯함.

49 이 부분을 차녀 봉의의 아들인 김상모 미 연합감리교회 원로목사는 어머니로부터 들은 바를 증언하였다.- 봉희가 동무들하고 소꿉장난하고 있는데 인근에 사는 개구쟁이 이만쇠란 아이가 "천주학쟁이들아 쏜다 쏜다 봉희야 봉희야 나를 봐"하면서 바늘이 꽂힌 화살을 쏘아서 왼쪽 눈에 박히게 하였다. 의식을 잃은 봉희를 선교사 의사가 응급치료를 했으나 실명하였다고 하였다. 이때 큰오빠 재학이 만쇠를 잡아다 때리며 혼을 내고 있는데 뒤늦게 도착한 아버지는 "재학아 봉희는 이미 다친 아이인데 그 애를 때려서 무엇하느냐, 그만 집으로 돌려보내라 그래도 한 눈이 성하니 감사하자"라고 하였다. 봉희는 "평생 아버지의 인자한 그 음성이 가슴에 메아리친다."고 기록하고 있다. 송기성,『탁사 최병헌 목사의 생애와 사상』(서울: 2008, 아펜젤러 최병헌 목사 탄생 150주년 기념사업위원회편, 정동삼문출판사), 16-18.

50 이 부분도 주목해 볼 대목이다. 왜냐하면 국내에서 일어난 민요에 독일과 일본의 병함이 파견되었다는 것은 제국주의 국가들의 이해관계가 개입되어 있었기 때문이다. 하지만 제주민란의 원인은 천주교의 교세 확장 과정에서 불거진 천주교인들의 폐단과 봉세관 강봉헌(姜鳳憲)의 과도한 조세 수탈 때문이었으며 이제수 등이 반외세와 반천주교 반봉건을 목적으로 난을 일으켰다. 일명 '이제

은혜로 깨우쳐 타일러서 제주도 도내(道內)가 평온을 되찾았다.

7월 15일에 선생의 장남 재학이 배재학당 영어공부를 마치고 경성학당에 가서 일어를 공부하기 시작하였다. 이때 무정부당이 미국 대통령 막견리(윌리엄 맥킨리)씨를 저격 암살함으로 교회당에서 추도식을 거행하였다. 3월에는 평리원 재판장 겸 법부대신 서리 김영준과 내부협판 민경식, 원수부 총장 주석면[51]을 모두 체포 감금하였다. 한편 3월 21일에 김영준은 익명서를 가지고 주상의 권위를 범한 죄로 교수형에 처하고 집안의 재산을 몰수하고 그 가족도 벌하였다. 10월 15일에 순빈 엄씨를 비(妃)로 봉하고 궁이라는 호칭도 하사하였다.

러시아 공사관으로부터 환어하신 후에는 독립협회의 간부 여러 사람을 체포 투옥하고 해산시켜서 언로를 없애려 하였다. 이후 황제는 팔방이 무사한 줄 알고 궐내에서 밤마다 향연을 성대히 행하였지만 좌우에 소인배들이 에워싸 국기를 문란케함으로 나라를 좀먹고 백성을 병들게 하니 매관하며 사사로이 뇌물을 받는 일이 공공연히 횡행하였다. 가령 관찰사 한 자리에 70만 냥이요 군수에 30만 냥이었다.[52] 국가 경축연에 나가 하례를 준비하기 위하여 8도의 묘령 기생과 악공을 모집하여 황화방 정동 이화학당 북변 가옥에 장악원을 설치하여[53] 날로 가무를 연습하였다. 궐내에서는 매일 즐거운 노래

수의 난'이라고도 부른다. 이때 일본과 프랑스 함선이 파견되는데 탁사는 독일 병함으로 착각한 듯하다.

51 1901년 평리원재판장 김영준(金永準) 등이 외국 공사관에 익명서를 투입하는 등 정변 을 꾀했다는 사실을 알면서도 고발하지 않았다는 이유로 평리원에서 태(笞) 1백, 백령도 종신유배형을 선고받았다.

52 이와 같은 기록은 상당히 중요하다. 실제로 거래된 뇌물의 액수는 관제 사료와 달리당시의 모습을 사실적으로 이해할 수 있는 귀중한 자료가 된다.

53 장악원은 지금의 을지로입구역 외환은행 본점 자리에 있었다. 그런데 여기서는

와 타령을 사죽(絲竹, 관악기와 현악기), 생황으로 연주하고, 밤새도록 놀았으니 이른바 '질파고', '날탈태', '수심가' 따위였다.[54] 이때 죽기를 각오하고 고하는 자도 있고 지사들은 말하되 "이 해는 언제 떨어지려나"[55] 하는 자도 있었다.

선생의 종질 재홍은 수 회에 걸쳐 파산하고 매번 선생에게 신세지며 폐를 끼친 것이 적지 아니하나 선생은 항상 인애로 구휼하니 보는 이가 다 복되고 선하다 하였다.

1902년은 광무6년 임인년이니 4월 7일에 이능백을 아현 교인묘에 장사하고 올라가는 계단 주변 땅에 백양목과 여러 꽃나무를 심었다. 개국 507년 서력 1897년간에[56] 아펜젤러 목사가 말하되 "조선인 빈천자들은 살았을 때도 거처할 곳이 없더니 죽은 자도 거처가 없다." 하여 아현에 채전과 산허리 땅을 매입하여 교인의 장지를 만들었다. 이때 정부의 령이 내리기를 도성 네 군데 산자락 안에는 백성의 매장을 엄금함으로 교인들이 사후에 엄토(매장)할 장소가 없었는데, 아공(亞公) 목사의 자비심으로 이와 같이 시혜를 마련함이었다. 마침 이때 광주(廣州) 정림 구만수(具謾壽)가 채무로 인하여 약을 먹고 자결하였다. 선생이 정림에 가서 각 채권주와 모든 가족을

정동에 기생과 악공들에게 가무를 연습시키는 장악원을 설치했다고 하는데 이는 일반적으로 알려진 것과 다른 내용이다. 탁사의 기록이 역사 기록과 큰 차이가 없는데 이 기록이 사실이라면 또 하나의 소중한 사료가 된다.

54 이 부분은 한글과 한자를 해석하기가 매우 까다로운 부분이다. 소위 라는 접속사로 볼 때 춘향전에서 이도령이 변사도 앞에서 썼다는 한시를 연상하는 것이 아닌가 생각 된다. 앞선 해석에는 재학의 경성학당 이야기 다음부터 아예 빠져 있다.

55 하나라 걸왕의 폭정을 원망하는 백성들이 "이 해는 언제 떨어지려나!"하고 외친데서 인용한 말이다.

56 탁사는 착각한 듯하다. 조선개국 507년은 서력 1899년이다.

회집하고 재판하여 채권주가 채무를 탕감케 하니 구(具) 교우는 곧 선생의 종질부였다.

임인년(1902년) 1월 24일에 서원보 목사가 신학회원을 모두 모아 문답을 마친 후에 사진 촬영을 하였다. 또 일영동맹이 이 해에 성립되었는데 제일 첫째로 긴요한 사항은 청과 대한의 독립과 영토의 보전이라, 정부에서 뒷일을 염려할 것이 있을까 하여 한규설을 법부대신, 심상훈을 탁지부대신으로, 신기선을 군부대신으로 서임하여 대비하였다. 음력 3월 14일은 선생 부인 노득의 1주 기일이라. 아펜젤러 목사가 남녀 교우 수십 인을 초빙하고 촛불을 켜고 기도할 때 목사님이 애도사를 강론하고 각 교우들은 위로의 말을 한 후에 폐회하였다.

4월 29일에 독립협회원 이상재 등 8인을 포박하였는데 간신배가 위언을 지어내기를 "일본 동경에 조선협회가 있는데 본국인(조선인)이 이 단체와 기미를 내통한다" 하여 체포코자 함이었다.

5월에 처음으로 지방회를 개최하고 보고한 후에 송기용, 노병선을 전도사 4년 반(班)에 진급케 하였다. 이때 선생이 조석으로 교회당에 들어가 간구하기를 "주여 특별히 주의 영광의 눈으로 보게 하시고 주의 말씀을 귀로 듣게 하소서"라고 기도하더니 5월 3일 상오 6시 종칠 무렵 홀연히 (성령이) 감응하시어 말하되 "너는 세상의 빛이니 너의 행실을 돌아보라 성서는 하나님의 훈계니 성경 말씀을 들으라, 어찌 다른 것을 구하겠는가?" 하였다.[57] 처음 기도할 때에는 어찌하여 자신이 이런 말을 토로하는지 깨닫지 못하였지만 이러한

57 이런 부분이 본 약전은 탁사가 직접 써둔 것이라는 사실을 말해주는 내용이다. 둘째 아들 재원이 썼을 것이라는 추측은 근거가 부족하다.

증거를 얻은 후에는 다시 이러한 기도를 하지 아니하였다.

5월 10일에 문 감독(무어 목사)과 조원시 목사로 더불어 우체선 경상호를 타고 인천항을 출발하여 증남포[58]로 향하였다. 성일(聖日)에 문 감독이 선상에서 찬미 기도로 예배하였다. 하지만 김창식, 노삭순은 멀미로 인하여 하륙하고 선생은 김매리련, 주광명 여학생 등과 선중에 있었는데 군수 구장회가 동선하여 기녀들로 추잡한 희롱을 즐기거늘 선생이 여학생들과 찬송가를 함께 불러 마귀의 유혹을 물리치고 전도하였다. 12일에 만경대에 이르러 작은 윤선으로 대동강을 거슬러 올라 평양 남산현에 하륙 하니 교도들이 운집하여 환영하였다. 15일에 아펜젤러 목사와 함께 성전의 정초식을 행하였다. 16일에는 연회를 개최하고 하오에 선생이 교우들과 함께 칠성문 밖을 유람할 때 의암 유인석이 수백 명 제자를 거느리고 기자 문성왕릉(기자릉)에서 강연을 위해 강연석을 설치하고 있었다.[59] 그곳은 평야가 넓고 완만한데 한편으로 물이 흐르고 소나무 등걸이 빽빽하며 석마(수)가 쭉 늘어섰는데, 다들 소매가 넓은 행의와 쪽빛 바지 그리고 큰 갓을 쓰고 위세가 대단하였다. 선생이 그 가운데 있는 유인석을 보니 옥색 도포를 걸치고 언사가 미소와 함께 겸손한데 (선생이 말하는)기독교의 진리는 귀 밖으로 듣더라. 즉시 폐회하여[60] 각기 처소로 돌아가니 길거리의 아이들과 목동들이 넓디넓은 도포에 큰 갓을 쓴 모습을 보며 손가락질하고 웃으며, 혹 돌을 던지는 자도 있었

58 평안도 용강군, 남포시의 옛 이름. 평양의 관문 격이다.

59 아마 참배하러 왔다가 제자들에게 가르침을 주기 위하여 상을 마련한 듯함.(역자 주)

60 여기서 유인석(한말 위정척사 사상가이자 의병장)과 제자들에게 탁사는 유학자이니 자신을 소개하고 기독교에 대하여 강연을 한 것 같다.

다.

19일에 휴가를 얻어 300명 교도가 19척 돛배를 연결하여 타고 일렁이는 물빛을 가르며 능라도를 지나 부벽루에 이르니, 선상에서 넉넉히 먹고 마시며 부르는 찬송가 현금(弦琴) 소리가 구름 속에 맑게 울려 퍼졌다. 이때 연회에서 선생이 문 감독에게 집사 안수례를 받고 연회원들의 학습례도 행하였다.

7

목회 2기, 정동교회 담임목사 시대

*

아펜젤러 목사의 소천

동년(1902년) 6월 13일에 아펜젤러 목사가 성서를 번역하기 위하여[1] 조한규와 같이 순신호를 타고 목포를 향하다가 고군산 군도 바다 부근에서 구마천호와 서로 충돌하니, 흑암 심야에 운무까지 자욱하여 곳곳을 분간할 수가 없었다. 순신호가 파쇄되어 침몰하니 조선인 사망자는 17인이요 일본인 사망자는 3인인데, 아펜젤러 공은 상층에서 (화를) 피할 수가 있었으나 조한규가 하층에 자고 있었으므로 조(趙)를 구출하고자 하다가 함께 해저에 침몰하였다. 그리하여 선생이 상동교회에서 도로 정동교회로 돌아와 담임을 하게 되었다. (일 전) 연회 후에도 아(亞, 아펜젤러) 목사가 문감독과 같이 인천에 전도하러 가다가 철도 보수하는 일본인에게 구타를 당한 적이 있었다. 아공이 침몰한 후에 선생이 이상한 꿈을 꾸었으니, 아 목사를 꿈에 세 번 상봉하였는데 한 번은 언어가 모호하였고, 두 번째는

1 이미 신약은 번역하여 보급하였음.

동대문 밖 길에서 보았는데 목사님 뒤에 약 20세 정도의 여자가 있어 빈궁한 모양으로 말없이 따라오는데 아공(亞公)이 선생에게 악수하며 날씨 이야기로 인사를 하고[2] 스스로 말하되 "인심이 이와 같도다" 하였다. 푸른 가로수 아래를 지날 때는 대추가 가득하고 종로거리에 이르니 여자가 구름처럼 모여 있었다.[3] 세 번째 보았을 때는 아공이 봉한 편지를 선생에게 주면서 이르기를 "모처에 가서 기도회 모임을 가지라" 라고 하는데 어떤 의미인지 꿈에서 본 일이 너무 기이하였다. 29일에 아공과 조 교우의 추도회를 행할 때 상동교회에서 아공의 (선교) 역사를 추도하여 "1885년에 도래하여 17년 동안 열심히 교육하고 성의껏 전도하셨다."고 하였다. 또 조 교우의 추도시를 낭송하기를 "초장거사로 늘 미소를 띠며 한참 일할 나이에 우리 곁을 떠났으니 무심하여라 이로 허무한 마음 금할 길이 없구나! 살아 생전 별이 떨어지듯 거함과 충돌하여 바다에 잠겼으니 안타까운 마음 한으로 남고 호수 같은 칠산 앞바다의 어두움은 기나긴 통념의 소리를 남기는구나"[4] 라고 하였다. 이후에 아펜젤러 목사를 위하여 기념비를 건립하고자 하였고 또 배재학당 학생들과 함께 힘을 합하여 동상도 건립하였다.

---

2 한훤(寒喧), 이라는 단어를 썼는데 이는 통상 날씨 이야기로 서로 인사하는 예를 뜻함

3 운둔(雲屯) 즉 '구름같이 주둔하다.'란 뜻으로 많은 사람을 모아 전도하라는 다분히 종교적 선교 사명을 말하려고 하는 뜻으로 해석하는 것이 맞다.

4 이 부분은 복사본 자료가 도저히 알아볼 수 없을 정도로 희미하여 살피기가 어려웠다. 상당히 의역될 수밖에 없었다.

전도와 부흥, 정동·상동교회 겸업목회

임인년(1902년) 이 해 9월 4일에 선생이 서원보 목사와 같이 공덕리 복문옥 댁에 가서 그 댁 아들 복남에게 혼례를 행하였다. 마침 신부가 들어온 후로 문옥 가에 화재가 발생하여 주야로 불을 잡기 위하여 몰두하는데 동네사람들은 말하기를 "요괴가 신부 집에서 따라와 화재를 일으키게 하였다"고 하였다. 더구나 이 때 호열자[5]라는 악질도 유행하여 경성에선 사망자가 하루에도 24명이나 되었다. 복문옥 가의 화마로 인하여 선생이 서원보 목사, 피여시 양[6]과 전덕기, 김상배 등과 더불어 그 댁에 가서 찬송과 기도로 위로하고, 화재로 인하여 본가(친정)로 가 있던 신부를 다시 데리고 오게 하여 기도한 후에 돌아왔다. 그런데 그날 밤 화마가 또 덮쳐 일어나 온 집이 전소되고 복문옥씨 아내와 7살 난 둘째 아들[7]까지 화재 중에 분사하였다. 그런데 16일 새벽같이 누군가 문을 두드리며 애통하기에 선생이 문을 열고 바라보니 복남이 급보를 알려왔다. 그리하여 서 목사와 전덕기와 함께 가서 보니 불로 인해 죽은 이의 머리와 발 부분은 잿가루가 되고 허리 부분만 남았는데 악취가 코를 찌르고 차마 둘러보는 곳곳이 다 비참하였다. 일장통곡하며 위문하고 연보를 하여 매

5　흔히 콜레라를 가리킨다. 호열자(虎列刺), 원래 중국에서 虎列刺(호열랄)이라고 불렀는데 랄(剌)을 자(刺)로 잘못 읽어 생긴 말이었다.(역자 주)

6　휴 밀러(Hugh Miller)선교사의 아내로 밀러는 1899년 영국에서 내한하여 민휴(閔休)라는 한국 이름으로 성서공회에서 성서의 편찬과 반포사업에 전념하면서 우리나라 성서보급에 크게 기여하였다.(역자 주)

7　본문에는 둘째 아들이 7살로 나와 있는데, 어떤 이는 결혼한 아들이 둘째라고 하였는데 그러면 둘째 복남이 7살에 결혼한 셈이 되고 둘째가 죽었다고 하고선 선생 댁을 새벽에 두드린 사람이 복남이라면 부활한 셈이 된다. 맞지 않다. 복문옥가 기자(其 子)는 그 댁 아들이란 말이고 뒤에 둘째 7살이 엄마와 함께 불에 타 죽었다고 하였다. 그러므로 복남은 첫째 아들이다.

장하였다.

이해 10월에 선생이 상동교회 사택을 수리하고 정동교회로부터 상동교회로 이사를 하여 사택에 거하게 되었다. 10월 9일에 중추원 의장 김가진이 선생의 부친 '춘부대인 의산공'에게 품계를 내려주라는 칙령 교지를 의관 김한목을 시켜 받들어 보내왔다.[8] 선생이 거듭 절하고 칙령을 받았으니 하늘의 은혜에 더욱 감사하였다.

이즈음 제천군 명도리에 있는 선생의 조부 선산 아래에 최병식이란 자가 입산하여 묘를 쓰고 또 그 아래 산기슭에는 박 모가 입산하여 묘를 썼으니 이는 다 병식의 수작 농간이었다. 선생이 부득이 하여 친척 동생 병호와 함께 11월 27일에 선영 문제를 조처하기 위하여 걸어서 산을 오르내리며 살폈고, 선생의 형님은 충주에서 서로 만나기로 편지를 띄웠다. 충주부에 도착하여 김 충청 관찰사를 만나 뵙고 선영 일에 억울한 점이 있음을 하소연하였다. 그 후에 선생의 형님과 같이 제천읍으로 바로 와서 이 군수도 면회한 다음에 여관에 유숙하였다. 다음 날 고소장을 접수하니 제천군 관리가 득달같이 행차하여 최병식을 체포하였다. 병식이 자복하여 납작 엎드려 진술하기를, 관원들이 묘를 파헤치는 것을 염려하여 3일 내에 이장할 것임을 다짐하여 석방 처분 받고 자기 조부 산소를 그다음 날 바로 파서 이장하였다. 박 모는 소송에 부치지 않기로 하고 즉시 파서 타지로 옮겨 갔다.

선생이 두 쌍의 분묘를 불과 며칠 내에 이장하게 하고 형님과 상의하되, 오직 우리 교인들은 산지의 화복과 일진의 길흉을 따지지

8 이는 의산공이 생전에 중추원 의관을 지냈고 정3품의 벼슬을 지난데 대한 뒤 늦은 봉록이라고 생각된다.(역자 주)

않으니 선산에 뼈를 수습하기 위하여 날을 점치지 않고 이장례를 치르는 것이 좋겠다 하였다. 이에 제천군 현좌면 신월리 뒷산에 봉분한 선생의 친부모 산소와 형수씨 산소를 요동으로[9] 이장하기로 하였다. 이에 인부를 모아 구묘를 파고 백골을 염습한 후에 운구하고, 요동에서도 일하는 인부로 병식의 선친 묘 이장지와 박 모가 묘를 썼던 곳을 열어, 이날 같은 날 봉분을 하였다. 선생의 부모 묘는 조부묘 아래에, 형수씨는 박 모가 팠던 광에 분묘를 만들고 때를 덮으니 임좌향[10]이었다. 그 후에 밭 일곱 두락을 매입하여 산지기 김성수에게 주어 산소를 지키게 하였다. 그리고 신월리에 거하는 옛 지인 참봉 권류(鎏)에게 위탁하여 제반 일들을 돌보게 하였다. 일을 마무리한 후, 고향산천과 어린 시절 고기 잡던 곳 주변을 둘러보다가 의림지 영호정에서 선생의 전날 사부 이의남(李義南)과 묵은리에 사는 이전의 동창 유병문(柳秉文)을 만나 오랜만에 시율로 깊은 회포를 풀었다. 송학산 아래 백천면 금마촌에 가서 삼종매(8촌 누이) 동생 부처와 옛 지인 박수창을 만나 오랫동안 쌓이고 나뉜 회포를 풀고 12월 4일에 경성으로 돌아왔다.

그때 정부에서 큰일이 일어났으니 이는 이용익 등이 망언으로 황제의 귀비 엄씨를 양귀비에 비유하였다 함이었다.[11] 이를 의정 윤용선과 심순택, 조병세 등이 주상께 규탄 상소를 주상이 부득이 이

---

9 약전에는 요동(堯洞)이라는 용어를 썼는데 좋은 동네, 맞춤한 곳이란 뜻으로 여기서는 이후의 내용으로 볼 때 명도리를 뜻하고 있다.

10 임방(서북 방향)을 등진(남동 방향) 방향으로 양지쪽 좋은 곳이란 뜻이다.(역자 주)

11 이것이 문제가 된 것은 중국 역사에서 당 현종의 양 귀비는 절세 미모로 말미암아 현종의 눈을 가려 나라를 망하게 하는 운명을 맞았다는 역사 사실을 빗대어 엄 귀비를 비난한 것이라 여겨진다.(역자 주)

용익을 시골로[12] 추방하고 서인이 되게 하였다. 이해에(1902년) 또 한단(韓丹)통상조약이 성립되었다.[13] 또 일본 제일은행 경성지점에서 대한제국 은행권을 발행하였다.

광무 7년은 서력 1903년이었다. 러시아가 몇 년 전에 획득한 삼림 채벌권과 용천군 용암포에 병사를 주둔시키는 권리와 포대 설치권을 다시 획득하였다. 그리고 경성에 거주하는 각국 공사가 정부에 추청하여 의주와 용암포를 개방하기를 원함으로 허락하였다. 또 효정황후 홍씨가 세상을 떠났다.[14] 이해 9월 9일은 러시아가 만주에 주둔한 군대를 세 번째로 철수하기로 군대를 철수하기로 한 날인데 러시아가 약속을 어겨 지체함으로 일본과 러시아가 군대를 움직여 개전하고자 함으로 도시에 땔나무와 먹을 양식이 비싸졌다.

계묘년 9월 28일에 우범선[15]이 고영근, 노인명에게 피살되었는데 이는 국모의 원수를 갚고자 함이라 하였다. 이해 2월에 선생이 순행전도로 인천군 무지천에 가서 주일 예배와 개인 권면을 행하고 김서옥 댁에 유하였다. 3월에 이치경과 같이 이태원에 가 노상전도와 깊은 사랑(舍廊)의 잡기자(褋技者)들에게 진리를 전하는데 비방과

12 전리(田里)라는 단어를 쓰고 있다. 이는 향리 또는 시골이란 말이다.(역자 주)

13 단국(丹國)은 덴마크를 말한다. 대한제국과 덴마크 간의 통상조약.

14 효정황후(孝定皇后) 홍씨, 헌종의 계비를 말함.

15 1881년(고종 18)별기군(別技軍)의 참령관(參領官)이 되면서 개화정책에 눈을 떠 개화파에 가담하였다. 1894년 8월 장위영영관(壯衛營領官)으로서 군국기무처 의원에 임명되었다. 1895년 을미사변 때 훈련대 제2대대장으로 휘하 장병을 이끌고 일본군 수비대와 함께 궁궐에 침입, 민비의 시해를 방조하였다. 이로 인하여 체포령이 내려져 일시 피신하기도 하였다. 이듬해 아관파천으로 정국이 일변하여 신변이 위태로워지자 일본인들의 보호를 받으며 일본에 망명하였다. 동경에 거주하며 일본 여성 사카이[酒井]와 결혼하여 재기를 꿈꾸던 중 1903년 12월 본국에서 파견된 자객 고영근(高永根)에게 암살당하였다.(한민족문화대백과)

욕을 당하였다. 하지만 그 후 신자를 얻게 되고 이태원 교회당도 설립하게 되었다.

21일에 선생이 정동교회당 안에 처음으로 '전도인회'를 설치하니 회장은 조원시 목사며, 회원은 방거[16], 노병선, 전덕기, 문요석, 문양호, 김상배, 이경직이요 선생은 총무가 되었다. 이는 조선 내 각국 선교회의 전신이 되었다. 5월에 무어(문) 감독이 연회를 정동교회당에서 개최하였는데 선생이 또한 서기가 되었다. 선생이 일찍이 '동인사'를 설립하고 의연금을 모금하여 장래 전도 일을 경영하였는데, 이때 '동인사'를 파하고 모아두었던 돈 14원도 전도인회에 맡겼다. 또 5월에는 교우들이 상동회당에 모여 기도 한 후에 '친목회'를 조직하였는데 선생에게 회장을 추대하였다.

6월 23일에 선생의 둘째 아들 성천(재원)이[17] 통사 제3권을 독서한 기념으로, 계피떡을 사서 정하 선생과 동창생에게 전하였다. 24

16 방거 선교사(D. A. Bunker, 房巨)는 1853년 8월 10일 미국에서 출생하여, 1883년 오하이오 주 오벌린대학을 졸업하고, 뉴욕 유니온 신학교에서 신학을 전공했다. 이 무렵이 한、미수호통상조약(1882)이 체결된 후여서 구 한국정부는 근대 교육기관인 육영공원(育英公院)을 설립하고 미국 측에 교사를 초청했다. 미국 공사 푸드의 주선으로 국무성을 통하여 유니온 신학교에서 벙커, 길모어(Gilmore), 헐버트(Hulbert) 등 3인이 선발되어 1886년 5월 두 여성(엘러스, 길모어 부인)과 함께 미국 북장로회 교육 선교사로 1886년 7월 4일 내한 했다. 벙커는 육영공원에서 고관 자제들과 관리들에게 영어를 가르쳤으며, 1887년 의료선교사 애니 엘러스와 결혼했다. 육영공원이 폐쇄 될 때(1894)까지 8년간 교사로 봉직했다. 그 후 배재학당으로 옮겨 미국 감리회 소속의 선교사로 활동 했다. 아펜젤러 선교사 순직(1902) 후 배재학교의 학당장이 되어 1911년까지 교육 발전에 열성을 다하였으며, 1892년 3월에는 교육의 공로를 인정받아 "通政大夫 戶曹參議" 정3품 당상관의 품계에 올랐다. 음악에 조예가 깊은 그는 1896년 독립문 정초식이 거행될 때 윤치호가 작사한 국가(國歌)를 스코틀랜드 민요 '로렐라이'에 맞춰 학생들에게 가르치고, 부르게 하는 등 한국 최초의 애국가를 만들기도 했다.(한민족문화대백과)

17 원래는 셋째, 둘째 성만이 일찍 죽어 둘째가 되었다.

일에 정동교회당에서 선생이 청년회를 조직하니 회장은 또한 선생이었다. 7월 11일에 선생이 아펜젤러의 기념 편액을 배재학당 벽상에 걸고 아공의 선교사(史)를 연설하였다. 이해 8월 24일에 정동 주택을 수리하여 음력 7월 초 2일에 상동으로부터 다시 정동으로 이사하였는데 수리비와 이사비가 합하여 30원 60전이었다. 9월 1일은 음력 7월 10일이니 실비녀(室婓女)와 결혼식을 행하였다.[18] 혼수 옷은 관사 저고리 하나, 항라 32척, 목양사 6척이니 가격은 모두 7원 8전이었고, 주례 목사는 서원보 목사였다. 9월부터 서원보 목사와 같이 '기독교월보' 사무를 주필 하였다. 10월에 선생이 장자 재학에게 일러 양주 복금면에[19]가서 성묘를 시킬 때 적막강산에 택지는 황무하지만 양정 선생이 손수 심은 은행나무의 크기가 수십 아름에 이르고 높이는 구름을 찌를 듯하였다. 이들은 바람, 비, 서리, 구름 그리고 찬바람 속에서도 우뚝 솟았으니 300년 왕생한 자취를 추모하였다.

선생은 순회 전도로 자하문 교회로 가서 십자가란 주제로 설교하였다. 이해 12월에 '직인회'를 처음으로 조직하니 회장은 감회사[20] 노보을[21]씨요, 임원은 최병헌, 김창식, 이은승 등이었다. 그리고 선생이 상동청년회에 가서 강연한 다음 친목회를 설립하니 고희준, 박성규 등이 적극 가담하였다.

광무 8년은 갑진년 서력 1904년이니 1월 2일에 정효태후 홍씨가

---

18 선생의 둘째 부인이다.

19 양주 복금면은 탁사의 양부 양정공의 고택이 있었던 땅과 선산이 있던 곳으로 추정된다.

20 감독회장이란 뜻으로 선교 초기에 사용한 이름.(역자 주)

21 노보을은 노블(W. A. Noble) 선교사를 말한다.

별세하시니[22] 오시(午時) 쯤에 나팔소리가 울렸다. 5일에는 미국 호위병 36명이 공사관에 들어왔다. 1월 12일은 음력으로 계묘년 11월 25일이니 선생의 장손 약한이 태어났다. 16일에는 미국 병사 14명과 프랑스 병사 27명이 다시 경성에 들어왔다. 선생이 21일 저녁에 보은 탁동에서 보낸 전신을 받았으니 선생의 장인어른 의관공이 별세하셨다는 소식이었다. 선생이 크게 슬퍼하고 울며 애통한 후에 단장의 아픔을 표하고 애도하는 복장을 갖추어 24일 추모예배 모임에 참여하였다.

러일전쟁과 청년운동

2월 9일(음력 계묘년 12월 24일)에 일본과 러시아 군대가 인천 앞바다에서 충돌하여 러시아 병함 2척이 격파되어 침몰하였는데, 포성이 울리며 경성의 집 출입문들이 진동할 정도였다. 다음 날 팔미도 밖에서 일본과 러시아가 크게 전투를 벌여 러시아 군대가 대패하니, 스스로 욕됨을 알고 자국의 함선을 파선해버리자 영, 불, 의[23] 3국 군대가 구원병으로 들어왔다. 순식간에 러시아 군함 3척은 다수중포(어뢰)에 침몰하고 목포에 있는 러시아 함 2척은 일본군에게 아예 나포가 되었다. 이달 10일에 감리교 연회를 경성에서 개최하니 일본과 러시아 간 전쟁의 화근으로 북선(北鮮)지방의 목사들은 부득이 상경하지 못하고 인천지역에 있는 교역자들만 참석하였다. 11일의 보도에 의하면 "일본의 병함 40척이 려순에 곧 바로 당도하여

22 승피(昇避)란 단어를 사용하였다. 세상을 떠나다란 용어로 사용함.

23 의국(義國)은 이태리를 가리킨다.

상오에 러시아선 3척을 침몰시키고 하오에 또 4척을 침몰시켰으며 심야에 또 9척을 파멸하였다"고 하였다. 이때 러시아공사 파후호(파블로프)는 병력을 인솔하여 본국으로 돌아가 버렸다. 그리고 일본군 3천명은 군산항에, 6천명은 원산항에, 6천명은 진남포에, 6천명은 남양에 각각 상륙하였다. 29일에 일본과 러시아 병력이 평양부 칠성문 밖에서 교전하여 러시아군이 또 패전하였다.

3월 22일에는 선생이 장인어른 양정 선친 의관공 장례를 치르기 위하여 보은에 내려갔다.[24] 29일 보도에 의하면 일본과 러시아군이 가산군에서 육전이 벌어져 러시군 600명이 패하여 의주로 도망하였다고 하였다. 또 경운궁 중화전에 불이나 소실됨으로 선생 댁에서 불이 꺼지기를 기도하였다. 선생은 삼산군 탁동에 가서 형님과 같이 장례 절차를 준비하고 탁동 동구 밖 벌판에 장사하니 묘좌원(卯坐原) 이었다. 하관 매장할 때에는 일장 애곡 하였다. 더구나 제사의 예가 없으니 외부인들의 비방과 욕설이 비할 데 없었다.[25] 4월 22일에 선생이 보은으로부터 근심거리 없이 경성으로 돌아오니 내왕비 250냥이었다.

5월에 일본함 2척이 러시아군의 은밀한 공격으로 침몰 당하였

24 그런데 여기서 탁사는 의산공의 장례를 위하여 보은에 내려갔다고 하였는데 보은은 처가가 있는 곳이고 이미 의산공은 제천 선산에 안장하였기에 '의관공' 장인을 표기하면서 '의산공'이라고 부친의 시호를 잘못 쓴 것 같다. 본문에 "先親義山公 襄禮次로 報恩郡에 下去하다."고 기록하였다.

25 이 부분도 앞에서 장인의 별세 소식을 받은 것을 1월이라 하였고 장례는 3월이라 하면 뭔가 맞지 않는다. 시일로 볼 때 전보를 받은 것은 3월 21일이 맞고 장례는 24일경에 치른 것 같다. 그리고 약 한 달을 장례 후 일까지 보고 4월 22일에 상경한 듯하다.

다. 일본군이 구련성[26]을 점거하여 압록강에 다리를 놓고, 봉황성[27]에 진공해서 이를 점령하고 러시아 땅에는 철도와 전선도 부설하였다. 이때 노보을(노블) 목사가 연회를 다시 정동교회당에서 개최하니 자기의 귀국을 준비하기 위함이었다. 6월에 일본 육군 20만 명이 요양성을 점령하고 또 금주[28]와 만가령[29]까지 점령하였는데 일본군 사망자도 5천 명이나 되었다. 해삼위항(블라디보스톡)에 있던 러시아 함대가 일본 큐슈 국충도[30]에 진입하여 운송함 1척을 격파시켰다. 일본 경무관 도변(渡邊, 와타나베)이 보안회장 송수만을 강제 체포하여 권총을 발사하니 인심이 격앙되었다. 그리고 일본인이 황무지(개간권)을 요구함으로[31] 보안회를 소집하였더니 일본군이 임시회장 원세성까지 체포하고 장로교인 신형균이 총에 피살되었다.

8월에 '친목사'를 설립하고 대의를 밝히는 취지문 300장을 인쇄하였다. 연동 기일(게일)목사[32] 댁에 있는 '국민교육회'[33]에서 윤치호

---

26 구련성(九蓮城)은 압록강 입구 단동시의 북동쪽에 있는 오늘날의 구련성진(九蓮城鎭)을 말한다. 명나라 때에 병영이 줄지어 있어 구련성이라고 불렀으며 현재도 성터, 조망대 등이 남아 있다.

27 중국 요녕성 봉성진에 있었던 고구려 산성. 고구려 산성 가운데 가장 큰 산성의 하나로, 오골성(烏骨城)이라고 불렸다. 압록강 하류에 위치한 중국 요녕성 단동시의 동북쪽 20여 km쯤에 자리하고 있다.

28 중국 요령에서 심양 방향으로 가다 대련 일대를 金州라고 한다. 이 일대가 과거 여진족 금나라, 후금, 청의 근거지였기에 부른 지명이라고 여겨진다.(역자 주)

29 중국 덕안현에 있는 큰 고개.

30 일본 큐슈 산구현(山口縣) 나가토.

31 이른바 황무지 개간권 요구로 러일전쟁 중 황무지를 군사용으로 사용하기 위하여 대한제국에 요구하였다.

32 게일(James Scarth Gale, 奇一, 1863~1937)선교사, 교육 사업의 일환으로 아동들에게 한자와 한문을 가르치기 위한 교과서로 '유몽천자'라는 책을 저술하였다.

33 1904년서울에서 조직되었던 애국계몽단체로 대한국민교육회라고도 불렀다. 1904년 9월 회장 이원긍(李源兢)이었고 이준(李儁)·전덕기(全德基)·최병헌(崔

가 권고 연설을 하였더니 황제께서 크게 노하시어 조사하고 체포코자 함으로 취지문은 분배하지 못하였다. 9월에 시흥 군민 10,000여 명이 일본인 역부(役 夫)사건으로 회집하여 군수 박우양의 아들과 일본인 한 명을 살해하였다. 그때 동학당이 사방에서 봉기함으로 이성렬 등 8인을 순찰로 임명하였다. 또 '기독청년회'가 처음으로 종로에서 모이니 이는 미국인 원아맥허[34]씨가 기부한 일금 8만원으로 기독회관을 건축하기 위함이었다.

갑진년 1904년 11월 6일에 황태자비 민씨가 승피(승하)하였다. 비는 대광보국숭록대부 의정부 영의정 민태호의 장녀로 임오년 봄 3월에 전동 사저[35]에서 태자비로 책봉되었다. 시호는 순명이요, 전은 의효요, 원은 수강이라 하였다.[36] 12월 30일에 큰 분쟁이 있었으니 (기독청년회)회원 700명이 각각 일본군 50명씩을 인솔하고 경위원[37]에 돌입하여 무죄하게 구속 되어 있는 사람들을 탈출시키니 평양 병졸과 충돌이 있어 회원 중 사상자가 14명이요 위국장관(偉國將官) 1명과 순시 병정 각 2명이 일본 헌병에게 체포당하였다.

갑진년(1904년) 이해에 일본과 러시아가 만, 한(滿, 韓) 관계로 개전하였고 '한일의정서'가 체결되었다. 그리하여 일본대사 이등박문이 부임해 오니 법부대신 이지용을 파견하여 보빙하였다. 5월

炳憲)·유성준(兪星濬)등이 주요간부로 활약하였다. 이 회의 목적은 학교 설립, 문명적 학문에 응용할 서적편찬과 번역, 본국사기(本國史記)와 지지(地誌), 고금(古今)의 명인전적을 모집, 광포(廣佈)하여 국민의 애국심 배양이었다. (한국민족문화대백과, 한국학중앙연구원)

34 와나메이커(J. Wanamaker)를 가리킨다. 기독청년회에 4만달러를 기부하였다.

35 전동이 인사동이었으니 운현궁 사저를 일컫는 듯 하다.(역자 주)

36 시호, 전, 원 등은 죽은 내리는 이름으로 호칭, 집, 정원을 말한다.

37 조선 말기 황궁 내외의 경비·수위·규찰·체포 등의 일을 관장하기 위하여 설치되었던 궁내부 산하 관서.

에는 한·러조약을 폐지하고 칙선서[38]를 파기하였다. 일본대사(이등박문)가 외국인 고용초빙에 대하여 협정서를 맺고 재정고문관으로 일본인 목하전종태랑(目賀田種太郎, 메가타 타네타로),[39] 외부(외무부) 고문으로는 미국인 수지 분(더럼 스티븐스, Durham White Stevens)[40]을 세웠다. 11월에는 경부선 철도가 완전 개통 되었다.

선생은 11월에 정동교회당에서 '의법회'(懿法會)[41]를 조직하고 임원을 선발하였으며, 청송문에는 태극기를 높이 달고 내외국인이 함께 모여 회의 표제를 벽상에 내걸었다. 또한 이는 의법회에서 야학을 설치하여 인민이 지식을 깨우치고 배우게 함으로 청년의 덕성을 배양케 하고자 하였다.

을사늑약과 국권침탈

서력 1905년은 을사년 광무 9년은 이었다. 이해 1월 2일에 려순항구를 수호하던 러시아 장군 스테셀이 일본 대장에게 항복함으로 경성 이현(泥峴) 진고개 일본인 조계에서는 대 축하연이 있었다. 영동 최영근이 처자를 거느리고 정동 선생 댁에 기거하러 왔다. 그즈

38 한·러 간의 황제 서명 문서를 뜻함.

39 1차 한일협약(1904년) 때 탁지부 재정고문으로 우리나라 재정권을 장악했으며 이후 화폐정리사업을 실시하여 민족자본을 말살시켰다.

40 1차 한일협약 때의 외교고문, 대표적인 친일 인사로 일본의 조선 지배를 합리화하였다. 1908년 미국 샌프란시스코에서 전명운, 장인환에게 저격 피살되었다.

41 의법회(懿法會)는 민중계몽운동을 위하여 만들어졌고 이는 1897년 조직되었다가 활동하지 못하던 감리교 청년운동단체, 즉 엡윗청년회(Epworth League)의 후신이라 할 수 있다. 정동교회의 엡윗 청년회가 해산 당하는 어려움 속에서도, 탁사는 굴하지 않고 민족의 계몽, 교육을 위해 1904년에 의법학교(懿法學敎)와 몽양원(蒙養院)을 설립하여 국운의 도모하였다.(역자 주)

음 한겨울에 눈 한번 내리지 않고 마치 봄같이 따뜻하니 이르기를 "괴이한 징후라" 하였다. 3월에 일본군이 봉천부를 공격하니 러시아군 전사자는 12만 명이고 일본군 전사자도 7만여 명이었다. 찬정[42] 최익현과 참판 허위, 판서 김학진이 일본 헌병에게 체포되었다.[43] 5월 21일에 일본 박공친왕(히로야스)[44]이 보빙대사로 경성에 들어오니 남대문역(당시 경성역)에 푸른 소나무로 통문을 높이 세우고 '봉영' 두 글자를 처마로부터 높이 매달았다.[45] 전등불이 훤히 빛나는데 수많은 남녀가 길게 늘어서고 서로 내달리곤 하였다. 당시에 통신기관을 일본인이 일절 다 점령했으므로 전신, 우편 양 사의 관리와 고용된 일꾼 300여 명이 일제히 사퇴하였다. 일본인이 또 내지하천의 항행을 요구함에, 참정 민영환은 고집스레 이를 불허하여 면직에 이르렀지만, 심상훈은 항행을 즉각 허락하였고 광산 채굴, 어획권까지 모두 탈취해 갔다. 25일에 경부선 개통식을 행하니 박공친왕이 식사(式辭)를 행하였다. 그즈음 러시아 흑해함대가 일본으로 향할 때 일본군이 대마도 해협에서 러시아 함선 4척을 침몰시켰다. 유성준 등이 유배에서 벗어나 돌아온 것도 이때였다.

민찬호가[46] 가족을 거느리고 포와국(하와이)으로 이민을 가고,

---

42 한말의 관직. 갑오경장 후에 설치되었으며 의정부에 딸린 칙임(勅任) 벼슬.

43 흔히 을사의병장이고 을사조약 체결에 반발하여 의병을 일으켰다.

44 일본 황족이자 해군제독. 후시미노미야 사다나루 친왕(伏見宮貞愛親王)의 서장자로 태어나 원수 해군대장 계급으로 러일전쟁에 직접 참전, 해군참모총장에 해당하는 군령부총장을 지냈다. 본래 이름은 나루카타(愛賢)였으나 가초노미야(華頂宮)를 계승하면서 히로야스(博恭)라는 이름을 쓰게 되었다.(나무위키)

45 아마 소나무로 일본 신사 입구처럼 도리이 형식으로 세운 듯하다.(역자 주)

46 목사. 서울서 태어나 배재학당을 다녔고 1905년 하와이 호놀룰루 한인교회 목회자로 초빙돼 동포들과 한인상조회(韓人相助會)를 조직했다. 1909년엔 하와이, 샌프란시스코에 국민회(國民會) 창설에도 참여했고 1913년 안창호 등이 흥사단을 만들 때 이사장으로 활동했다. 1921년 오늘 이승만과 함께 호놀룰루에

감독 해리시(해리슨, Harrison)가 연회를 개최하였는데 이 6월 연회에서 전덕기, 강인걸 두 사람이 목사 안수를 받았다. 을사년(1905년) 7월에는 주 영국대사 이한응(곤양군수 경호의 자제)이, 본국의 권리 추락과 영국인의 능멸 모욕을 견디지 못하여, 나라 걱정하는 마음에 스스로 목숨을 끊었다(憂患致命). 정동 의법회에서 추도회를 전(前)의정부 조방[47]에서 개최하니 추도사는 선생이 행하고 추도가는 선생의 2남 재원이 불렀는데 그해가 열세 살 때였다. 이에 듣는 이가 슬퍼하지 않는 이가 없었다. 8월에 내부대신 이지용과 한성부판윤 박의병이 일본인의 돈 20만 원을 뇌물로 받고 한강, 마포 등강 연안에 민간인 집들을 부수어 무너뜨리고 묘지도 파헤치게 함으로 강변에 살던 주민 수천 명이 내부(내무부)에 호소하였다. 하지만 장관이 일본 헌병을 시켜 백성들을 내쫓고 (의법회)회두(會頭) 전규완을 체포하였다. 8월에는 폭풍우가 대작하여 나무를 부러뜨리고 집도 파손하니 인천항과 원산항에 부서져 침몰한 배가 136척이고, 긴 다리(長橋)도 파손되었으며 해관 창고와 전답 파손의 피해가 헤아리기 어려울 지경이었다.

을사년 9월 30일에 국민교육회에서 친목회를 신문[48] 밖에서 개최하여 학부대신 이완용과 농상공부대신 권중현이 연설하고 민영철은 1,000환, 이완용은 500환을 지폐로 보조[49]하였다. 11월 17일에

서 임시정부 후원단체인 동지회를 창립, 지원하는 등 열악한 해외에서 독립운동에 헌신했다.

47 조신(朝臣)들이 조회(朝會) 때를 기다리기 위해 모여 있던 방. 대궐문 밖에 있었음.

48 신문(新門)은 한양 4대문 중 가장 늦게 세워진 서대문으로 돈의문을 말한다. 지금의 신문로라는 이름과 새문안교회도 그 때문에 생긴 이름이다.(역자 주)

49 탁사는 연조(捐助)란 표현을 자주 쓰는데 이는 捐補(연보)라는 교회용어의 영향 때문인 듯하다.(역자 주)

일본대사 이등박문과 대장 장곡천(長谷川, 하세가와)과 공사 임권조[50]가 헌병을 거느리고 입궐하여 각부 대신을 출석시켜 어전회의를 연 후에 신정조약서(을사조약)에 각 대신으로 서명을 으박 재촉하니, 참정대신 한규설은 이 나라를 재갈 물리려 함을 보고 서명 불허하고, 항변하니 파면하여 유배에 처하였다. 학부대신 이완용과 법부대신 이하영, 군부대신 이근택, 내부대신 이지용, 외부대신 박제순, 도지부대신 민영기, 궁내부대신 이재극은 모두 조약에 찬성하는 서명 날인 하니 상오 1시 반이었다. 그리하여 '신정조약'에 조인을 행하니 일본군이 모두 만세를 외쳤다. 하지만 "오호라 삼천리 강토가 모두 일본 것이 되었도다" '신정조약'(을사조약)의 주요 내용은 다음과 같다.

첫째, 황성에 총감51 1인을 존치할 것.(둘 것)

둘째, 각 항구에 이사 1인을 존치할 것.

셋째, 외교는 일본 동경으로 이관 존치할 것.

넷째, 외교에 관하여는 일본 정부에 승인을 얻지 못하면
　　제3국과 조약체결을 하지 못할 것.

이해 11월에 의정 대신 조병세, 이근명이 백관을 거느리고 주청하였으니 상소에 이르기를 "한일 신정조약에 가(可)라고 찬성 서명한 각부 대신을 주살하고 각 외국공관에 통지하여 담판해 보라"고 하였다. 그러자 이등박문이 '원유회(園遊會)'를 배설하고 각국 공사

50 임권조(林權助), 일본의 외교관, 하야시 곤스케, 대한제국 시기 주한공사.

51 총감(摠監)이라고 하였지만 이는 통감(統監)을 잘못 기록한 것으로 보인다.

와 내외 유력하고 점잖은 상인(紳商)을 초청하여 사령부에서 축하연을 행하였다. 그리고 다음 날 수원 화성에 가서 유람하고 안양 정차장을 통과할 때 어떤 사람이 이등(伊藤)의 얼굴을 향하여 돌을 던져 상처를 입혔다. 그 사람은 용사 김태근이었다. 곧 일본 헌병에게 체포되어 곤장 100대와 2개월 감금 투옥에 처하여졌다. 28일에 이근택, 이지용 등이 황제를 위협하여 조칙을 내리게 하여 조병세와 이근명 양 의정을 파면하여 출문케 하니, 그때 조병세 손자 중목이 대안문[52] 앞에서 석고대죄하였다. 조 의정은 일본 헌병에게 구속 송치되고 민영환은(시종무관)책임자인 고로 조서를 내려 심판받게 하라고 하여 평리원[53]에 투옥하였다. 민영환은 황제로부터 구속시키라는 명령을 하달받고 또한 국권의 추락과 생령(백성)의 노예 됨을 통곡하여 할복자살하였다. 이에 애도하여 곡하는 자가 십 만이고, 혈흔이 떨어져 핏자국이 번진 옷을 걸어둔 협방에 녹죽(錄竹)이 자생하여 충정을 표시하니 이를 직접 본 사람이 장날같이 많았다. 이는 당시 사람들이 "옛날 정포은(몽주)의 선죽교의 대나무에 비할 것 같구나, 조병세 의정은 소청 문전(대안문)에서 음약자사(음독자살)하고 판서 홍만식[54]도 음약자사 하니 이는 신하된 자가 순절할 때 아닌가."라고 하였다. 황제는 조서를 내려 이한응은 협판을 추증[55]하고 민영환은 시호를 내려 충정공이라 하며 조병세도 역시 충정공이라

52 지금의 덕수궁 정문 대한문.

53 평리원(平理院), 1899년 5월부터 1907년 12월까지 존치되었던 최고법원. 조선시대 의금부가 바뀌어 평리원이 되었다. 이는 관리의 치죄를 다스리는 기능이 컸다.

54 홍만식은 갑신정변 때의 홍영식 형으로 최고 관직은 이조참판이었다.

55 공으로 죽은 이에게 관직을 내리는 행위.

하였다. 참판 이명재는 기가 막혀 죽고[56], 학부 주사 이상철은 음약자사 하고 평양병정 김봉학도 음약자사 하니 조서를 내려 법부참서에 증직[57] 하였다.

56 이명재는 음약사 한 것으로 현재 아려져 있다. 그런데 기가 막혀 죽었다고 탁사는 기록하였는데 이는 검토해 볼 일이다.

57 직책을 올려준다는 뜻.

8

대한제국과 기독교 지도자 최병헌 목사

*

선교사역과 애국운동

이해(1905년) 하늘에 하얀 무지개가 떠 해를 덮었고 두 해가 안개 속에 떠오르니[1] 반드시 국가의 큰 변고가 있을 것을 암시하였다. 또 2월에 일본 경시 환산중준(丸山重俊, 마루야마) 경시청 경시를 초빙하여 경무 고문을 시켰다. 그리고 8월에는 일본과 러시아의 강화가 성립되었다. 또 이근택이 검객에게 자상을 입었고, 정부에서는 '형법대전'을 반포하였다.

이 해에 선생은 여전히 정동교회를 목회하고 있었는데 6월 21일에 선생의 장손 약한이 세상을 떠나게 되어 선교사 서원보(스웨러 Swearer) 목사가 조례문을 행하고 아현에 장사하였다. 7월에 선생의 차남 재원이[2] 영어학교에서 우등하여 상품을 받았으니 물품은 사

---

1 이 모습을 탁사는 그림으로 그려 놓았다. 이런 그림까지 그려놓은 것으로 볼 때 약전은 탁사 본인이 써 두었던 것이 틀림없다. 아마 일식이 오지 않았나 생각된다.

2 탁사 약전에는 장손 약한아(兒), 차남을 재원아(兒)라고 하여 아이 아(兒)자를 꼭

전, 연필, 공책, 지판, 인쇄지 등이었다. 그리고 12월 성탄절에 선생이 방거 목사[3]와 감옥서에 가서 죄수 28명에게 오찬을 베풀고 방떡과 고기와 의복을 나눠주니 그 비용이 60엔에 달하였다.[4]

광무 10년은 병오년으로 서력 1906년이었다. 1월 25일은 병오 정월 1일(음력 설날)로 선생이 방거 목사와 감옥서에 또 가서 죄수들에게 의복 30벌과 방떡 285개와 고기로 오찬을 먹게 하였다. 2월 1일에 산림 송병선(호 연재)이 상소를 하여 아뢰되 "역신을 토벌(討罰) 하시고 '일한신조약'(을사조약)을 파하소서" 그러나 황제가 듣지를 않으셨다. 송 산림(송병선)이 경사 윤철규와 일본 헌병에게 호송 당하여 회덕군에 이르니 통분함을 견디지 못해 유서를 남긴 후에 음약자사(음독자살)하였다. 천도교 대도주 손병희는 본래 손화중과 같은 손씨이니[5] 일본으로부터 들어오자 일진회 중동학자들이 환영하지 않는 자가 없었다. 또 독립관에서 개회 연설을 행함에 듣는 이가 8,000여 명이나 되었다.

3월 19일에 선생이 수원교회에 가서 2주간 부흥회를 인도하니 신입교인 8명과 학습자 6명을 얻었다. 4월 27일에는 선생의 장남 재학이 청년회 총무 길예태[6]와 상해에 업무차 갔다. 선생이 순행전도로 진천군에 가서 친구 이용준과 차를 같이 타고 평택역에서 내려

붙이고 있다. 이는 본인이 아니면 할 수 없는 기록이다.

3 방거(房巨) 선교사, 목사 정신여학교를 세운 엘리스 여선교사의 남편.

4 약사에는 화폐단위를 원, 환, 엔, 냥 등을 혼용하여 사용하고 있다. 이는 당시 일반적인 모습이었다.

5 이는 손화중(1894년 동학농민운동 때의 북접 대장)의 손자란 말이 아니라 손화중과 손병희가 밀양 손씨 같은 본관 사람이란 뜻이다.(역자 주)

6 황성기독청년회 회장에 단아덕(端雅德: Temer), 총무에 길예태(吉禮泰: P.L.Gillett)등이었다.

안성읍 조응문 댁에 유숙하여 안장 없은 말을 타고 진천 송현리에 있는 신익희 댁에 머물며 전도하니, 5일을 유숙하며 주야로 개인을 심방하고 진리를 전하였다. 귀로에는 참봉 정운복의 건실한 암말을 타고 평강역에 도착하여 상경하였다.

영어학교 교관과 성령 사역

5월에 영어학교 교관으로 시무할 때 '충군애국'으로 제목을 정하여 작문하게 하고 그 후에 '만국지지'(세계지리) 과목을 교수하였다. 신수회에서 새 돈 15환을 바쳐 저금 75전을 하고 나머지는 고용 인부 2명에게 1환씩을 내려주었다. 6월 9일에 선생의 장남 재학이 상해로부터 (44일 만에) 경성으로 돌아왔다. 연회에서 선생이 정동교회 담임 시무를 1년 더 하게 하였다. 7월 4일에 선생이 휴양차 동래항을 유람 삼아 내려가니 마침 그때 신도 중 시종 이무영이 동래 감리로 전근하였는데 이 공은 선생과 여덟 번 절하는 팔 배의 우의를 표한 자였다. 부산진 장로교 교당에 이 감리와 함께 가서 예배하고 19일에 동래로부터 서울로 돌아가고자 하여 서강, 용산으로 순행하며 박 감찰 댁에서도 전도하였다. 8월 9일에 선생이 친구 이용준과 함께 누각동[7] 강석재 댁에 가서 한 살배기 유아에게 유아세례를 베풀었다. 그때 아이가 사경에 이르렀는데 아버지 강석재가 "아이가 죽기 전에 유아세례라도 받는 것이 좋겠다." 하여 선생을 청원하였는데 선생이 유아의 세례명을 '베드로'라 하고 기도하고 세례를 주

7 누각동은 종로구 누상동, 누각이 있어 그렇게 불렀다.

니 아이가 막 절명하였다. 선생이 다시 간절한 기도로 폐회하고 귀가하였더니 문득 어린아이가 다시 살아나서 무병하고 충실한 까닭에 가정 모든 식구들이 기이히 여겼다고 하였다.

이 해(1906년) 3월에는 통감 이등박문이 원료회를 설치하고 사령부 내에 내외 빈객 수천 명을 초청하니, 둥글게 묶어 길게 늘어뜨린 등불이 눈을 어지럽힐 정도였다. 통감은 '한국 만세'를 외쳤고 참정 박제순은 '일본 만세'를 외치면서 양국 군악을 연주하니 기녀 노래와 투구, 투륜, 살궁(활쏘기), 무동(춤추는 동자), 환면(가면극), 각력(씨름)과 산지사방의 온갖 유희가 다 있었다. 7월에 궁중을 숙청케 하니, 궁내부대신과 환관 내시라도 임의로 출입치 못하게 하였다. 또 의친왕을 이 해에 책봉하였다. 최익현과 임병찬 양인이 의병을 일으킴으로 대마도에 감금당하였다. 2월 1일에 일본에서 한국 통감을 이등박문으로 임명하자 각국 공사들은 모두 크게 환영하였다. 그리고 외국에 파견하였던 우리나라 공사는 전부 소환하였다. 외무부를 폐지하고 각 부에 일본인으로 참여관(차관)을 두어 다스렸다. 또 학제를 개정하고, 수도를 설치하며, 병원을 세우고, 세무를 개정하였다. 민종식, 최익현 등이 호남 땅에서 의병을 일으켰지만 곧 패하였고 최익현은 대마도에서 사망하였다. 9월에는 각 재판소에 일본인 법무 보좌관을 존치하였다. 이어서 일본과 압록강 두만강에 삼림 경영도 협약하였다. 또 토지와 가옥 등기규칙을 반포하였다. 은행 조례와 평형 조례(도량형)와 광산조례도 반포하였다.

9월에 선생이 개국기원절을 당하여 소관 학교들로 경축케 하였다. 이때 이상재씨가 이세직 등과 감옥에 구속되어 있었으므로 이승인 댁에 가서 위문하고 기도하였다. 5일에 각국 어학교 교원 등이 회집하여 학부대신 이완용, 협판 민형식, 국장 장세기 등 아첨한 짐승만도 못한 이들을 제거해야 한다고 하였다. 선생이 부흥회를 인도하기 위하여 개성교회에 가서 3일간 기도하고 신자 350명에게 전도하고 서울로 돌아왔다. 창천교회에 순행전도하고 노필준, 조정환 등에게 세례를 베풀었다. 12월 12일은 곧 음력 10월27일이니 선생의 장손 규준이 출생하였다.[8]

8 원래 약한이 장손으로 태어났으나 불과 두 살 때 하늘나라로 떠나 규준이 장손이 되었다. 그리고 손자들의 이름도 약(約)자 즉 성경말씀이란 뜻을 살려 돌림을 정한 듯 하나 일찍 죽자 돌림을 버리고 규(圭)자 돌림으로 한 것 같다.

Ⅲ. 탁사 최병헌 목사 약전에 대한 평가

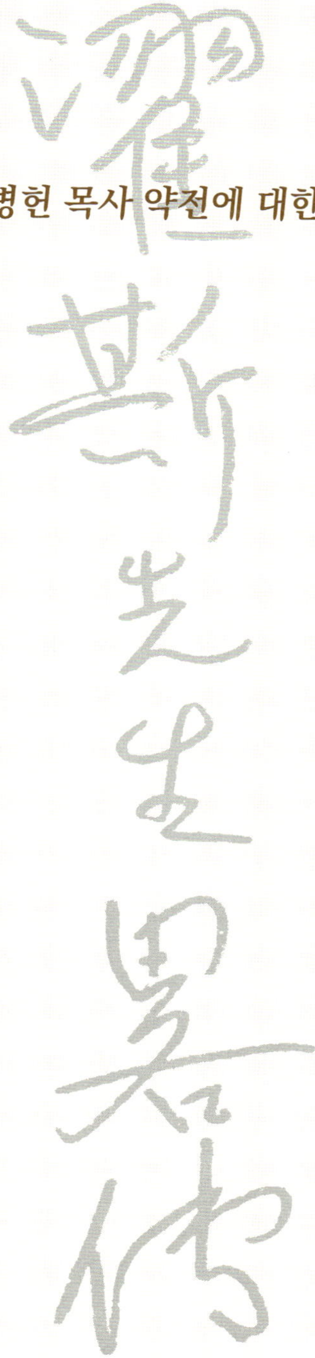

*

탁사 최병헌 목사 약전에 대한 평가

우선 약전 전문 번역을 하면서 가진 의문이 두 가지 있다. 하나는 이 약전을 누가 언제 썼는가 하는 점이고 또 하나는 왜 약전이 탁사의 전 생애를 기록하지 않고 출생에서부터 1906년까지만 기록되었을까, 나머지 1927년까지의 기록은 어디로 사라진 것일까? 하는 점이었다. 먼저 과거 정동교회 삼문출판사에서 영인하여 출판한 탁사 최병헌 목사 대표 저작 전집과 약전에서는 인사, 서문 부분에 1930년대 탁사의 둘째 아들 재원이 썼을 것이라는 가능성을 제기하였지만 그렇게 보는 근거가 확실치 않았다. 이는 아마도 영인 저작 전집을 출판한 발행인이 둘째 아들 재원 어른의 손자였기에 그렇게 보고자 한 의도가 있었던 것 같고, 일부 학자들은 약전 원문에 탁사를 선생으로 지칭하고 있다는 데서 제3자인 후손 중 한 사람이 썼을 것이라는 추측을 하였다. 그 과정에서 막연히 원문을 보관하고 있던 둘째 아들이 기록하지 않았을까 하는 불확실한 언급을 하고 있다.

하지만 역자가 처음부터 끝까지 약전 전문을 번역하고 내릴 수 있는 결론은 “탁사 약전은 본인이 써 두었던 내용이며 그 내용을 토대로 선생이란 호칭을 사용하여 누군가 전기를 쓰듯이 정리하여 기록한 책”이란 것이다.

또 하나, 왜 기록이 그의 전 생애를 다 기록하지 않고 1906년으로 멈췄나 하는 점인데 이는 후손의 이야기를 통하여 “원래는 소천하신 1927년까지 기록되었던 것인데, 몇 권의 노트로 분기되어 있던 중 앞부분만 남고 나머지는 6.25 전쟁 와중에 망실되었다”는 진술을 들었다. 하지만 이것도 확실치 않다. 일부가 누군가에 의해서 따로 보관되어 있을 수 있다고 생각한다. 왜냐하면 탁사의 자료 중 일부는 연세대에 기증이 되었고 일부는 후손에게 남겨졌으며 또 일부는 그가 소천한 해에 ‘탁사 기념전집 출판 준비 위원회’가 구성되면서 회장이었던 윤치호 댁으로 갔기 때문에 어디에라도 전해졌을 것이란 생각이 든다. 하지만 현재 남겨진 약전은 그가 출생한 1958년부터 1906년까지의 행적만이 전해질 뿐이다. 이를 불행 중 다행이라고 해야 할지, 유감이라 해야 할지 모를 일이다. 1907년은 탁사가 국가, 특히 고종 황제의 칙임으로 정미의병의 선유사로 충청도 일대에 파견된 해이며 헤이그 밀사사건, 군대해산, 고종의 강제 퇴위, 정미7 조약체결 등과 같은 대한제국의 존망이 눈앞에 보이던 때였다. 그러므로 그의 사상과 역사의식, 시대관을 사회활동과 관련하여 알 수 있는 때였으며, 실제로 역사 현장에 있기도 하였기에 후반부 약전의 망실은 대단히 아쉽다.

탁사가 직접 기록해 둔 후반부 약전의 부존재에 대하여 아쉬움을 표하는 이유는 그의 약전이 각별하기 때문이다. 그리고 탁사는 워낙 한문에 박식한 한학자셨고, 기독교를 동양사상 속에서 이해하고자 하였던 소위 토착신학자이기도 하였다. 또 중앙부처의 관료로 농상공부 문서과에서 근무한 경험이 있어 국가의 변고와 역사적 사건에 관하여 일반인이 기술할 수 없는 부분까지 세밀히 기록한 재야사학자이기도 하였다. 그러므로 그의 기록은 정치사, 사회사, 교회사, 신학 그리고 일반역사를 망라하여 의미 있게 살펴볼 대목이 많기에 아쉬움이 크다.

그나마 1927년 탁사가 소천 하였을 때 후임 목사였던 김진호가 탁사의 업적을 소개하기 위하여 기록해 둔 약력이 「신학세계」 잡지에 게재되어 있다. 그리하여 후학들이나 연구자들이 약전보다 약력을 참고하여 그의 업적을 다루는 경향이 많았다. 하지만 김진호의 약력은 그야말로 간략하게 제3자가 장례식 추도를 위하여 기록한 것으로 일부 내용은 약전의 기록과 차이가 나는 부분도 있다. 두 자료를 본문과 부록으로 실었고 해석까지 해두었으므로 독자들도 비교할 수 있으리라 생각된다.

김진호가 쓴 약력을 통하여 살펴본 탁사의 후반부 즉 1907년 이후 삶의 궤적은 선유사 활동과 협성신학교 교수와 학술강좌활동, 다양한 저술활동으로 '성산유람기' '야소텬주 양교변론' '사교고락' '성산명경' '만종일련' '한철집요' 등을 저술한 내용에 초점이 맞추어져 있다. 그리고 인천지방 감리사와 서울지방 감리사로 목회 이후 교회 행정가로서의 삶, 나아가 '황성기독교청년회' 창립과 종교부장으로서의 활동과 민족계몽운동을 기술하였다. 이처럼 탁사의 삶 후반부는 지역과 교회를 넘어 전국적인 인물로 활동하고 교회와 민족을 위한 선각 지식인으로서의 삶을 사셨음을 알 수 있다. 그러므로 탁사 최병헌의 인물 탐구를 위해서는 이런 다대한 업적과 내면의 사상까지 심도있게 다루지 않으면 그분을 이해하기가 어렵다.

본 약전 전문(全文) 번역을 통하여 약전이 가지는 가치를 개인사적인 측면, 교회사적인 측면, 역사학적 측면으로 나누어 평가해 보고자 한다.

탁사 최병헌 약전에 나타난 개인사에 대한 평가

탁사 약전은 대부분의 전기나 평전처럼 그의 가문과 출생을 먼저 다루고 있다. 전주 최씨 가문이 어떤 경로로 중국에서 한반도에 정착하게 되었으며 각 왕조시대를 거쳐 당대에 이르게 되었는지를 보여준다. 보통 이런 경우에는 자기 가문의 유명 조상을 내세우거나 몇 명의 장상(將相)을 배출하였다는 식의 자랑을 하기 일쑤지만 탁사 약전에서는 이런 일반적이고 상투적인 가문 자랑을 일체 하지 않고 있다. 이는 그의 성품과 인격을 엿볼 수 있게 하는 대목이다. 또 보통 일반인들은 입신출세를 위하여 모진 고난을 극복하였다는 식의 입지전적 과정을 기술하기 쉽지만, 그가 가난을 극복한 것은 세상을 터득하기 위한 하나의 기재였음을 말할 뿐이었다. 그리고 세도정치 시기, 유학자로서의 입신출세 즉 과거 합격은 끝내 하지 못하였다.

개인사 가운데 주목하여 볼만한 대목은 그의 양자 입적이다. 그가 아버지 의산공(최영래)과 형을 떠나 서울의 양정공 집안으로 양자 입적된 사실인데 제천의 잔반 출신 집안에서 서울 양반의 집안으로 이거한 사실은 그의 생애 큰 전환점이 되었다. 만약 그가 과거에 합격하여 관리가 되었다면 아마도 기독교를 접할 가능성은 낮아 보인다. 왜냐하면 서울의 상동(남대문 근방)에서 양정공의 치료를 위하여 선교사가 세운 병원이 가까운 정동으로 이사를 하면서 이른바 '정동시대'를 살게 되었고, 당시 정동이 구가하던 서울양반의 문화와 서양 선교사를 만날 수 있는 계기가 마련되었기 때문이다. 정동은 정치 일번지라 할 수 있을 정도로 이웃한 경운궁과 서방의 공사관을 중심으로 근대식 학교와 근대식 병원, 심지어 손탁호텔까지 있는 문화의 중심지였다. 이런 곳에 미국 선교사인 아펜젤러와 언더우드, 알렌, 조지 존스 등이 관심을 가지고 거처를 마련하였으니 탁사로서는 양자 입적이 한말 조선과 대한제국의 정치, 경제, 사회, 문화, 동서교류의 한복판으로 들어간 역사적 사건이었음에 틀림없다.

물론 정동에서의 생활이 순탄한 것만은 아니었다. 임오군란을 겪게 되고 보은으로 이거하면서 억울한 소송에 휘말려 정동기와집 판 돈을 떼이게 되고 여기에 사기꾼 부동산 업자와 지방관이 한 통속이 되어 갈취 당하였다는 사실을 알게 되었다.[1] 이 사실 또한 지나가는 억울했던 인생의 단면이 아니고 탁사가 세상을 바로잡아보겠다고 하며 놓은 붓을 다시 잡고 상경하게 되었으니 인생 '세옹지마'라 이를 통하여 기독교를 접하게 되는 계기가 마련되었다.

한 인격체가 자신의 인생에 있어 세상을 알아간다는 것은 매우 의미 있는 일이다. 상경한 탁사는 과장(科場)의 부정부패를 직접 목

1 이 부분을 김진호 목사는 추도 약력을 쓰면서 빚을 져서 이중으로 상환한 것으로 언급하고 있는데 이는 잘 못 알려진 내용이다. 약전에는 분명 사기를 당한 것으로 되었다. 이때는 서울의 정동 집 탄 돈이 있었기에 이를 노린 부동산 업자와 지방관의 농간 때문이라고 기록 되어 있다.

도 경험하면서 근대화 된 서양의 기독교를 통하여 한말 조선을 개혁하겠다는 의지를 갖게 되었다. 철저하게 무너지고 타락한 사회가 그를 기독교에 눈을 돌리게 한 동인(動因)이었다. 뼛속까지 유학자였던 그는 유학의 한계를 절감하고 더 이상 관리가 되어 세상을 바르게 하겠다는 마지막 기대를 버렸던 것이다.

조지 존스(G. Heber Jones, 趙元時, 1867~1919) 목사의 어학선생이 되어 생계유지나 하려고 하였지만 그가 전해준 복음서를 읽고 무려 5년을 고민한 끝에 세례를 받고 입교하게 된다. 그리고 입교한 직후에는 정동교회 아펜젤러 목사를 도와 목회를 보조하는 전도사 역할을 하였으니 존스 목사나 아펜젤러 목사 모두 탁사의 인품과 그의 학식에 감동하여 그를 지도자로 키울 생각을 한 것 같다. 그리고 탁사는 그들의 기대 이상으로 신앙과 믿음이 성장하여 집사 목사로부터 담임목사, 나아가 인천과 서울지방 감리사로 북 감리회의 한국인 지도자로 발돋움 하였다.

탁사가 기독교를 받아들이기까지 5년이라는 시간을 고민하며 연구하였다는 것은 마치 한말 실학기에 남인 학자들이 서학(西學, 천주교)을 학문으로 받아들여 연구하였다는 사실을 연상케 한다. 그만큼 학구적이고 스스로에게 설득이 되지 않으면 수용하지 않는다는 학문 자세를 엿보게 하는 대목이다. 이런 탐구자세가 있어 후대에 신학자가 되고 신학과 관련한 저술활동도 가능하지 않았나 생각된다. 특히 '한철집요', '성산명경', '만종일련'과 같은 비교종교학과 신학변론서가 나오게 된 것도 사고의 전환이 그만큼 어려웠음을 반증하는 내용이다. 정직한 학자였다.

1901년은 탁사로서는 고통스러운 한 해였다. 이 해 음력 3월에 그의 아내(김노득)와 넷째 아들(성백), 셋째 딸(이름도 짓지 못함)을 한꺼번에 잃는 아픔을 겪었다. 이로 인하여 안질을 앓고 안경을 쓰게 되었다. 처자식을 잃은 비통한 아픔으로 병을 얻었으며 스스로 "죄인의 몸이라 목사 안수를 받을 수 없다"고 사양하여 결국 그의 집사목사 안수가 한 해 연기 되었다. 어찌 보면 단순한 개인사의 한 단면이지만 스스로 집안을 잘 다스리지 못했다고 생각한 그의 품성을 엿볼 수 있다. 질병과 산후조리 부실 등으로 앓은 질병이지만 이마저도 자신의 도리 탓으로 돌린 양심은 오늘날 목회자들의 귀감이 될 만하다. 결국 청렴과 가난으로 인한 질병이었다. 뿐만 아니라 목회의 길에 접어 든 이후에도 세상의 경제관과는 거리가 멀어보였다.

아내가 삼녀를 낳고 곧 세상을 떠났는데 삼녀를 낳자마자 탁사 부부는 이 딸을 이름도 짓지 않은 상태에서, 날 때부터 건강치 못한 아이를 이승만가에 양녀로 보낸 사실이 주목된다. 잘 아는 대로 이승만의 아내 프란체스카 여사는 자식이 없었다. 그러므로 자녀에 대한 부러움을 가지고 있던 차에 자녀가 많았던(4남 3녀) 탁사가에서 딸을 양녀로 데려가기로 약속하였고 탁사는 삼녀를 보냈었다. 하지만 이승만가로 간지 얼마 되지 않아 친모를 뒤이어 하늘나라로 떠나고 말았다. 그 딸이 살았으면 대통령의 외동딸이 되었겠지만 이런 감상보다도 그만큼 탁사와 우남 이승만은 막역지간이었다는 사실이다. 탁사는 이승만을 배재학당에서 한문반을 가르칠 때 스승과 제자로 만난 사이다. 그리고 이승만이 독립협회 사건으로 옥에 갇혔을 때 아펜젤러와 면회를 다니며 올바른 신앙인으로 돌아오기를 권면하기도 하였다. 이보다 앞서 협성회를 학교에서 조직하고 토론회를 개최할 때도, 독립협회 활동을 할 때도, 언론인으로 〈황성신문〉과

〈제국신문〉에 기고를 할 때도 이승만은 탁사를 스승으로 존경하고, 조언을 구하고 신앙을 상담하는 스승으로 생각하고 있었다. 이런 관계가 수시로 왕래하는 친밀한 관계로 발전하였고, 자녀가 없는 이승만에게 귀한 자녀를 양녀로 보냈다는 것은 두 집안이 더 없이 친밀하였음을 알 수 있게 한다. 그러므로 당시의 탁사는 정동시대를 살면서 사회 지도층 뿐 아니라 장차 우리나라를 이끌고 나갈 청년지도자들과의 교류, 또는 관계의 중심에 있었음을 알 수 있다.

이듬해 1902년은 탁사의 신상에 있어 중요한 한 해였다. 이해 아펜젤러 목사가 성서번역 준비위원으로 인천에서 목포를 향해가던 중 승선한 오사카 상선회사 소속 구마카와마루의 침몰로 인하여 순직한 후,[2] 탁사가 사실상 정동교회의 담임목사 역을 맡게 되었다. 교회 사역을 시작한지 불과 4년 여 만에 담임의 역할을 할 수밖에 없는 상황이었고 그는 자신의 소임을 다하여 재임한 12년 동안 정동교회를 크게 발전시켰다. 정동교회가 자리한 위치가 당시 정치 일번지로 수많은 외국 공사관들과 정부 요인들이 왕래하는 곳이요 고관들의 집이며 손탁호텔, 배재학당과 이화학당이 자리한 곳으로 상류층 지성인들의 왕래가 잦은 곳이었다. 무엇보다 고종이 아관파천에서 돌아와 대한제국을 선포하고 황제 즉위식을 가졌던 곳을 이웃하고 황제의 집무실이 담 하나를 사이에 두고 있는 곳이었기에 자연

---

2 탁사는 이 부분에 대하여 비교적 소상히 기록하여 놓았다. 조난당한 날짜는 1902년 6월 13일 배는 순신제환(順新蹄丸), 함께 동행한 조수는 조한규(趙閑奎), 충돌한 배는 구마천환(球摩天丸)이라고 기록하였다. 그러나 다양한 다른 기록이나 신문기사에는 동행한 조사가 조성규라기도 하고 타고 간 배를 구마천환(球摩天丸)이라고 하고 충돌한 배를 기소가와마루(木曾川丸)라 하였다. 역자는 탁사의 기록을 존중한다. 왜야하면 그는 아펜젤러와 동역하였으며 그의 장례위원이기도 하였고 무엇보다 한때 농상공부 문서과 주사로 기록문서를 다루는 전문가였기 때문이다.

정치의 중심에 휩쓸릴 수 있는 곳이기도 하였다. 그러므로 교인의 대다수가 관료, 상류층 시민, 지식 청년들이었다.

정동교회가 국가 사회나 교회사적으로 어떤 특성을 가졌는가 하는 부분에 있어 그 성격을 규정하는 것은 매우 중요하다. 특히 교회의 담임목사가 추구하는 가치와 사상에 따라 교회의 방향성이 결정되어지곤 한다. 분명 정동교회는 이웃한 연못골 교회나 곤당골 교회와도 다른 특성을 지니고 있었다. 북 감리교단 최초 교회로서 지정학적 위치는 분명 어떤 행동양식을 요구받을 때도 있었을 것이다. 하지만 탁사 최병헌 목사는 교회의 사회적 역할과 하나님의 집으로서의 사명에 일정한 분량의 에너지를 조화롭게 사용한 것 같다. 어쩌면 철저한 유학자에서 기독교 목사로 변신한 탁사 자신이 운신할 수 있는 최선을 다했다고 여겨진다. 단지 약전은 그의 이력을 살피되 세세한 내력보다 업적과 생애를 편년 형식으로 서술하였기에 구체적으로는 파악하기가 어렵다. 하지만 사회적 이슈에 결코 무관심하지 않았다.

훗날 후임 사역자였던 김진호 목사가 탁사의 약력을 장례절차 순서에 맞추어 기록해 놓은 자료가 있다. 이 자료의 말미에 후임이자 제자였던 김진호는 의미심장한 약력을 기록하여 놓고 있다. "어떤 때든지 선생의 손에는 서책이 떠날 새가 없이 항상 공부를 계속하였고 그 일생을 통하여 가장 좋아하시는 것이 한시였다" 어떻게 보면 굉장한 칭송 같은데 잠시 깊게 생각해보면 칭찬도 칭송도 아닌 듯하다. 왜냐하면 평생 그의 직업이 목사요 신학자였건만 가장 좋아하는 일이 한시 짓기였다면, 생각해 볼 일이다. 다양한 탁사의 활동을 나열하다보니 한시 짓기를 그치지 않았다는 뜻이지만 목사나 신학자가 가장 좋아할 일은 아니라고 생각한다. 공식적인 장례식에서 목사요 신학자요 근대 계몽 운동가였던 탁사가 좋아한 일도 저술활동이라든지 전도하는 일이라든지, 제자교육이라든지 청년운동이었다면 고개를 끄덕일 수 있겠지만 '한시 짓기'라면 교회와 상관이 없어 보인다. 물론 개인의 취미를 가지고 당사자의 직업과 연관 짓는 것이 온당한 사고는 아니지만 약간 예상을 빗나갔다는 생각은 든다.

탁사는 기독교를 수용하기 전에는 철저한 한학자였다. 그리고 비록 몰락한 양반가문이지만 과거를 통하여 입신출세하여 모순된 사회를 바로잡고 가문도 다시 일구겠다는 포회를 지니고 있었다. 하지만 과거 자체가 소수의 권문세가들에 의해 농단되고 있음을 목격하고 차선책으로 택한 길이 기독교도가 되어 어지러운 세상을 바로잡겠다는 개혁의지였다. 하지만 평생 그가 몰두하였던 일이 다양한 신학서적의 저작활동이었지만 유학자로서, 한학자로서 학동 때부터 천재소릴 들으며 짓던 한시를 버리지 못한 것 같다. 이 또한 그의 개인사에서 사상적 단면을 탐색함에 외면할 수 없는 특징이라 할 수 있다.

탁사 최병헌 약전 자료의 교회사적 평가

탁사 약전은 가문과 자신의 출생 이야기로 시작하여 "선생이 부흥회를 인도하기 위하여 개성교회에 가서 3일간 기도하고 신자 350명에게 전도하고 서울로 돌아왔다. 창천교회에 순행전도하고 노필준, 조정환 등에게 세례를 베풀었다."는 기록으로 마무리하고 있다.

약전 전체의 구성이나 내용으로 보아 뒷부분이 틀림없이 있었겠지만 망실되어 아쉬울 뿐이다. 탁사가 입교한 1893년 세례를 받고 입교하였으며 이 해에 전도사 일을 하게 된다. 보통 세례를 받기 전에 교회에 출석하거나 선교사로부터 교육을 받고 신앙고백을 하게 되면 적당한 날을 잡아 세례를 주는 것이 일반적이다. 그러나 조지 존스 목사에게 세례를 받을 때, 약전 기록에 의하면 5년간의 숙려기간을 보내고 세례를 받은 것으로 되어 있어, 기독교를 어떤 식으로 이해하고 또 선교사 목사가 어떤 식으로 문답하였는지는 알 수가 없다. 하지만 탁사의 인품을 알고 그의 학문적 깊이를 깨달았기에 그를 크게 쓸 인물로 알아본 듯하다.

탁사는 무엇보다 그가 전도사(집사 목사)로 시무하면서 선교여행 한 내력을 기록하였다. 아펜젤러와 동역을 하면서 아펜젤러가 공을 들였던 경기, 인천 강화지방 전도에 특히 심혈을 기울였다. 인천은 당시 한성의 관문일 뿐 아니라 기독교가 일찍 상륙한 곳으로 장로교와 함께 교세가 크게 확장되어가고 있었다. 일찍 한국에 파송된 장로교 감리교 선교부는 1893년 교계 '예양협정'에 의하여 선교지를 분할하였다. 말 그대로 예의와 양보를 통하여 피선교지에서 과도한 경쟁과 대립을 막고 선교의 효율을 높이자는 취지에서 결정하였다. 그리하여 북장로회 선교부는 가장 넓은 지역인 평안, 경기, 경북지역을, 남장로회 선교부는 제주도와 전라도를, 캐나다 장로회 선교부는 함경도를, 호주 장로회 선교부는 부산과 경남 일원을, 그리고 감리회 선교부는 황해도 경기도 강원도 지역을 주로 맡아 선교하였다.

아펜젤러는 인천지방과 경기일원에 선교 공을 들였는데 탁사 최병헌은 아펜젤러를 보필하며 선교일을 돕고 성서번역과 인쇄 계획에도 동참하였다. 이런 결과는 현재까지도 영향을 받아 나타난 바, 인천, 강화지역은 타 지역보다 유난히 감리교 교회가 많은 이유이기도 하다. 탁사 약전에는 평안도 평양에서부터 황해도, 경기도, 강원도, 서울지역을 다니며 전도하고 설교하고 가르친 내용이 비교적 상세히 기록되어 있다. 뿐만 아니라 전도여행 중에 경험한 성령체험도 기록되어 있다. 이는 감리교단만의 교회사 기록이 아니라 한국 기독교사에서도 초기 기독교의 교세 확장과 전도의 방법을 파악하는데도 도움이 될 듯하다. 소송의 해결, 서민들의 장례와 장지제공, 지방관청과의 협조 등이 살펴볼만한 내용이다.

탁사는 목회와 신학교육을 병행한 학자 목사이다. 그가 저술한 책도 다양하다. 앞서 본 '한철집요' '성산명경' '만종일련' '야소 천주양교변론' 외 각종 신학잡지와 신문에 '죄도리' '성산유람기' '동양종교학' '사교고략' 등을 저술 또는 번역하였다. 뿐만 아니라 〈그리스도인회보〉와 〈신학월보〉, 〈신학세계〉 등의 주필을 지내며 변증 신학과 비교종교학 글을 게재하고 〈황성신문〉, 〈제국신문〉 등 일간지에도 종교와 정치와의 관계에 대한 논설과 칼럼을 연재하였다. 한마디로 다작을 하며 연구를 계속하였다. 이런 거의 모든 자료는 한문으로 기록되어 한문에 능숙한 학자도 읽어내기가 어려운 난맥이 있다. 하지만 그의 신학사상은 전통 유학자답지 않게 개혁적이고 획기적인 면이 있다. 전통사상과 기독교라는 동서 사상의 연결을 독특한 필체를 가지고 대화형식, 소설형식, 비교형식을 빌어, 독자로 하여금 한 단계씩 기독교 신학에 접근할 수 있도록 했다는데 교회사적 의미를 둘 수 있다.

약전에서 또 하나 주목해보아야 할 부분은 탁사의 일본선교여행이다. 단순히 일본 기독교를 방문하고 유람을 하기 위하여 방문한 것은 아니었다. 1898년 방거 목사와 함께 일본을 순회하며 일본 기독교와 일본사회의 선진문물을 돌아보았는데 중요한 업무는, 성서를 번역하여 출판 인쇄하기 위해서는 우리의 활자가 있어야 함으로, 일본의 인쇄기술을 돌아보고 습득하여 우리글자로 된 성경을 번역 출판하기 위함이었다. 이때 탁사는 우리 한글 활자체를 구상하여 주조하고 인쇄할 수 있도록 노력하였다. 이는 교회사적으로 대단히 중요한 사안임에 틀림없다. 그러나 한국 교회사에서는 성경번역 자체에는 관심을 많이 가지고 있었기에 출판과정과 한글자체(字體)를 고안하여 낸 탁사에 대해서는 큰 관심을 가지지 않았다. 약전을 통하여 성서번역의 한 분야로서 심도있게 연구해야 할 과제라고 생각한다.

흔히 탁사 최병헌 목사를 두고 한국 최초의 '기독교 토착신학자'란 표현을 많이 한다. 하지만 한 가지 의문이 드는 것은 전통사상과 관련하여 연구하면 다 토착신학자가 되는가 하는 점이다. 탁사가 살았던 시대는 구한말 근대 개화기였으며 전통과 근대가 혼용되어 나타나던 시대였다. 한마디로 과도기였으며 나라의 운명이 풍전등화 같은 시기였다. '서세동점'으로 제국주의국가들의 야심이 교차하는 지정학적 위치는 차치하고라도 전근대적인 것이 근대적인 것과 충돌하며 다양한 시선이 교차하던 시대였다. 그러므로 필자가 볼 때 탁사는 서양의 기독교를 동양적 사고 속에서 이해하고 또 이해시키고자 하였던 철학자였다. 어떻게 보면 독특한 방식으로 변증신학을 가르치려한 주석가라고 해도 과언이 아니다. 앞으로 그의 다양한 저작들이 전문 번역되어 이해하기 쉽게 풀이되었을 때 그의 사상도 더 확연히 드러나리라 생각한다.

탁사 약전 자료의 민족사적 평가

탁사 최병헌은 한말 개화기 근대사상을 표방한 종교지도자로서 목회와 민족운동을 병행하였다. 그와 동시대를 살았던 지식인으로 국가의 장래를 걱정하지 않은 사람은 없었겠지만 그들이 살아간 방식은 제각각이었다. 3.1운동 100주년을 맞이한 올해는 3.1운동의 의미와 가치를 되새김과 동시에 이름 없이 희생하신 이들을 찾아 그 업적을 기리고 명예를 회복하는 일들이 활발하게 이루어지고 있다. 국가보훈보다 국가와 민족을 위하여 희생하신 선열에 대한 업적을 기린다는 것은 후손이 해야 할 책무이며 국가의 도리이기도 하다. 탁사 최병헌 목사의 생애와 사상은 일반인들에게 많이 알려지지는 않았다. 단지 그가 남긴 신학서적과 그가 창간한 〈그리스도인 회보〉〈신학월보〉 협성신학교 교수로 재직하며 발표한 논문형식의 글들을 통하여 "우리나라 최초의 토착신학자"란 표현으로 그의 업적을 신학자 겸 목회자로 국한시키는 경향이 많았다.

약전의 내용은 개인적인 가족사, 교회사, 그리고 과거 농상공부에 재직하며 다루었던 국가기록을 바탕으로 한일수호조규와 후속조치, 임오군란, 갑신정변, 동학농민운동, 갑오개혁, 청일전쟁, 을미사변, 아관파천, 대한제국의 성립, 한일의정서, 을사보호조약과 일제의 침탈까지 국가의 변란에 대한 재야사학자의 입장에서 서술한 내용이었다. 임오군란에 관한 내용을 구체적인 정황과 인물의 움직임, 당시 상황 그리고 시민과 백성들의 동향까지 세세하게 기록하였다. 이는 관제사가 아닌 재야사학자가 쓴 기록으로 중앙정부의 대처와 동향에 대한 고급자료 접근의 한계성을 극복하였다는데 의미가 있다. 왜냐하면 앞서 언급한대로 탁사는 대한제국의 공직자 생활을 한 경험이 있다. 농상공부 문서과에 약 3년간 근무하였는데 농상공부가 워낙 취급하는 영역이 방대한 부서인데다 문서과가 자료를 취급하는 부서였으므로 정부자료를 다뤄 본 경험이 탁사에게는 있었다. 그러므로 사건에 대한 그의 기록은 일반 역사학계 자료와 견주어 보아도 오차가 거의 나지 않는다. 심지어 관제사에서 다루지 못하는 부분까지 언급한 내용에 주목할 필요가 있다. 가령 자신의 가족이 피난을 간 상황이며 민간인들이 난을 피하기 위하여 어떤 방법을 취하였는지 등의 생생한 기록은 임오군란이 단순한 신·구식 군인들의 충돌, 명성황후와 대원군의 알력, 개화파와 보수파와의 알력의 구도로만 이해하기 어려운 국제관계, 청·일의 대결 구도 사회에 끼친 영향까지 이해할 수 있게 해 주었다.

이에 비하면 상대적으로 갑신정변은 기술이 상세하지 못하다. 이는 정변의 주체들이 거창한 구호에 비하여 준비가 미흡하였고 3일 만에 실패로 돌아 가 혁명 자체가 실패로 돌아갔기 때문이라고 생각된다. 하지만 더 중요한 사실은 기록의 이면을 짐작해 볼 때 갑신정변 주체들에 대한 개인적인 반감 때문이라 여겨진다. 동학농민운동에 대해서도, 중앙의 관리로서 또 기독교를 수용한 종교지도자로서 생각하는, 동학이란 종교와 그들의 저항운동에 대해서도 동정적이거나 호의적으로 기록하지 않았다. 또한 동학농민군들의 전주

성 점령도, 폐정개혁안 발표도, 집강소 설치도 언급이 없는 것은 분명 정부 관료로서의 입장과 한양에서 지도층으로서 생각하는 입장을 대변한 것으로 여겨진다. 이 부분의 기록을 통하여 탁사는 개화 선각자이지만 사상은 전통유학사상을 여전히 견지하고 있었음을 알 수 있다. 신용하 교수는 독립협회 연구에서 탁사를 서구 시민사상의 영향을 받은 그룹으로 분류하지만 필자가 약전의 내용만으로 분류해 본다면 개신유학파라고 규정하고 싶다. 단지 사회개혁에 대한 열망은 출중하여 이를 기독교를 통하여 이루고자 하였다는 점이 일반 개신 유학자와 다를 뿐이다.

약전 속에 나타난 탁사의 민족계몽운동과 관련된 사항, 역사의 대전환 시기 곧 국가의 명운이 풍전등화와 같을 때 그가 보여준 종교지도자로서의 삶은 충분히 새겨 볼만한 내용들이었다. 예를 들어 협성회, 독립협회, 엡윗청년회, 대동서시 운영, 의법회와 직인회 활동에서 대표나 서기를 맡으며 청년들을 지도하였고 토론회를 인도하여 대중 활동의 기초를 닦았다는 데서도 민족사적인 의의를 둘 수 있다. 그리고 빼놓을 수 없는 한 가지는 우리나라 출판 인쇄를 위한 활자 개발과 주조 기술을 배워와 성서를 인쇄한 것은 중요한 역사적 의의를 가지고 있다. 역사는 인쇄가 이루어진 사실만을 기술하였지 인쇄가 이루어진 자료나 책자의 활판이나 글씨체 주조에 대해서는 등한히 하는 경우가 대부분이었다. 탁사는 분명 성서번역 사업의 일환이기는 하였지만 새로운 글씨체의 창안과 주조라는 귀중한 업적을 가지고 있었다.

명성황후 시해사건에 대해선 중복이랄 수 있게 두 번에 걸쳐 다루고 있다. 공통된 부분도 있고 차이나는 기록도 있다. 자료 속에서 일본인들의 구체적인 이름과 황후 시신의 사후 처리까지 자세히 다루었다. 심지어 일본의 만행 외에도 민간에 떠도는 소문까지 언급하였다. 또한 이 사건 이후 후속으로 이루어지는 의병운동이나 을미개혁에 대한 내용도 다루고 있다. 한 가지 특징은 약전에는 역사적 사건에 대한 자신의 평가나 견해가 최소화 되어 있다는 점이다. 본격적인 역사기록이 아닌 약전이기에 자신의 활동에 초점이 맞추어져 있겠지만 생각과 느낌을 표현하기도 하는데 이 부분에서는 일체 사견이 없다.

대한제국기의 역사 사실에 대해서는 매우 정확하고 세밀하게 묘사하였다. 이 기간 탁사가 공직생활을 해서이기도 하겠지만 고급사료에 접근할 수 있는 잇점을 십분 발휘한 것으로 보인다. 특히 청나라와의 관계는 매우 정확하고 세밀하다. 청나라 북양군벌과 리홍장의 동향, 원세개의 활동, 의화단 사건과 개요 등은 일반인들이 생각하는 것보다 훨씬 자세히 기록되어 있다. 특히 의화단 사건을 진압하기 위해 투입된 연합군과 연합군 군수물자를 대한제국에서 제공하였다는 사실은 놀라운 기록이고 제공한 물품의 내역까지 아주 상세히 기록한 것은 일반인이라면 접근할 수 없는 중요한 자리에 있었음을 말해주고 있다. 미곡, 미숫가루, 담배 등 곡식과 기호식품까지 보냈다는 것은 대단히 놀라운 기록이었다.

특히 본문에는 협성회와 독립협회, 엡윗청년회와 황성기독청년회 외 성서번역사업, 존스, 아펜젤러, 언더우드, 스크랜튼, 게일, 스웨어러(徐元輔, W. C. Swearer), 벙커 목사와의 관계 등이 언급되어 있다. 일반적으로 알려진 내용보다 상세한 내용이 정확한 날짜까지 기록되어 있다는 것은 기독교 교회사뿐 아니라 일반역사학계에서도 중요한 사료로 활용될 수 있는 의미 있는 기록이라고 여겨진다.

탁사는 독립협회 지도부가 체포될 때나, 105인 사건으로 투옥된 기록은 없다. 한때 정동교회와 상동교회를 겸임하면서 성서번역 사업과 목회 활동에 소홀하지 않았기에 정치적인 사건을 선두에서 직접 이끌지는 않았다. 하지만 기독교와 연관이 있는 단체나 사건에 그가 개입하지 않은 단체나 사건은 없다. 독립협회에서는 '서구시민사상' 계열의 지도자 그룹으로 협회를 이끌었으며, 신민회와 105인 사건에서는 중심인물인 이상재, 윤치호, 전덕기 등과 깊은 교류를 나누었다. 상동교회 담임을 맡으면서 제자이자 후배인 전덕기에게 신학사상 외 독립의식과 근대사상을 주입하였다. 이후 그가 목회와 선교, 성서번역과 언론 활동, 신학자로 일할 때는 자신을 대리하여 이필주나, 전덕기, 자신의 장남 최재학으로 하여금 조직 활동에 전념케 하였다. 한국인 최초의 감리교 목회자와 신학자로서뿐 아니라 근대 선각자로서 민족의 독립의식을 일깨운 계몽사상가인 최병헌의 활동은 다단하였다.

3.1운동 민족대표 자리도 자신이 아펜젤러를 이어 담임하였던 정동교회의 후배목사 이필주, 전도사 김진호, 강매, 박동완에게 양보하였다.[3] 뿐만 아니라 임시정부 구미위원부 외무위원과 외무부 차장을 역임한 현순 목사에게도 깊은 영향을 끼쳤다. 현순 목사는 1903년 하와이에서 귀국한 후 105인 사건이 발생하자 이에 연루되어 투옥되었다. 당시 상동교회 최병헌 목사의 후임이었던 전덕기 목사가 105인 사건으로 투옥되었다가 1914년 소천하자, 현순은 석방

3 한민족독립운동사 자료집 16(3.1운동) 3.1독립시위 관련자 예심조서.

된 뒤 손정도[4]와 함께 정동교회에서 전도사로 활동하며, 담임목사 최병헌을 도와 교회 확장과 전도 사업에 참여하였다. 앞서 손정도, 최병헌 등과 함께 협성회를 조직하는 데도 힘을 썼다. 이처럼 3.1운동의 민족대표 33인에 이름만 올리지 않았을 뿐이지 감리교계 서울 지역 감리사인 그가 민족지도자들에게 끼친 영향력은 무시할 수 없다.

3.1운동이 일어날 때 최병헌의 나이는 62세로 당시로서는 적지 않은 나이였다. 민족대표 33인 중 가장 연장자 중 한 분인 손병희가 59세였으니 최병헌은 참여를 꺼려하였다. 그리고 그간의 기록과 약전 자료를 통해서 보더라도 탁사는 정치적인 단체나 사건에 대표를 맡거나 직접적으로 참여한 경우는 거의 드물었다. 그리하여 그의 활동을 두고 민족운동과는 거리가 있는 분이란 사실을 언급하기도 한다. 하지만 민족운동은 직접적으로 항거하는 무력적 저항운동도 있지만 정신적으로 일깨우고 교육하는 간접투쟁방식도 포함한다. 이른바 의식화도 이에 해당한다. 그는 직접 운동의 대표자로 앞장서 나서기보다 뒤에서 후원하는 일에 전념하였다. 후배나 제자가 그 일을 대신하게 한 것이다. 배재학당의 교사로 근무하며 아펜젤러와 함께 만들었던 협성회를 이끌었던 최병헌은 명실상부 독립의 의식 고

4 손정도는 평양 숭실전문학교를 졸업한 뒤, 1910년에 선교사로 동삼성에 파견되었을 때 독립운동에 종사할 것을 다짐하였다. 1912년 하얼빈에서 일본 수상 가쓰라 타로(桂太郞)의 암살모의에 가담했다는 혐의로 일본 경찰에 붙잡혔다. 이때 전라남도 진도로 유배되었다가 1914년에 석방되었다. 1919년 국내에서 3·1운동에 참여했다가 상해(上海)로 망명하였다. 그 해 4월 10일과 11일 이틀간에 걸쳐 동지 이동녕(李東寧) 등 30여 명과 같이 제1회 대한민국 임시의정원 회의를 개최했을 때 부의장에 선출되었다. 그 뒤 이동녕을 이어 임시의정원의 의장이 되었다. 한국정신문화연구원,『한국민족문화대백과』(서울: 한국학중앙연구원, 1979), 손정도편.

취와 민중의 참여를 선도하였던 독립협회 지도자들과 함께 청년단체들을 리드하였다. 이후 그 맥을 이어온 기독교 지도자들이 거족적 3.1운동과 임시정부를 탄생시켰으니 이들에게 영향을 준 최병헌을 민족운동의 중심에 있었다고 할 수 있다. 앞으로 최병헌 목사의 민족사적 업적과 사상을 다각도로 연구해 볼 필요가 있다.

Ⅳ. 탁사 약전(濯斯 略傳) 원문(原文)

濯斯先生略傳

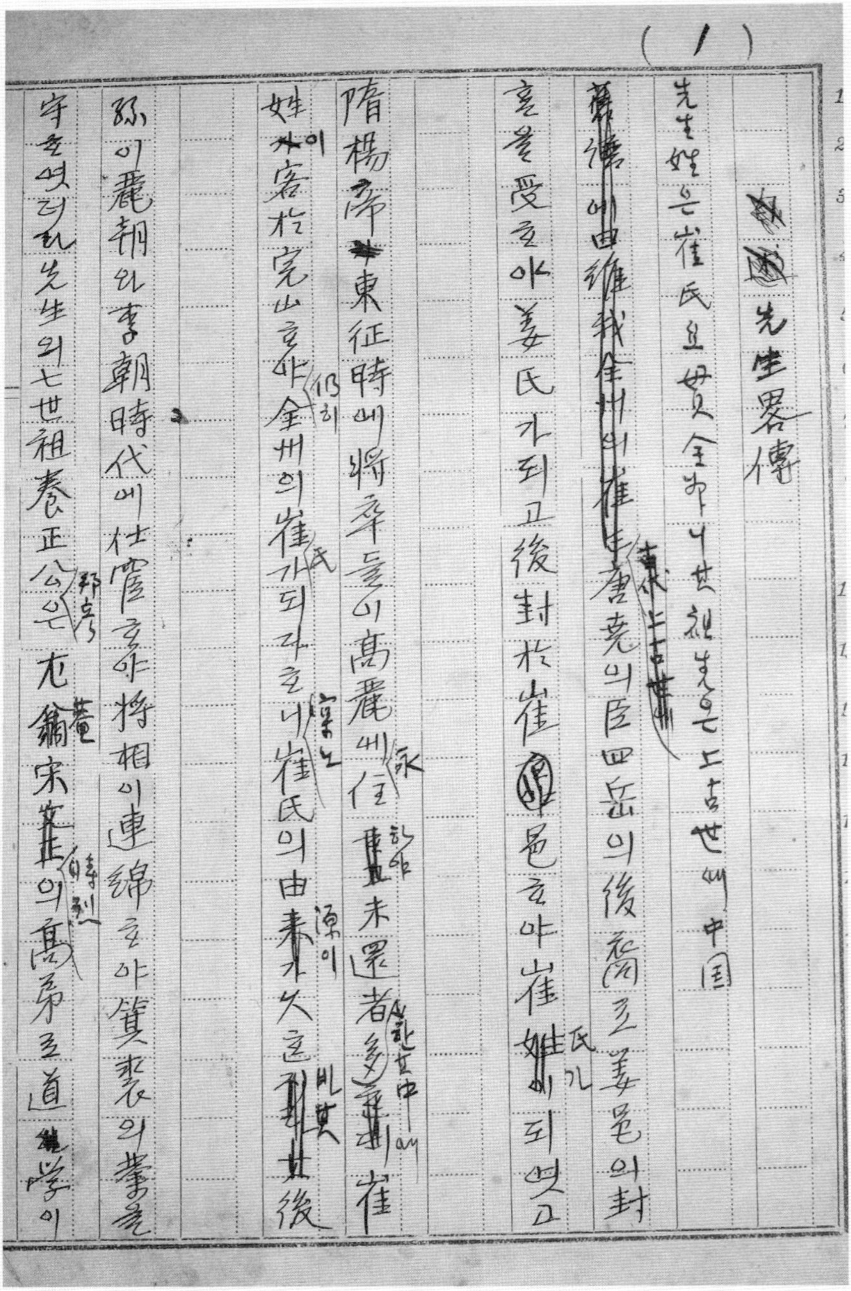

(1)

先生略傳

先生姓은 崔氏오 貫은 全州니 其祖先은 上古世에 中國

에 由하야 我全州의 崔는 唐堯의 臣四岳의 後裔로 姜邑의 封

을 受하야 姜氏가 되고 後封於崔邑하야 崔姓이 되엿고

隋煬帝 東征時에 將卒들이 高麗에 住하야 未還者多하니 崔

姓이 客於完山하야 仍히 全州의 崔氏가 되다 하니 崔氏의 由來가 久遠하니 後

孫이 麗朝와 李朝時代에 仕宦하야 將相이 連綿하야 簪纓의 業을

守하엿더니 先生의 七世祖 參正公은 尤菴 宋先生의 高弟로 道學이

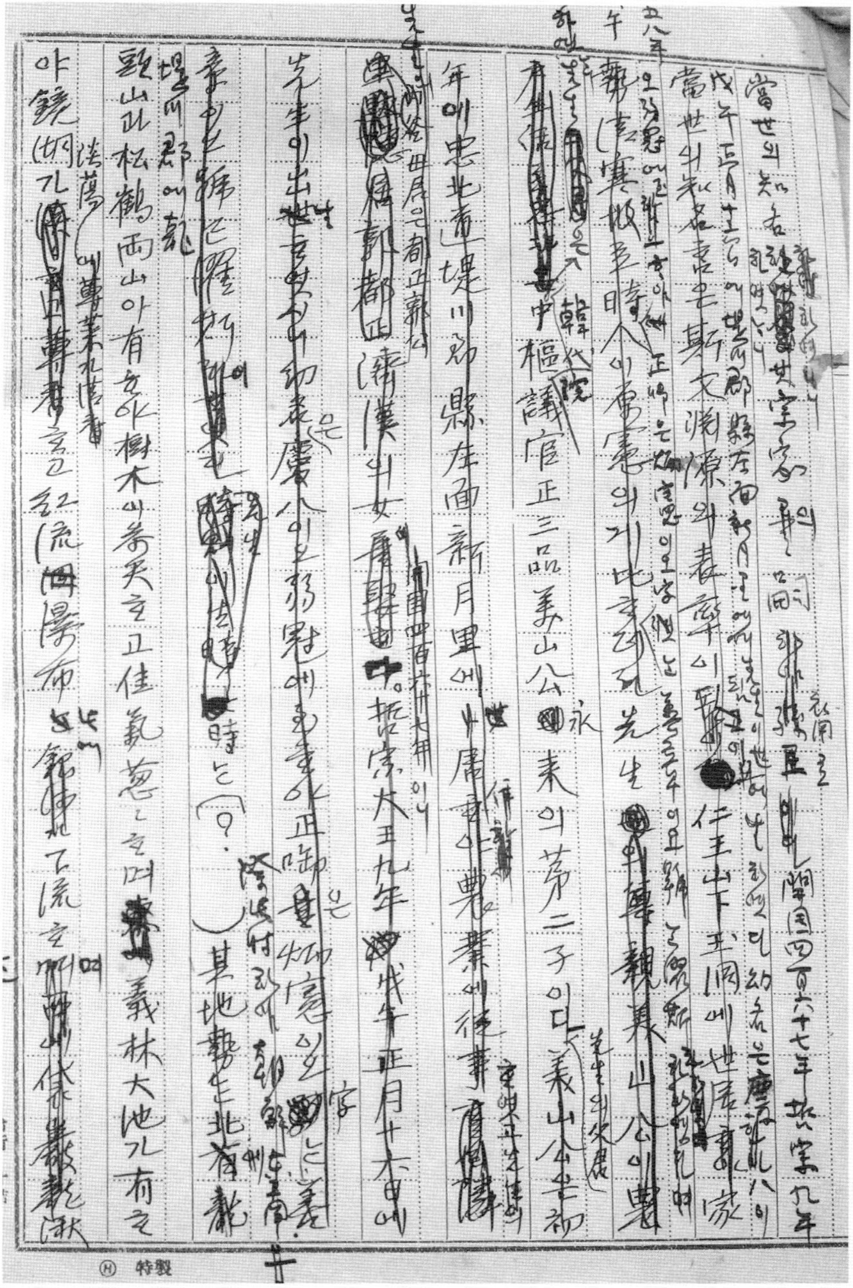

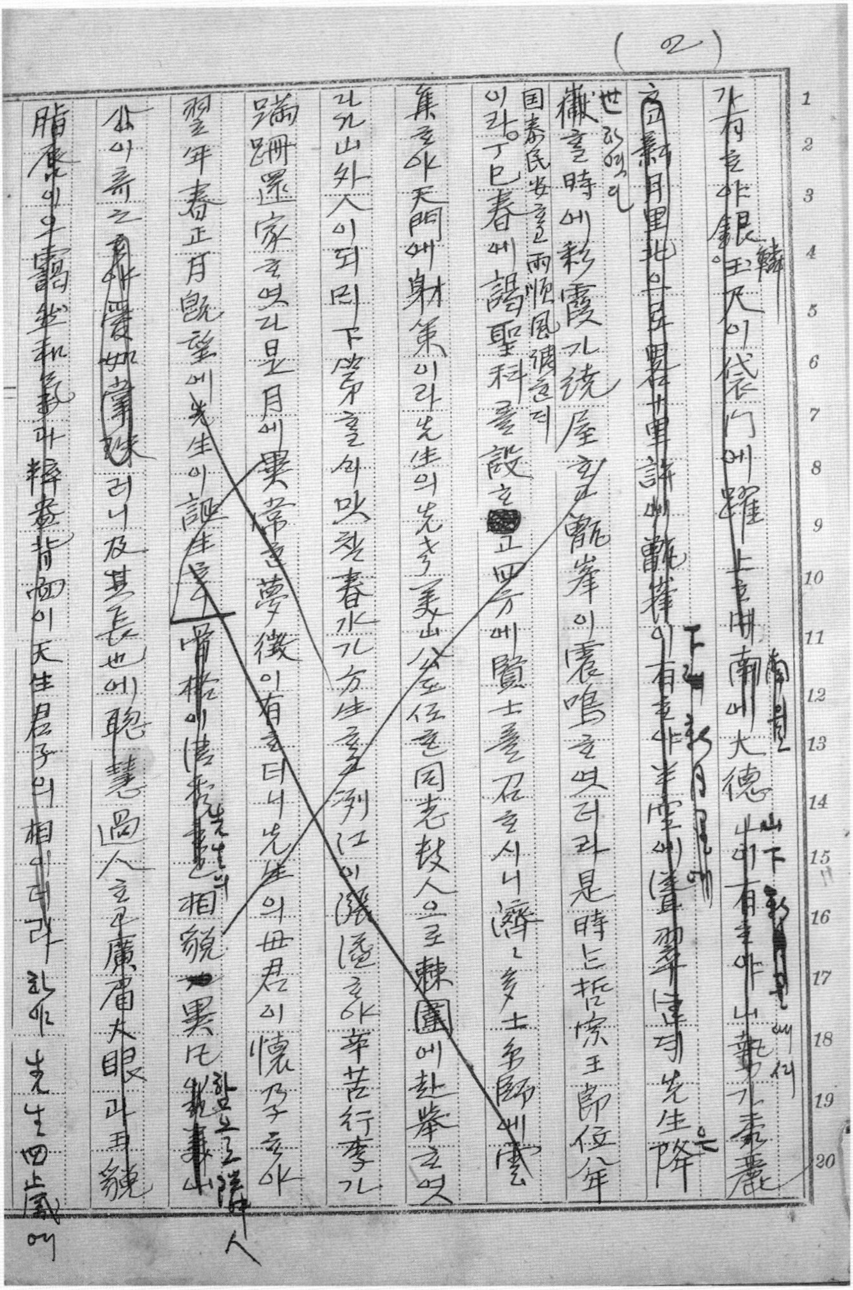
(2)

가有ᄒᆞᆫ作銀王尺이代門에躍上ᄒᆞ며南에大德山이有ᄒᆞᆫ作山嶽이素麗

文五[illegible]月里北으로數十里許에龍岸이有ᄒᆞᆫ作半空에[illegible]ᄒᆞ더니先生降

世ᄒᆞ기前에 徽ᄒᆞᆯ時에彩霞가繞屋ᄒᆞ고龍岸이震鳴ᄒᆞ엿더라是時는哲宗王卽位八年

国泰民安ᄒᆞ고雨順風調ᄒᆞ더니

이라丁巳春에謁聖科를設ᄒᆞ고四方에賢士를召ᄒᆞ시니濟濟多士가多歸에雲

集ᄒᆞ야天門에射策이라先生의先考美山公도[illegible]ᄒᆞᆫ同志技人으로棘園에赴擧ᄒᆞ엿

다가九山外人이되매下第ᄒᆞᆷ을[illegible]맛고春水가方生ᄒᆞᆫ洌江이漲溢ᄒᆞ야辛苦行李가

踽踽還家ᄒᆞ엿다是月에異常ᄒᆞᆫ夢徵이有ᄒᆞ더니先生의母君이懷孕ᄒᆞ야

翌年春正月旣望에先生이誕生ᄒᆞ니[illegible]先生의相貌[illegible]異[illegible]

[illegible]奇之[illegible]如掌珠러니及其長世에聰慧過人ᄒᆞ고廣角大眼과玉貌

脂膚에音聲和氣와精神[illegible]이天生君子의相이더라[illegible]先生四五歲에

一八六一年 辛酉 四才

先生이 ... 提時에 隣兒들과 吹葱騎竹호며 劃地象字호고 聚石爲山호

되明敏호에 同輩 出衆호엿고 一日은 美山公이 夫人과 隸로 月下에서 小酌을

磯歷호시 先生은 軒上에서 穩睡호엿다 夜深에 至호야 美山公이 使人須果호

어日 慶兒는 已睡호니 勿攪勿與호라 先生이 聽罷에 突起悳去호야 取果喫之

曰 果는 原來小兒의 食이여늘 爺孃이 不賜兒는 何也잇고 一座拍掌相笑호엿더라

其家世 如此호더라 畢竟에 家勢가 日見 ... 庫에 餘粟

先生 七歲의 時에 비로소 父君의게 ... 受學 ... 鄕을

이 有호야 ... 里에 致壽하고 ... 老人이 有호야 開蒙

의 學向 所到는 大德 ... 氏의게 ...

手 先生의 由眉兄 ... 敎授호엿시나 先生은 美山公이 種愛호는 中에 大小疲瘁

訓 ... 學하니 ... 九歲에 天性이 ... 先生은 九歲에

善書經이 ... 入學을 不許호엿더라

一八六六年 丙寅 九才

先生이 九歲에 ... 由看史를 始讀호야 ... 枝月에 畢 ... 通史 七卷

拾行 廿詰

Ⓗ 特製

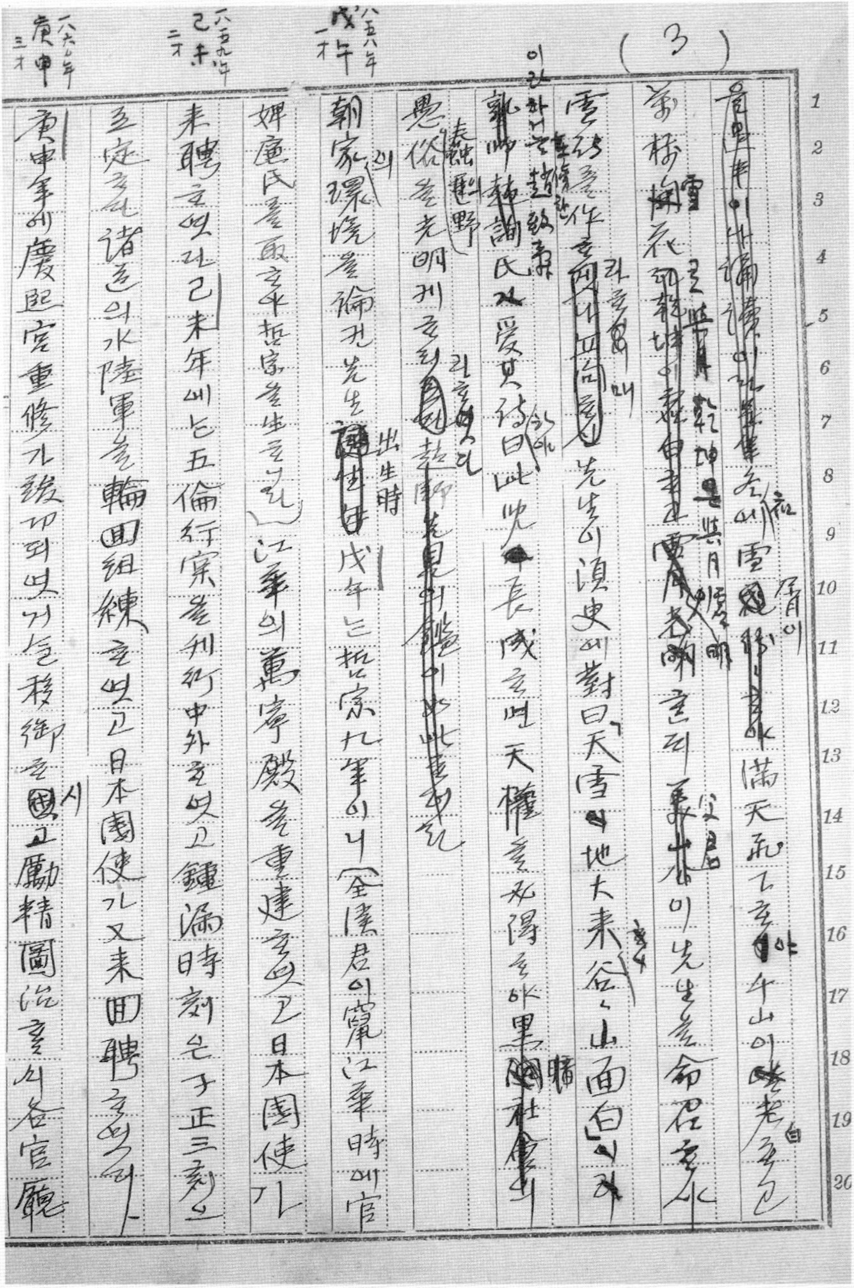
(3)

一八五八年 戊午 一才

一八五九年 己未 二才

一八六○年 庚申 三才

是年[illegible]에 雪[illegible] 滿天하고 [illegible] 千山이 [illegible]老하고

萬樹梨花[illegible] 乾坤[illegible] [illegible]이 先生을 命名하니

雲峰은 作하며 [illegible] 先生이 須史에 對曰 天雪與地大來合하니 山面白이라

[illegible] 諭氏 又 愛其詩曰 此兒를 長成하면 天權을 必得하야 [illegible] 社會의

愚俗을 光明케하리라

朝家環境을 論컨 先生 出生時 戊午年는 哲宗九年이니 (全溪君이 竄江華時에 官

婢廉氏를 取하야 哲宗을 生하니라) 江華의 萬寧殿을 重建하였고 日本國使가

來聘하였다 己未年에는 五倫行實을 刊行中外하였고 鍾漏時刻은 子正三刻으

로 定하고 諸道의 水陸軍을 輪回組練하였고 日本國使가 又來聘하였다

庚申年에 慶熙宮重修가 竣功되었거늘 移御하시고 勵精圖治하시며 各官廳

一八六一年 辛酉 四才
一八六二年 壬戌 五才
一八六三年 癸亥 六才

의橫奪勒稅의弊를嚴禁ᄒᆞ고無名雜稅와借哦法과守令犯逋貪詐의弊를嚴
禁ᄒᆞ고日本國이書告ᄒᆞ되俄法英墨各國이通商을許ᄒᆞ라ᄒᆞ나邪教를緊防ᄒᆞ고
辛酉年에德興大院君의祀孫李夏銓이謀反이라ᄒᆞ야鞫訊賜死ᄒᆞ고昌德宮에
還御ᄒᆞ시고壬戌年에各場市浦口에無名雜稅와堤堰田畓의勒奪ᄒᆞ는弊를嚴禁ᄒᆞ고田
雜兵三政의弊와守令이椎剝ᄒᆞ야人民의苦가甚極ᄒᆞ야晋州民等이白巾竹槍
으로作亂이어늘捕魁誅之ᄒᆞ고開寧咸平咸興等郡에도民擾가起ᄒᆞ고癸亥年
에海州郡에建閣樹碑ᄒᆞ니宣祖大王駐蹕處이라是歲十二月에哲宗王이昇遐ᄒᆞ시니
莊獻世子의曾孫興宣君昰應의第二子로翼宗大王의宗統을承ᄒᆞ야即
位ᄒᆞ시時年이十二라大王大妃趙氏가垂簾聽政ᄒᆞ고慶州人崔濟愚가聚徒誦呪ᄒᆞ며
執筆降神ᄒᆞ고舞劍騰空ᄒᆞ니名曰東學이라命道臣查究誅之ᄒᆞ니라

拾行 廿話

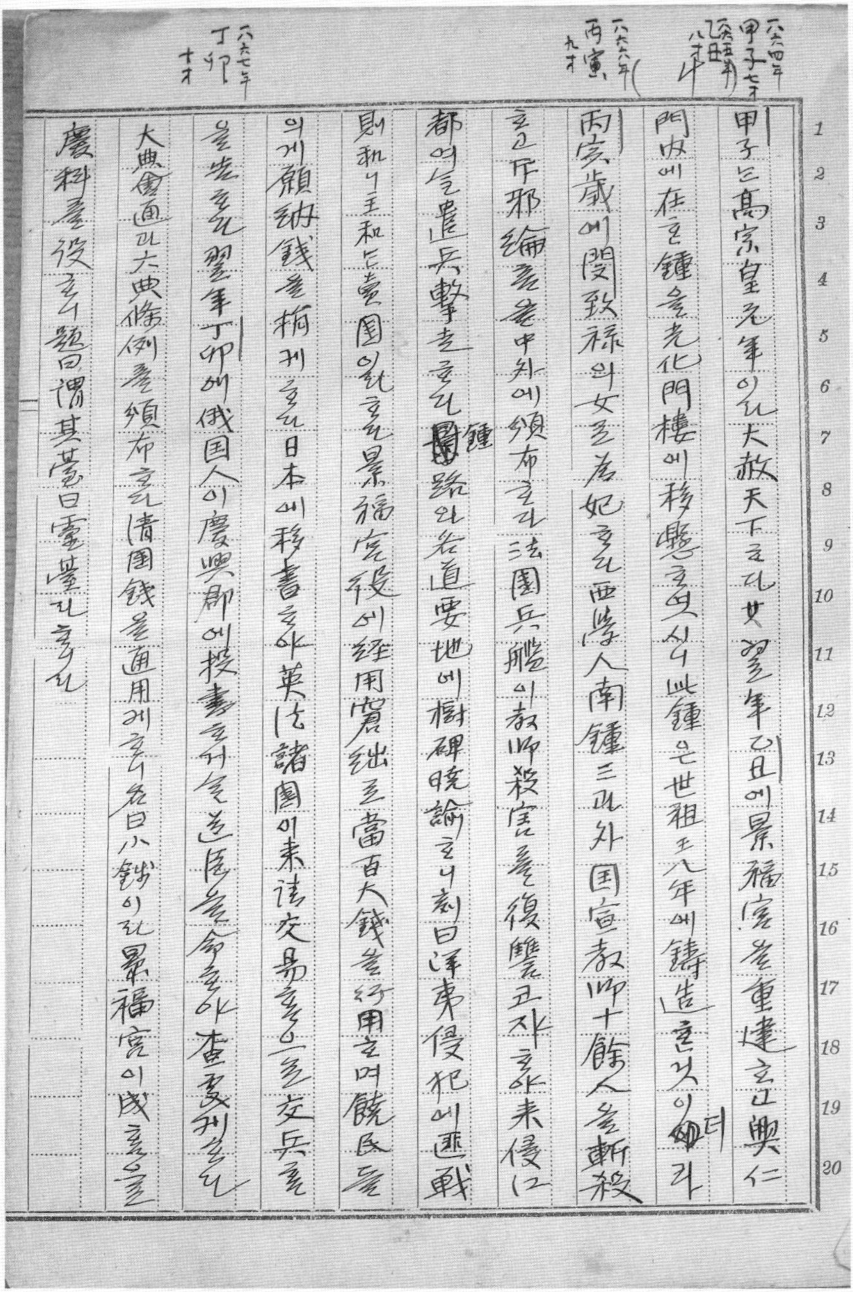
一八六四年 甲子 七才
一八六五年 乙丑 八才
一八六六年 丙寅 九才
一八六七年 丁卯 十才
甲子는 高宗皇元年이라 大赦天下ᄒ고 其翌年乙丑에 景福宮을 重建ᄒ고 興仁
門內에 在ᄒ 鍾을 光化門樓에 移懸ᄒ엿스니 此鍾은 世祖王八年에 鑄造ᄒ 것이더라
丙寅歲에 閔致祿의 女로 后妃ᄒ고 西學人 南鍾三과 外国宣教師 十餘人을 斬殺
ᄒ고 耶穌敎를 中外에 須布ᄒ다 法国兵艦이 敎師殺害를 復讐코자 ᄒ야 來侵江
都어늘 進兵擊走ᄒ고 鍾路와 各道要地에 樹碑曉諭ᄒ니 刻曰 洋夷侵犯 非戰
則和니 主和는 賣国이라 ᄒ고 景福宮役에 經用이 窘絀ᄒ야 當百大錢을 行用ᄒ며 饒民들
의게 願納錢을 稍刑ᄒ고 日本에 移書ᄒ야 英法諸国이 來請交易ᄒ나 兵을 交ᄒ
을 告ᄒ고 翌年丁卯에 俄国人이 慶興郡에 投書ᄒ야 通商을 請ᄒ야 查實케 ᄒ고
大典會通과 大典條例를 須布ᄒ고 淸国錢을 通用케 ᄒ니 名曰 小錢이라 景福宮이 成ᄒ을
慶科를 設ᄒ니 題曰 謂其舊曰 靈臺라 ᄒᄂ니

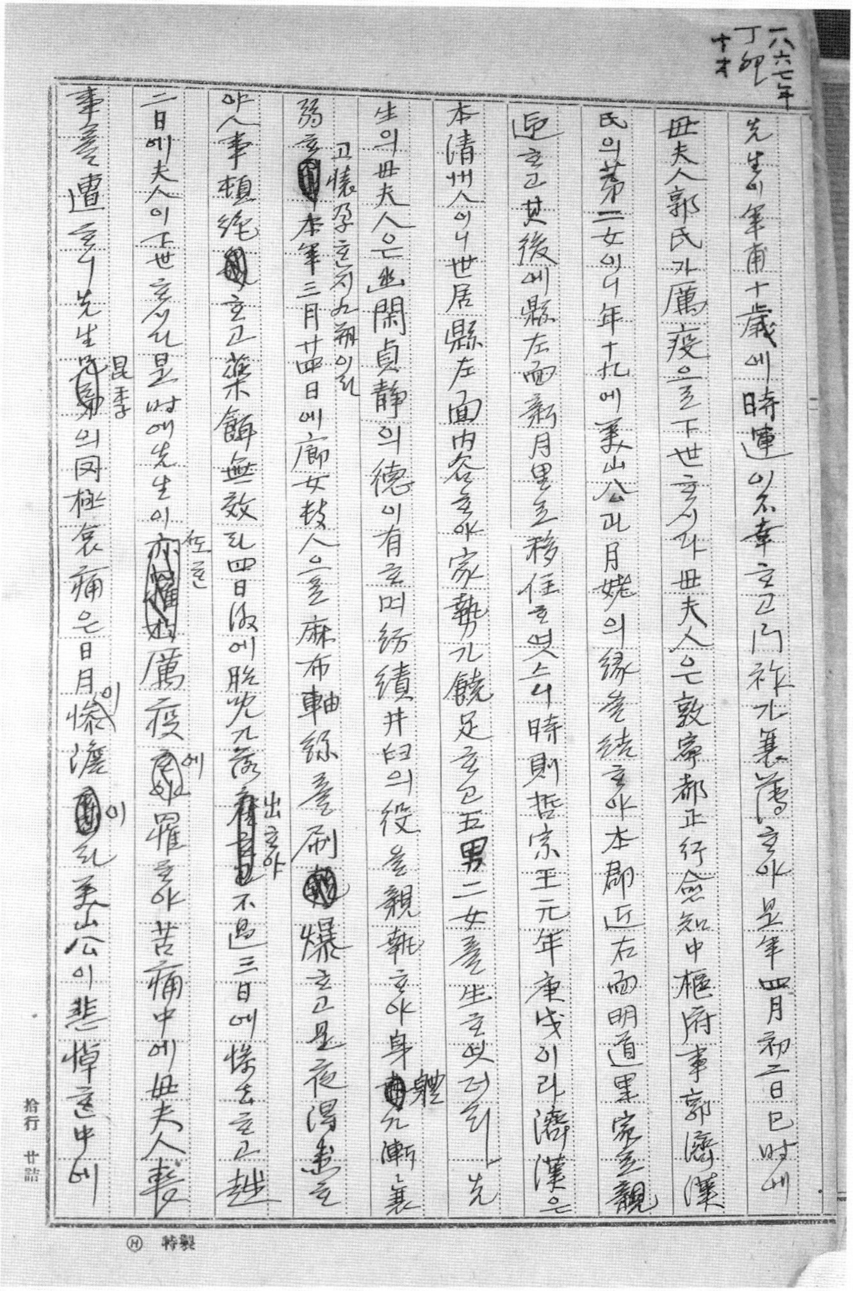
一八六七年
丁卯
十才
先生이 年甫十歲에 時運이 不幸하고 門祚가 衰薄하야 是年 四月初二日 巳時에
母夫人 郭氏가 癘疫으로 下世하시니 母夫人은 敦寧都正 行僉知中樞府事 郭濟漢
氏의 第二女이니 年十九에 美山公과 月姥의 緣을 結하야 本郡 近右面 明道里 宗室 觀
延하고 其後에 縣左面 新月里로 移住하였스니 時則 哲宗王元年 庚戌이라 濟漢은
本淸州人이니 世居縣左面 内谷하야 家勢가 饒足하고 五男二女를 生하였더니 先
生의 母夫人은 幽閑貞靜의 德이 有하며 紡績井臼의 役을 親執하야 身體가 漸衰
弱하고 懷孕한지 九朔이라 本年三月廿四日에 廊女 牧人으로 麻布軸絲를 刷曝하고 是夜 濕氣로
야 人事 頓絶하고 藥餌無效라 四日後에 胞兒가 出하야 不過 三日에 棄去하고 趙
二日에 夫人이 下世하시니 是時에 先生이 癘疫에 罹하야 苦痛中에 母夫人 喪
事를 遭하니 先生 昆季의 罔極哀痛은 日月이 慘澹이라 美山公이 悲悼하는 中에
拾行 廿詰
Ⓗ 特製

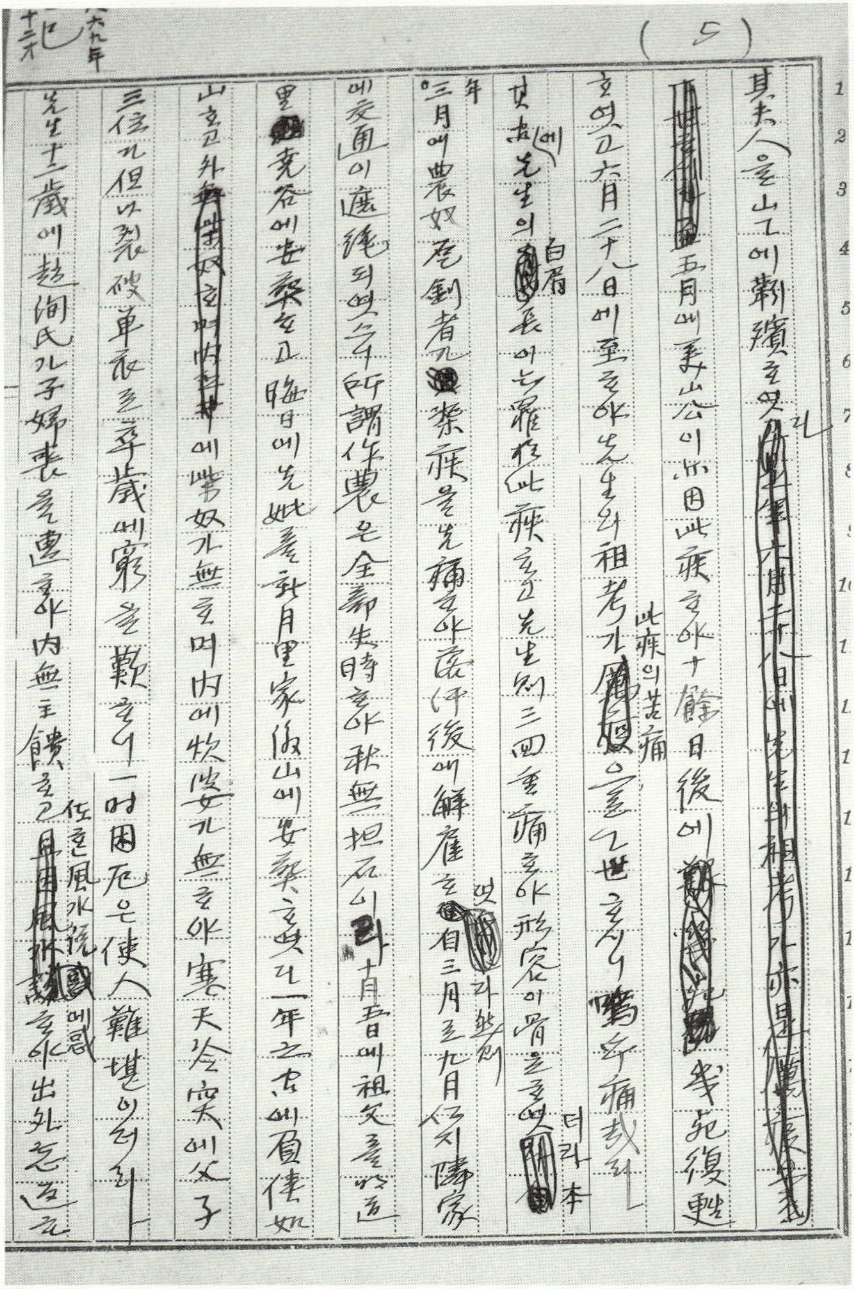
(5)

其夫人을 山下에 葬殯하얏다

五月에 萬山公이 亦因此病하야 十餘日後에 再苑復甦

하얏고 六月二十八日에 至하야 先生의 祖考가 [illegible]으로 乙世하시니 嗚呼痛哉라

此病의 苦痛

其冬에 先生의 白眉 長이는 羅病此病하고 先生의 三四重痛하야 形容이 骨立하얏다

더라本

年 三月에 農奴를 釗者가 染病을 先痛하야 [illegible]伊後에 解雇하고 自三月至九月까지 陽家

에 交通이 遮絶되엿슴으 所謂 作農은 全部失時하야 秋無担石이라 十月十五日에 祖父를 竹邑

里 堯谷에 安葬하고 晦日에 先妣를 新月里家後山에 安葬하얏다 一年之内에 葬儀如

山하고 外에 [illegible] 乙奴가 無하며 内에 炊婆가 無하야 寒天冷突에 父子

三位가 但以裂破單衣로 卒歲케 窮을 難하니 一時困厄은 使人難堪이러라

先生十二歲에 趙洵氏의 子婦喪을 遭하야 内無主饋하고 且因風水說 [illegible] 하야 出外忘返하고

佐하은 風水說에 惑

十二才 記

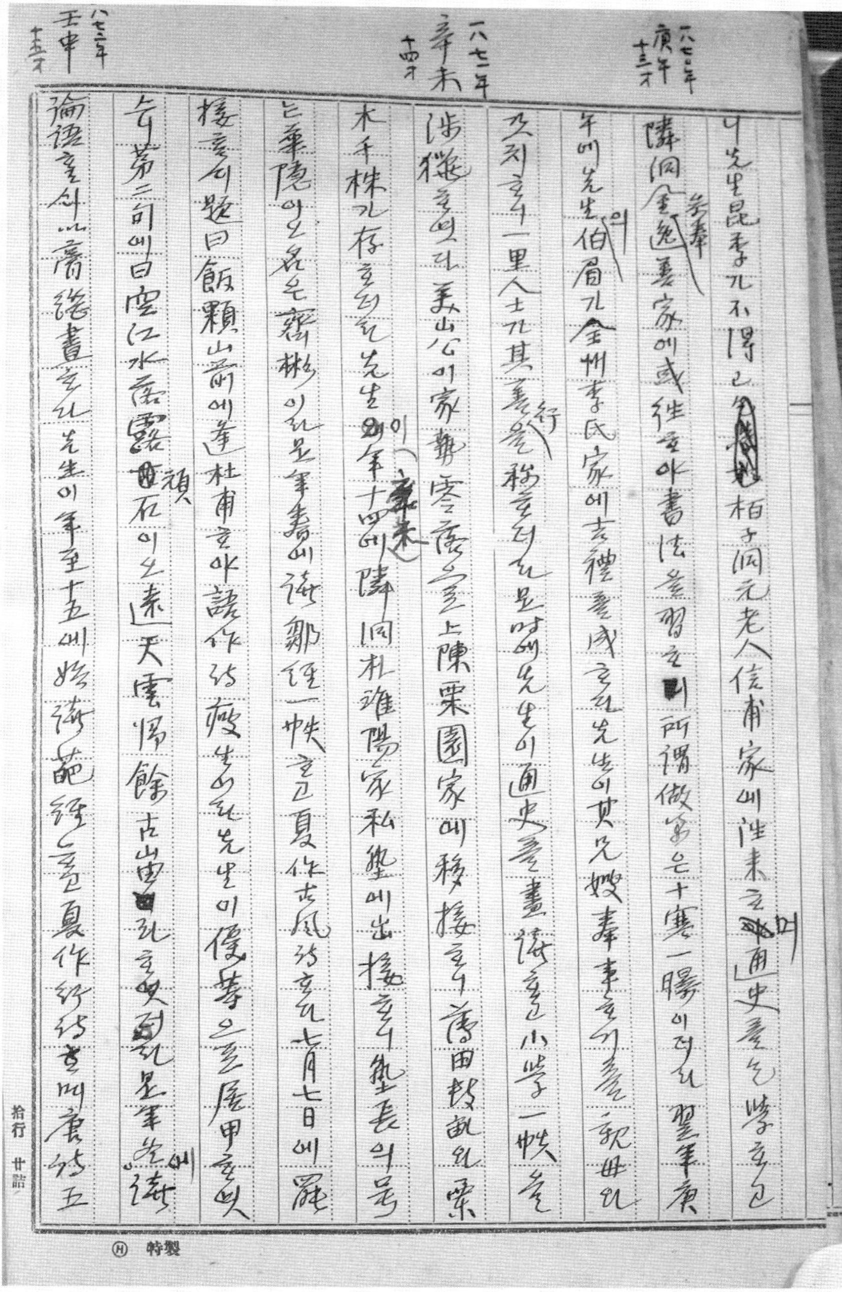

一八七〇年 庚午 十三才

니 先生昆季가 不得已 栢子洞元老人 信甫家에 往來하며 通史를 修學하고

隣洞 金(奎奉)逸善家에 或往하야 書法을 習하니 所謂 做字은 十寒一曝이러라 翌年庚

午에 先生의 伯眉가 金州李氏家에 吉禮를 成하니 先生이 其兄嫂를 奉事하기를 親母러

及지하니 一里人士가 其善行을 稱하더라 是時에 先生이 通史를 畢讀하고 小學一帙을

一八七一年 辛未 十四才

涉獵하더라 美山公이 家勢零落하야 上陳栗園家에 移接하니 舊田散亂의 栗

木千株가 存하더라 先生이 (辛未)年十四에 隣洞朴雍陽家私塾에 出接하니 塾長의 名

은 華隱이오 名은 齊彬이라 是年春에 讀鄒經一帙하고 夏作古風詩하니 七月七日에 羅

接하야 題曰 飯顆山前에 逢杜甫하야 請作詩被生하니 先生이 優等으로 居甲하야 入

一八七二年 壬申 十五才

句第二句에 曰 空江水落露(頹)石이오 遠天雲歸餘古山[illegible]하야 [illegible]하니 是年에 讀

論語하며 山齋에서 讀書하니 先生이 年至十五에 始讀範經하고 夏作律詩하며 冬에 讀詩五

拾行 廿詰

Ⓗ 特製

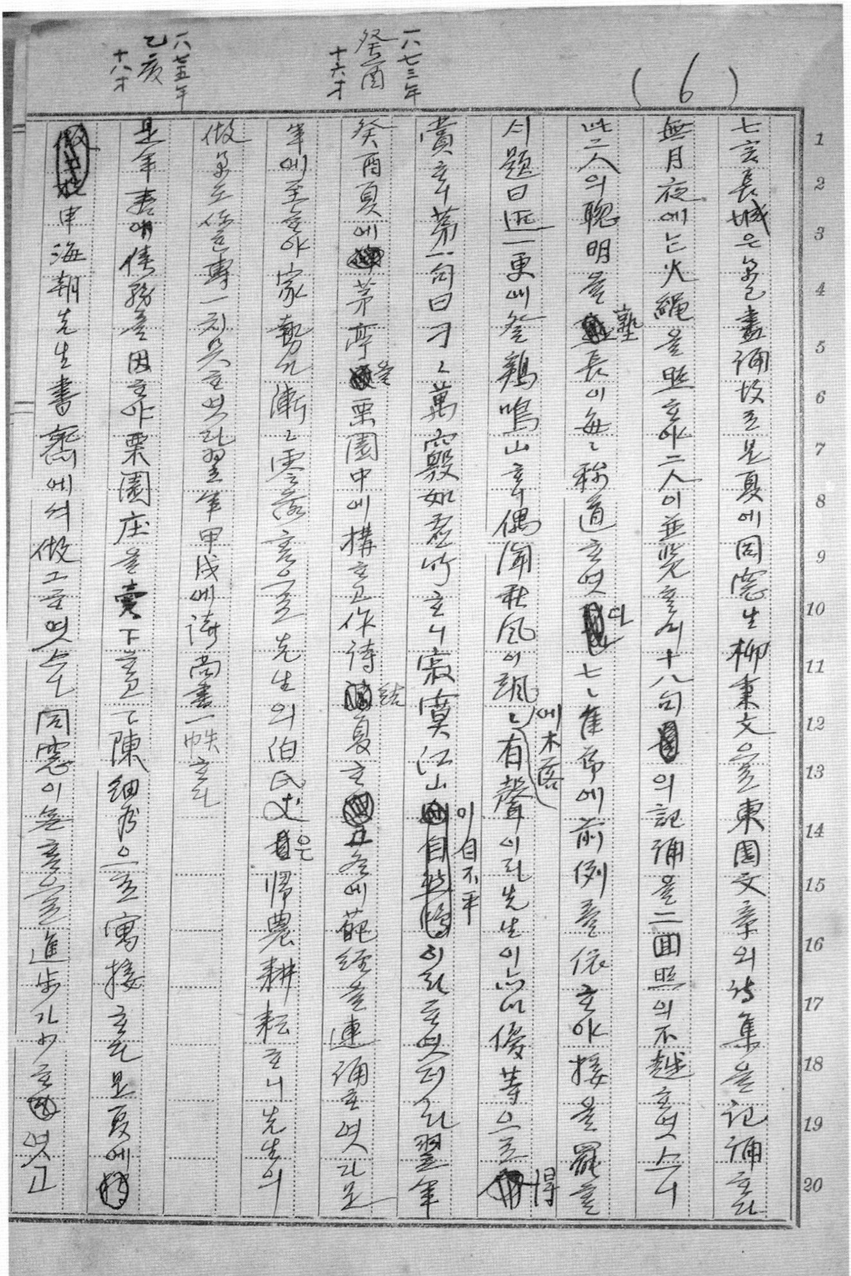

(6)

一八七三年 癸酉 十六才

一八七五年 乙亥 十八才

七言長城은 [illegible] 是夏에 同窓生 柳東文을 東國文章의 詩集을 記誦하고

無月夜에는 火繩을 照하며 二人이 並坐하야 十八句 [illegible]의 記誦을 二回照의 不越하였으니

此二人의 聰明을 [illegible]長이 每每 稱道하였으나 [illegible] 七七 佳節에 前例를 依하야 接을 罷할

시題曰 延一更에 聞鷄鳴山하고 偶開秋風에 飄飄有聲이라 先生이 [illegible] 優等으로 得

[illegible]

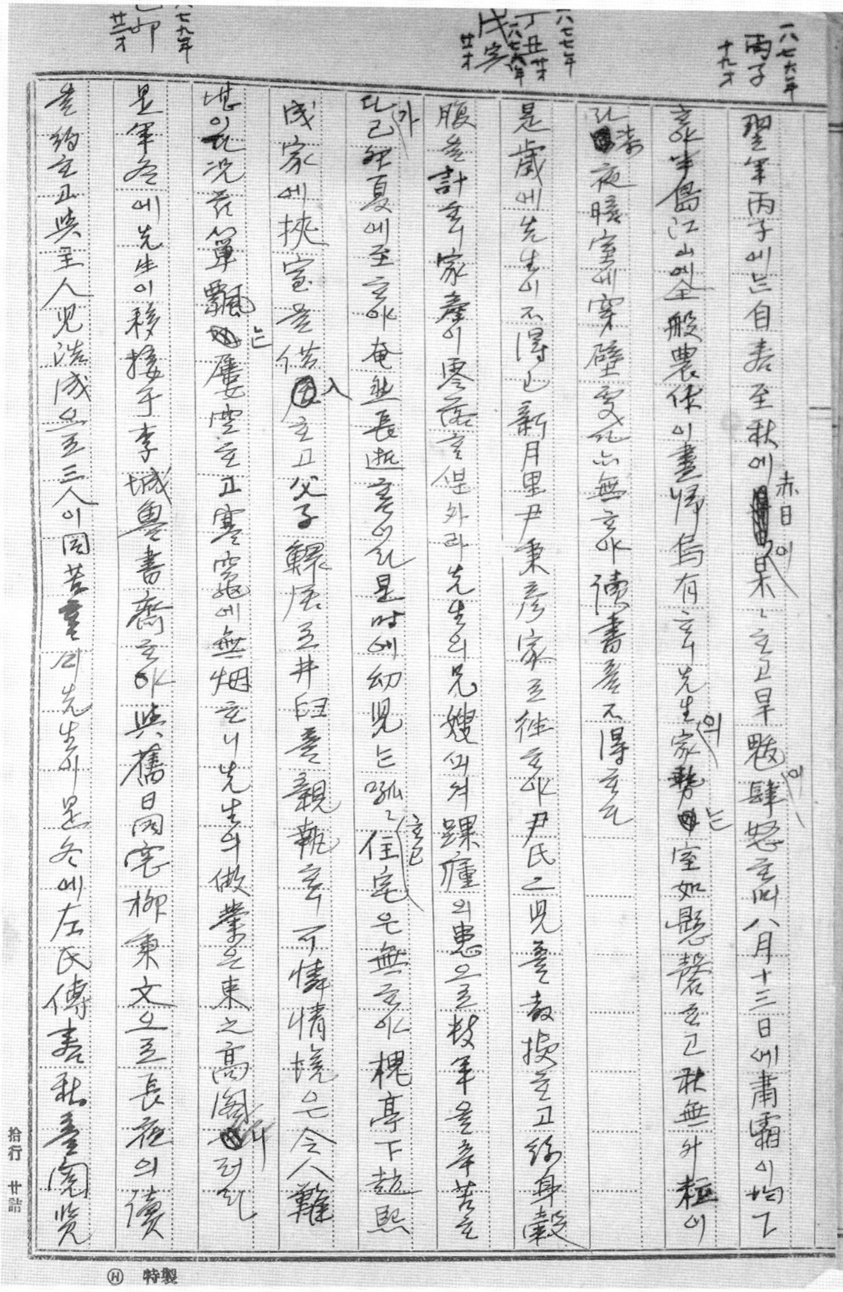
一八七六年 丙子 十九才

翌年丙子에는 自春至秋에 赤日이 杲杲하고 旱魃이 肆虐하며 八月十三日에 肅霜이 始하고
하야 半島江山에 全般農作이 盡歸烏有하니 先生의 家勢는 室如懸磬하고 秋無升粒이
라 夜讀寒窓에 窮壁蕭然하야 無心讀書를 不得하니

一八七七年 丁丑 廿才　一八七八年 戊寅 廿一才

是歲에 先生이 不得已 新月里 尹秉彦家로 往하야 尹氏之兒를 敎授하고 糊身
腹을 計하니 家產이 零落할 뿐 外라 先生의 兄嫂께서 瘰癧의 患으로 枝年을 辛苦하

一八七九年 己卯 廿二才

다가 己卯夏에 至하야 奄然長逝하니 是時에 幼兒는 孤가 되고 住宅은 無하야 槐亭下 趙熙
成家에 挾室을 借入하고 父子 鰥居로 井臼를 親執하니 可憐情境은 今人難
堪이라 況其 簞瓢는 屢空하고 寒窓에 無烟하니 先生의 做業은 東之高閣이 되었다
是年冬에 先生이 移接于 李誠魯 書齋하야 與舊日同窓 柳秉文으로 長夜의 懷
를 紹하고 與主人兒 諸成魯로 三人이 同苦하며 先生께서 是冬에 左氏傳 壹秩을 閱覽

拾行 廿詰

Ⓗ 特製

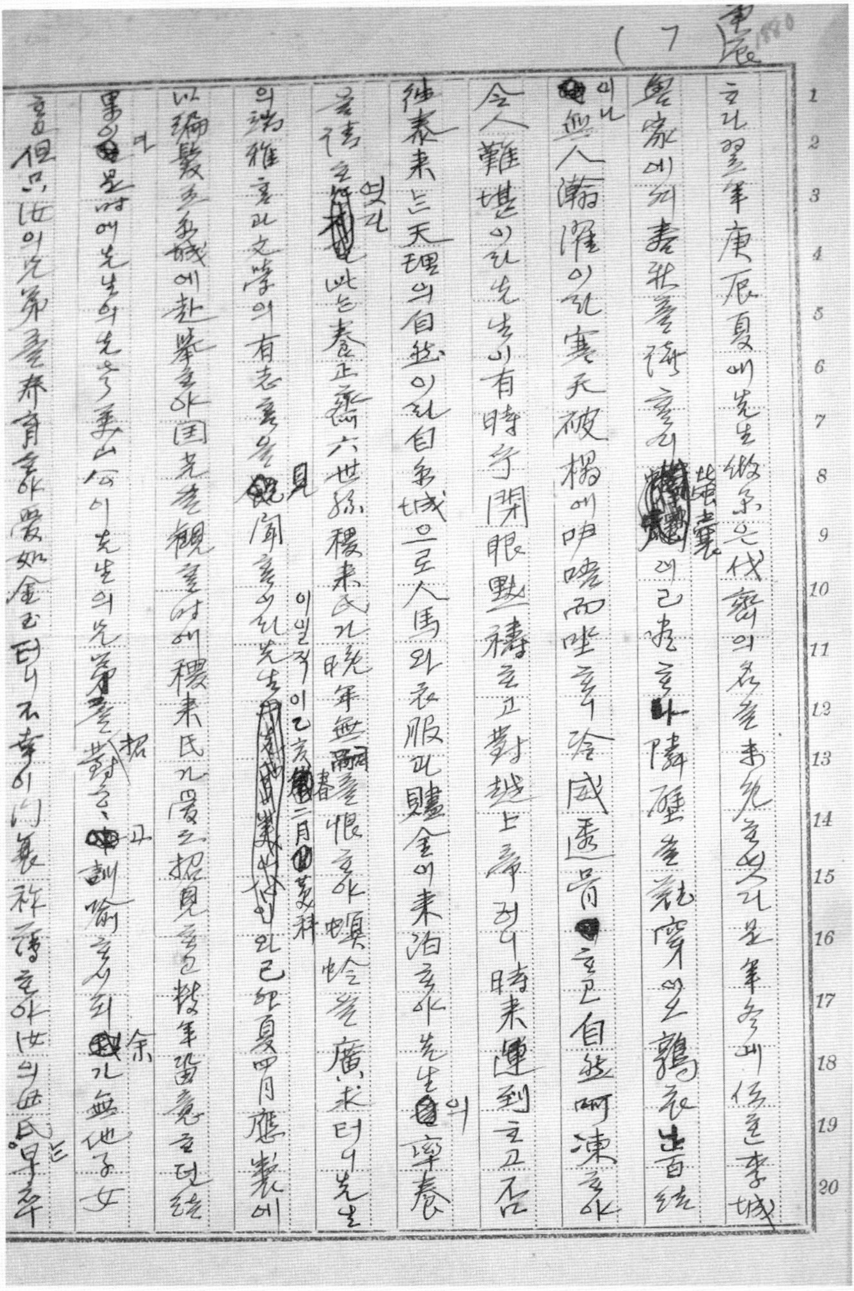

하고 汝亦妻配하니 內無主饋之人하고 外無一間之屋이라 釋子一兒가 呱呱而泣하며 飢寒

을 嗚呼라 到菜粥을 難繼하니 美暇에 汝弟의 婚配를 求하리오 貧窮이 到骨에 無異

於廢族이니 慶児는 好古하고 養父를 奉養하고 言事에 獲派縱橫하니 先生의

兄弟도 忘足 涕泣하고 是年 臘月 旬一日 [illegible] 膝下를 拜辭하고 [illegible] 城으로 向하여 一時同

寒諸君과 塾師들이 以詩贈贐하시니 不可不記 故로 [illegible] 朴齋彬 先生의 一首 環

章 記하니 歲暮天寒雪滿梢 西風送別步平郊 大鵬將欲圖南海 越

鳥猶應戀舊巢 而吾叔術能窺管之子 持心免塞茅 讀書二字殷勤

語 莫謂於君作戲嘲 尾曰 人生世間雖之難 逢之稀 勢所固然 自君出矣 不復

與論詩 不勝我懷 聊贈一首 而勸勉讀書二字 可能勉乎哉 以予之才 西遊長安城也

覲 揭眉而吐氣乎 其勉乎哉 同 十二月 既望에 着漢陽城하여 南門內 尙洞 本

拾行 廿行

Ⓗ 特製

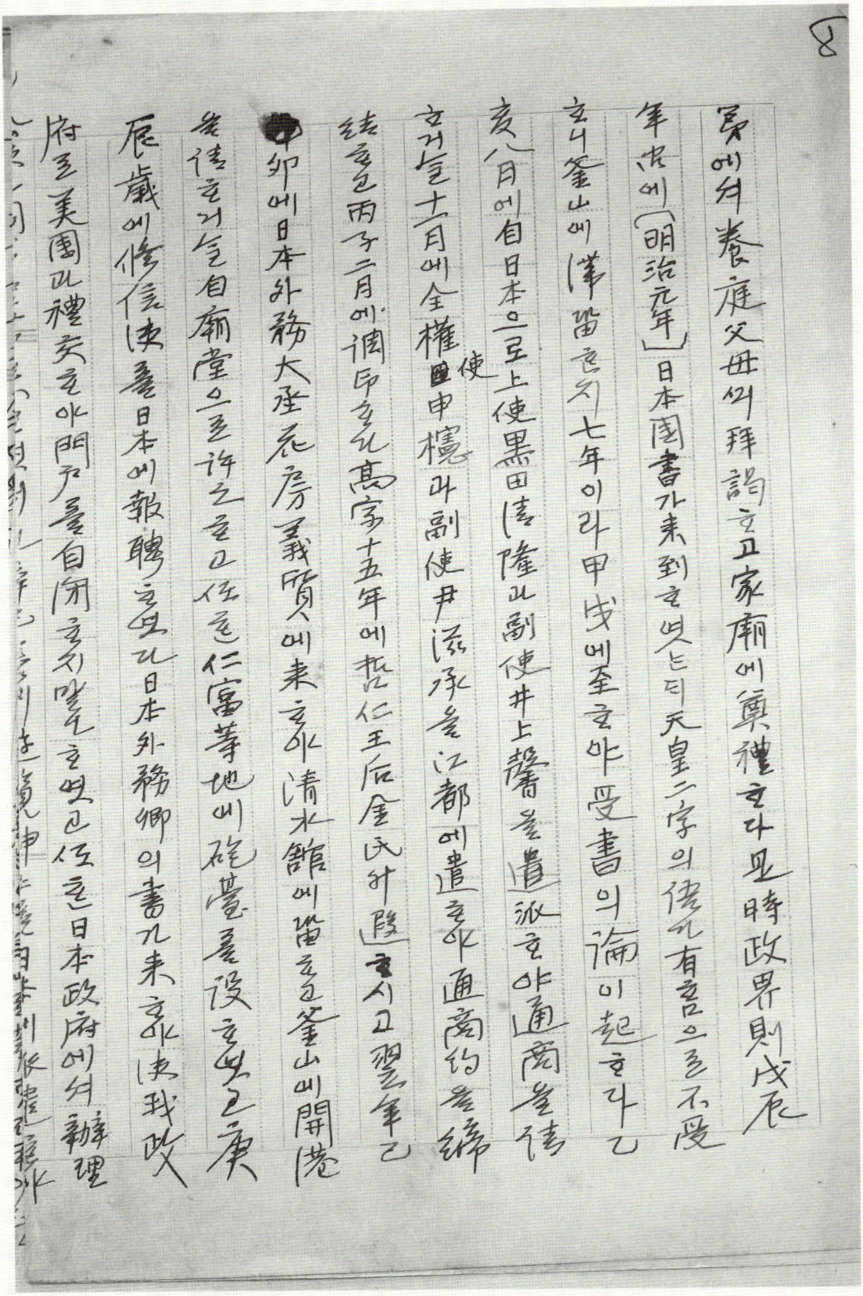
8

爲에서 養庭父母의 拜謁하고 家廟에 奠禮하다 是時政界則戊辰
年條에 [明治元年] 日本國書가 來到하엿는데 天皇二字의 僭稱有함으로 不受
하니 釜山에 滯留하지 七年이라 甲戌에 至하야 受書의 論이 起하다 乙
亥八月에 自日本으로 上使黑田清隆과 副使井上馨을 遣派하야 通商을 請
하거늘 十二月에 全權使 申櫶과 副使尹滋承을 江都에 遣하야 通商約을 締
結하고 丙子二月에 調印하니 高宗十五年에 哲仁王后金氏가 殂하시고 翌年己
卯에 日本外務大丞花房義質이 來하야 清水館에 留하고 釜山에 開港
을 請하거늘 自廟堂으로 許之하고 仁富等地에 砲臺를 設하고 庚
辰歲에 修信使를 日本에 報聘하고 日本外務卿의 書가 來하야 決戰
府로 美國과 禮交하야 門戶를 自閉하지 말라 하엿고 任은 日本政府에서 勒理

辛巳

公使ㄱ 圖書臺 革來하엿더니 辛巳 春에 游覽紳士를 日本에 派遣하야
政界形務를 觀覽케 하니 李元會、魚允中、朴正陽、沈相學、洪英植、
趙準永、嚴世永、閔種默、李鑓永、趙秉稷 等이러라 金允植으로
領選使를 삼아 淸國에 派送하야 天津에 住케 하고 ○ 安驥泳 權鼎鎬
等이 李載先을 推(國太公庶子)戴하기를 圖謀하다가 事覺하야 伏誅하고
此 先生이 出繼以後로 晨昏에 定省과 冬夏에 淸溫을 至孝로 行하며 外廊
에서 書籍을 涉獵하더니 家運이 未泰하고 餘劫이 尙存하야 先生의 養先
考ㄱ 晨暮의 患候로 月未寧하신 故로 秋七月에 至하야 先生의 三加禮를
行하시니 是夏에 華城居하는 潘南朴氏家의 閨秀로 約婚
하이 有하더니 先生의 親患이 漸漸 孔極하시고 八月初三에 貞洞으로
搬移하야 避接하시니 前日 住所는 今에 米倉町 尙洞會堂 西邊이오 新

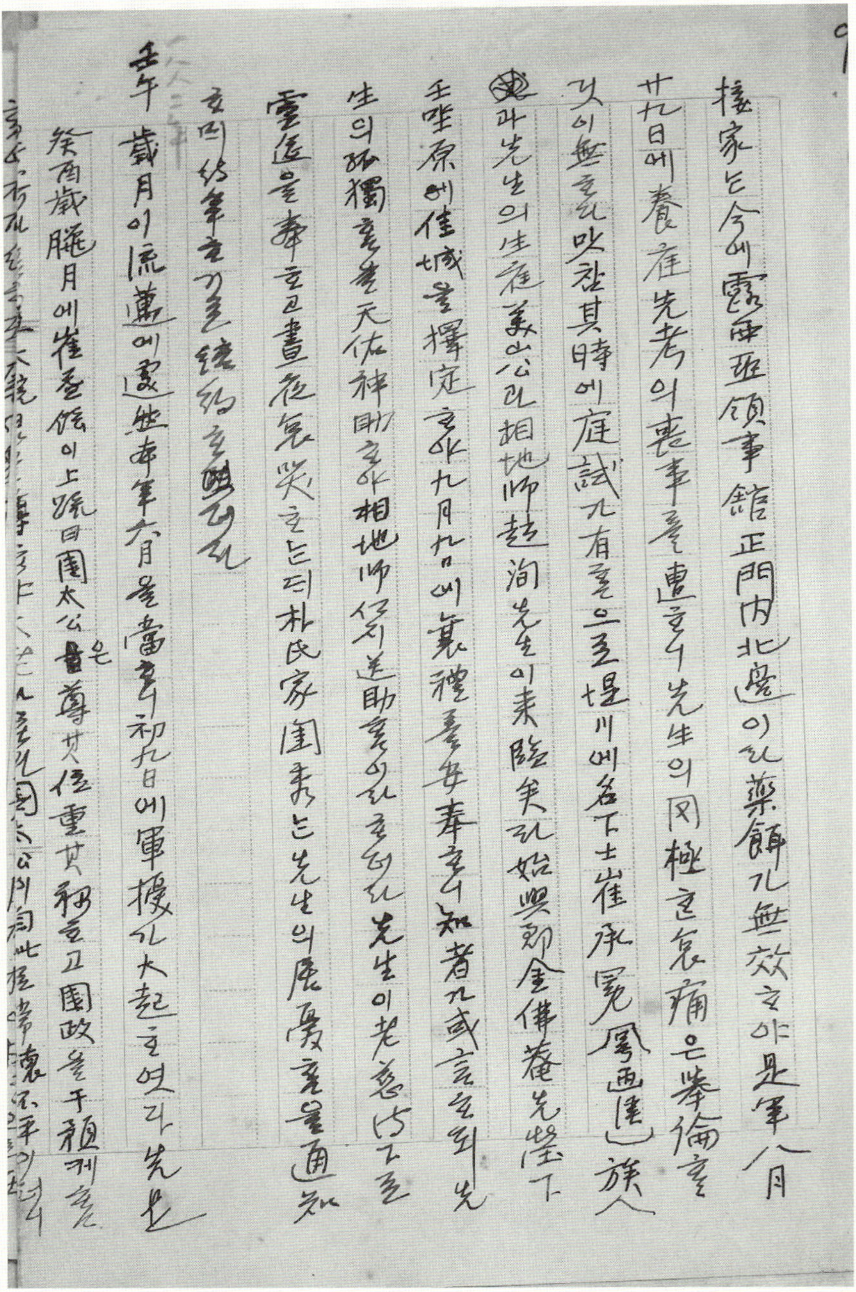

接家는今에露西亞領事館正門內北邊이라藥餌가無效하야是年八月
十九日에養庵先考의喪事를遭하니先生의罔極한哀痛은筆舌로論할
것이無하니라其時에庭試가有함으로堤川에居하는士崔承[illegible]族人
과先生의先庭美山公과相地師趙洵先生이來臨하야始興郡金俳菴先塋下
壬坐原에佳城을擇定하고九月初日에葬禮를安奉하니知者가或言하되先
生의孤獨함을天佑神助하야相地師들이送助함이라하더라先生이老慈[illegible]하고
靈筵을奉하고晝夜哀哭하는데朴氏家團束는先生의居憂함을通知
하며終身[illegible]
壬午歲月이流邁에還然本年六月을當하니初九日에軍擾가大起하였다先生
癸酉歲臘月에崔益鉉이上疏하야國太公은[illegible]尊하고[illegible]國政을干預케하니
[illegible]

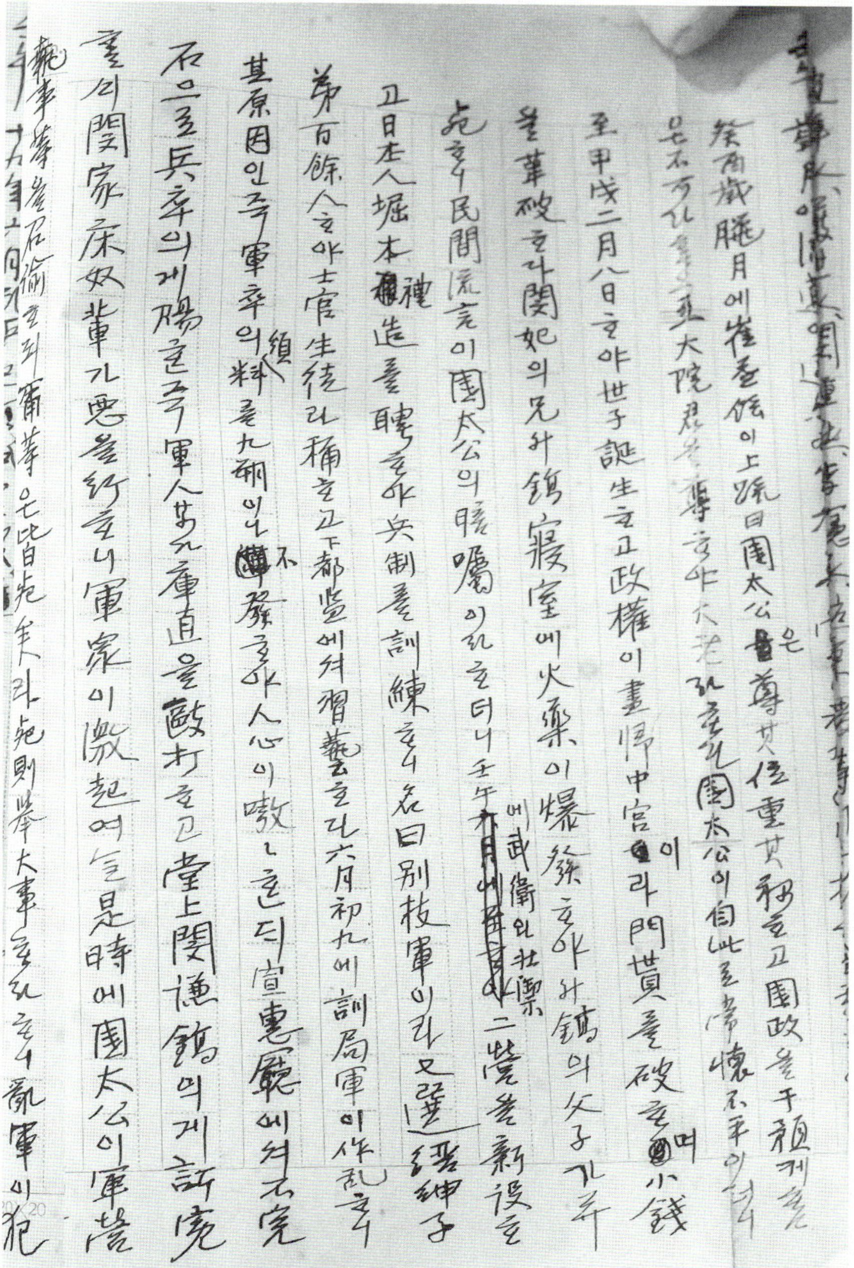
[illegible]
癸酉歲臘月에 崔益鉉이 上疏曰 國太公은 尊其位重其祿하고 國政을 干預케 함은
不可한 事이라 主大院君을 尊하야 大老라 하니 國太公이 自此로 常懷不平이러니
至甲戌二月八日하야 世子誕生하고 政權이 盡歸中宮이라 門貫을 破하며 小錢
을 革破하다 閔妃의 兄 升鎬 寢室에 火藥이 爆發하야 升鎬의 父子가 斃
하니 民間流言이 國太公의 指囑이라 하더니 壬午年에 武衛와 壯禦 二營을 新設하
고 日本人 堀本禮造를 聘하야 兵制를 訓練하니 名曰 別技軍이라 又 選紳子
弟百餘人하야 士官生徒라 稱하고 下都監에서 習藝하다 六月初九에 訓局軍이 作亂하니
其原因인즉 軍卒의 料를 九朔이나 不發하야 人心이 激하더니 宣惠廳에서 不完
石으로 兵卒의게 賜한즉 軍人等이 庫直을 毆打하고 堂上閔謙鎬의게 訴寃
한되 閔家家奴輩가 惡을 行하니 軍衆이 激起러니 是時에 國太公이 軍營
[illegible] 事等을 [illegible] 하니 [illegible] 亂軍이 犯
[illegible]

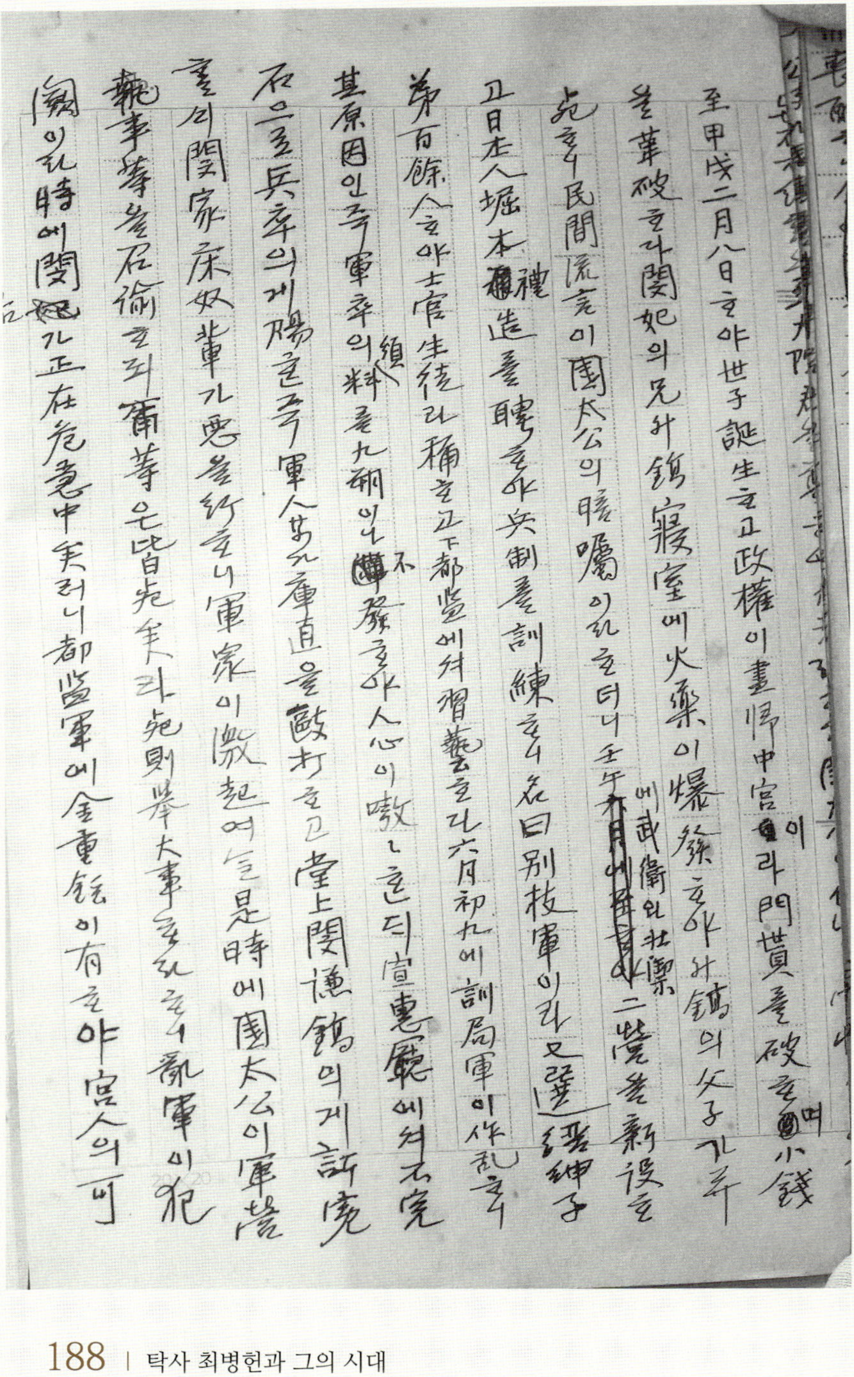
至甲戌二月八日하야世子誕生하고政權이盡歸中宮이라門貫을破하며小錢
을革破하다閔妃의兄升鎬寢室에火藥이爆發하야升鎬의父子가斃
死하니民間流言이國太公의膳囑이라하더니壬午에武衛와壯禦二營을新設하
고日本人堀本禮造를聘하야兵制를訓練하니名曰別技軍이라又選紳子
弟百餘人하야士官生徒라稱하고下都監에付習藝하다六月初九에訓局軍이作亂하니
其原因인즉軍卒의料組를九朔이나不發하야人心이嗷嗷하더니宣惠廳에서不完
石으로兵卒의게賜하니軍人等이庫直을毆打하고堂上閔謙鎬의게訴寃
한즉閔家奴輩가惡을行하니軍衆이激起하여是時에國太公이軍營
執事等을召諭하되衛等은皆死矣라兒則擧大事하라하니亂軍이犯
闕이라時에閔妃가正在危急中矣러니都監軍에金重鉉이有하야宮人의可

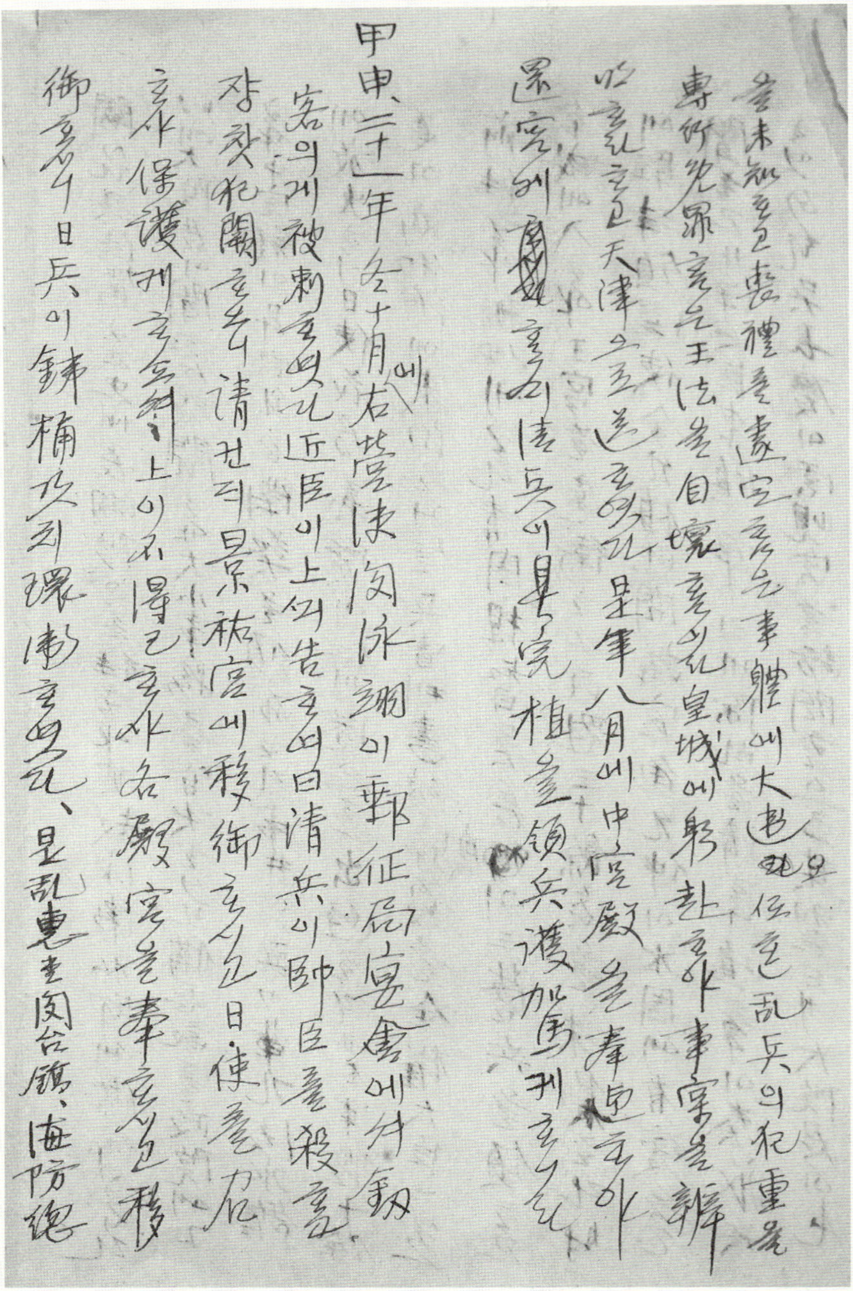

亦未能以喪禮를遠定하는事體에大退하고任意乱兵의犯重을
專行究罪하고王法을自壞하야皇城에躬赴하야事實을辨
明하고天津으로送하야是年八月에中宮殿을奉迎하야
還宮에圍하야淸兵이吳長慶植을領兵護衛케하고
甲申二十一年冬十月에右營使閔泳翊이郵征局宴會에付鉞
客의게被刺하야近臣이上에告하야曰淸兵이叛臣을殺하
장찻犯闕하오니請컨대景祐宮에移御하시고日使를召
하야保護케하소셔上이不得已하야各殿宮을奉하시고移
御하시니日兵이鎗桶으로環衛하야是乱患主閔台鎬海防總

夏閔泳穆、營使韓圭稷尹泰駿李祖淵輔國趙寧夏皆遇害
十九日上還御于下都監 時에內外隔絶ᄒᆞ야聖躬安危를不聞이라右營
領官申泰休가淸師吳兆有로더브러精銳를率ᄒᆞ고宣仁門으로入闕ᄒᆞ고袁
世凱는敦化門으로入ᄒᆞ야兩軍이合勢ᄒᆞ니衆寡不敵ᄒᆞ야日兵이始退라當
時宮中이大亂ᄒᆞᆫ디泰休가王의所在를探知ᄒᆞ고北廟로趍ᄒᆞ야扈駕還御
ᄒᆞ니時에都承旨朴泳敎와閣臣洪英植은被殺ᄒᆞ고朴泳孝金玉均徐光範徐
載弼은皆亡命ᄒᆞ니二十一日에上이還宮ᄒᆞ시니王大妃殿坤殿各殿宮이
同惠化門外에서還宮ᄒᆞ니

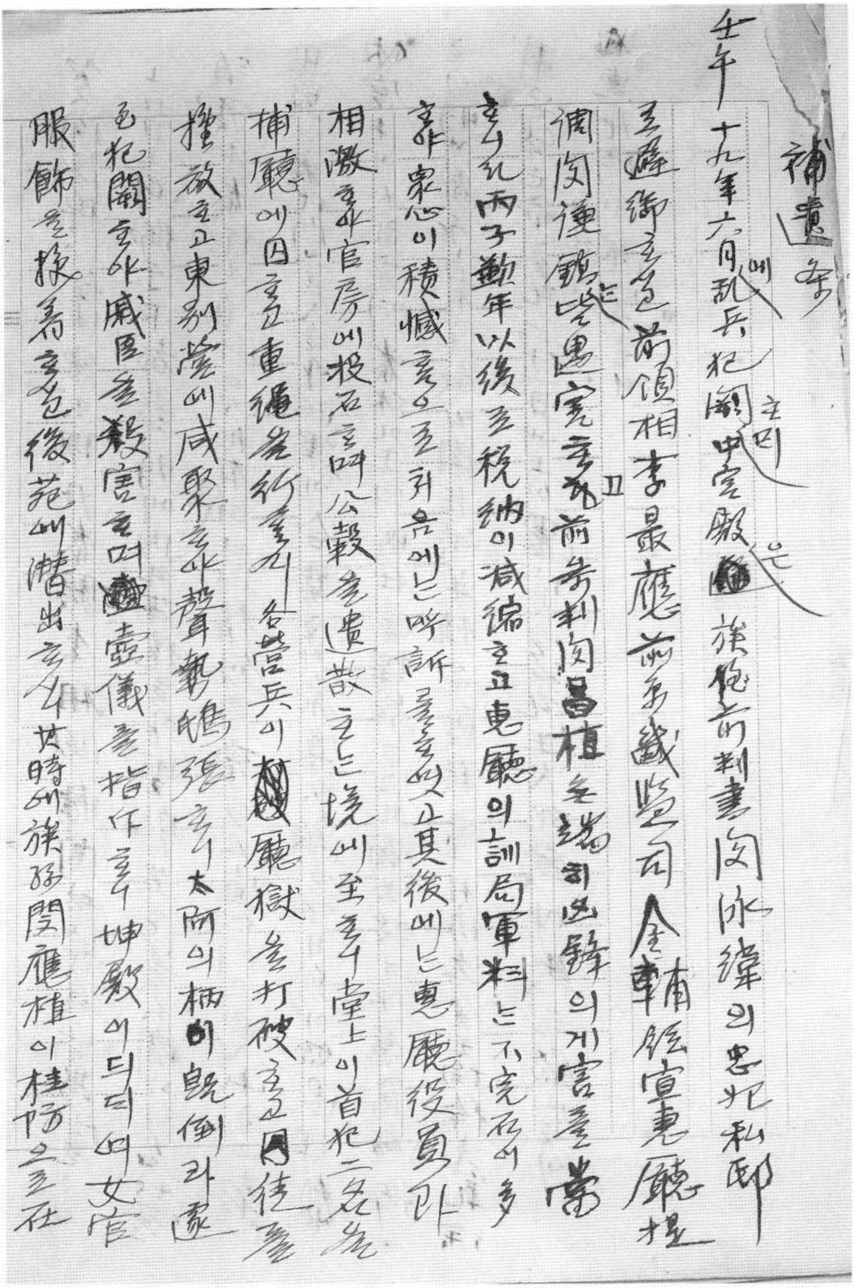
補遺条

壬午十九年六月亂兵犯闕에 中宮殿은 族姪前判書閔泳緯의 忠北私邸
로避御하시고 前領相李最應 前京畿監司金輔鉉 宣惠廳提
調閔謙鎬는 遇害하고 前參判閔昌植은 亂徒輩의게 害를 當
하니 丙子歉年以後로 稅納이 減縮하고 惠廳의 訓局軍料는 不完하야 多
하야 衆心이 積憾하고 至於今春에는 呼訴를 하얏고 其後에는 惠廳役員과
相激하야 官房에 投石하며 公穀을 遺散하는 境에 至하니 堂上이 首犯二名을
捕廳에 囚하고 重繩을 行하니 各營兵이 廳獄을 打破하고 同徒를
權檄하고 東別營에 咸聚하야 聲勢鴟張하니 太阿의 柄이 旣倒라 遠
로 犯闕하야 戚臣을 殺害하며 壼儀를 指斥하니 坤殿에 드디여 女官
服飾을 換着하시고 後苑에 潛出하시니 其時에 族孫閔應植이 桂坊으로 在

No.

閔氏는 陰駕하고 忠州長湖院으로 往하야 艾叔泳綿 私邸에 潛御하니
此에 大院君이 聞變하고 詣闕하야 大小事務를 皆決하니 備忘記를 政院에 下
하야 中宮殿의 昇遐와 衣襨葬을 頒布하니 市井의 惡少輩는 淸水館
에 放火하니 日使 花房義質이 仁川港으로 出避하니 日本軍艦 十餘
隻이 濟物浦에 來泊하니 兵曹判書 趙寧夏를 全權大臣으로
前往하야 辨理케하니 淸國提督 吳長慶이 三營兵을 領하고
京城에 入하야 王宮을 扈衛하고 亂魁 三十餘名을 誅戮하니라 時
에 駐津領選使 金允植과 問議官 魚允中이 本國에 有變을
聞하고 北洋大臣 李鴻章의게 除亂을 請하니 鴻章이 奏派兵
하니 吳長慶이 雲峴宮을 訪問하고 其翌日에 大院君이 屯
芝峴淸陣에 回謝하매 長慶이 迎接茶飯에 曰 王妃의 存歿

情한 情境을 見하고 謂亂軍曰 此는 我의 妹氏라 하고 從出丹鳳門外하야 洪
啓勳家에 潛居케 하니 那啓勳은 素以武監으로 攝居의 任을 奉行하든
으로 閔后가 稔知하신 바라 其後에 尹泰元 私邸에 留하시다가 忠州 長湖院 閔應植家로
移避하시니 大院君 詣闕하야 政權을 秉하며 軍衆을 鎭撫하며 一邊으로 軍
料를 賑給하고 一邊으로 閔后의 國喪을 頒布하야 臣民으로 國服을 行케 하니 以
謂閔后는 亂軍中에 身避하시다 하고 武衛 壯禦 二營과 機務衙門을 盡罷하고
五訓 禁御 各營을 復設하며 是時 亂軍이 淸水館에 衝火하니 花房義
質이 逃走하며 首相 李最應과 畿伯 金輔鉉과 惠堂 閔謙鎬와 閔昌植이 皆 死於
亂中하니 高宗이 派人於天津하야 領選使 金允植으로 北洋大臣 李鴻章의
게 呼訴하야 天兵을 請하니 大臣의 答이 此事가 外國의 侵犯이 아닌즉 天朝에서 助
하기 不可라 하되 屢回懇請으로 不得已 派兵하나 吳長慶 黃士林 等이 南

陽大阜島에來泊ᄒᆞ야府城으로上來ᄒᆞ야南壇上에留屯ᄒᆞ고四大門에揭示ᄒᆞ
야百姓을安堵케ᄒᆞ고閔太公을擄去ᄒᆞ야丁汝昌으로同航ᄒᆞ야清國保定府에
幽寘ᄒᆞ고亂軍首魁十名을施芝里에梟首ᄒᆞ니秋八月에閔后가自忠州로還
御ᄒᆞ시다 統理交涉通商衙門과軍國機務衙門을新設ᄒᆞ니機器
局과典圜局과博文局을設ᄒᆞ고當五錢을鑄ᄒᆞ고元山港과仁川港을
開通ᄒᆞ고朝美條約과朝英條約과朝德條約을成ᄒᆞ니魚允中으로西
北經略使를差ᄒᆞ야事務를處理케ᄒᆞ고日本人과通商章程을成ᄒᆞ며仁川
港에日租界를定ᄒᆞ고釜山港에日本이海底電線의條款을成ᄒᆞ니是時
明年甲申은朝鮮이昇平日久에驟見兵革故로紛擾士女가避亂鄕谷ᄒᆞᆯ시昇轎
者飮酒之間에或青春女子의轎를白髮老嫗의轎로換昇者或有ᄒᆞ고家廟

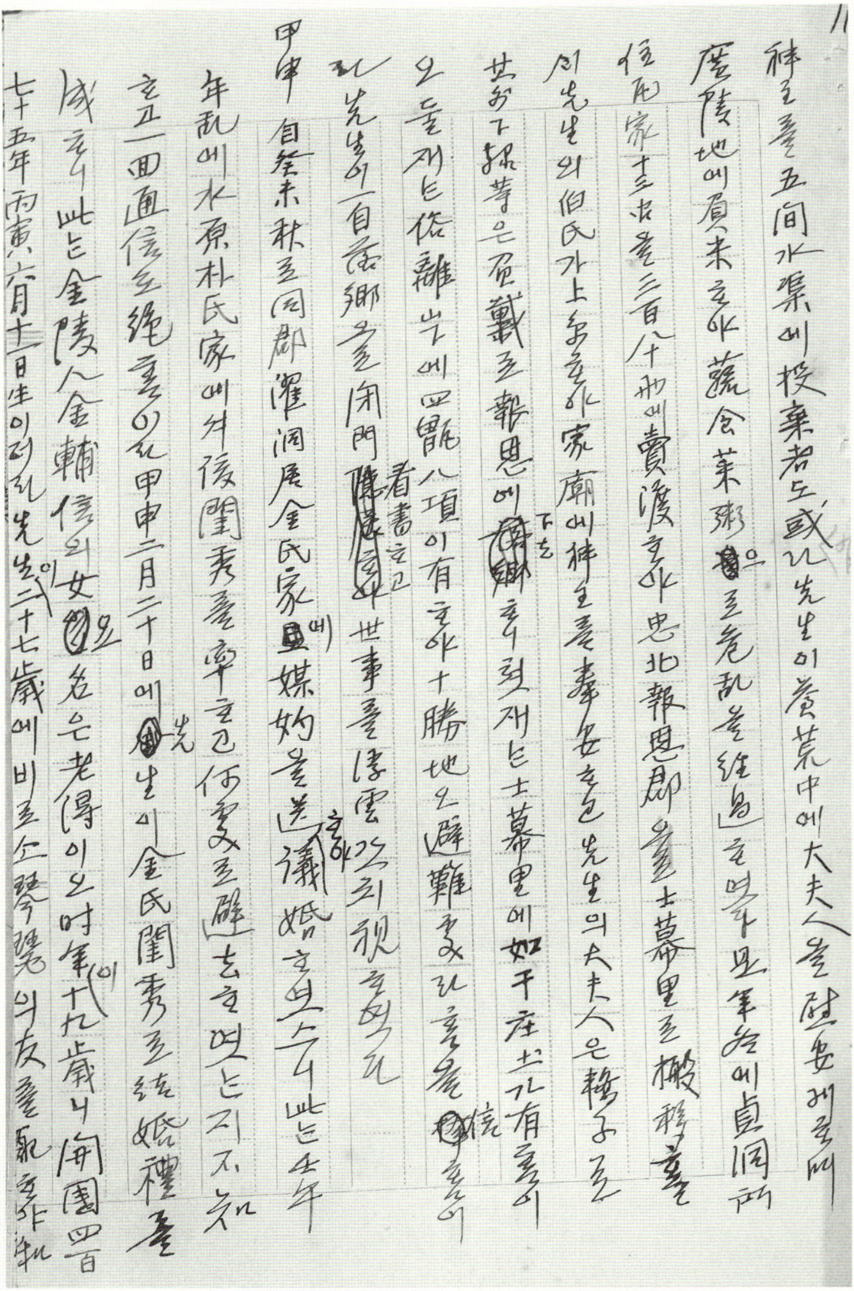
神主를 五間水渠에 投棄者도 或하니 先生이 蒼荒中에 大夫人을 陪安케 하며
廣陵地에 奠來하야 蔬食菜粥으로 危亂을 経過하며 是年冬에 貞洞所
住宅 家 十三間을 三百八十兩에 賣渡하야 忠北 報恩郡 會士募里로 搬移하고
와 先生의 伯氏가 上京하야 家廟에 神主를 奉安하고 先生의 大夫人은 梅子로
共히 下鄕等은 負戴로 報恩에 下去하니 첫재는 士募里에 如干庄土가 有함이
오 둘재는 俗離山에 四甁八項이 有하야 十勝地오 避難處이라 함을 信함이
라 先生이 自居鄕을 閉門 看書하고 世事를 浮雲갓치 視하엿다
甲申 自癸未秋로 同郡 羅洞居 金氏家에 媒妁을 送하야 議婚하엿스니 此는 壬午
年亂에 水原 朴氏家에서 後閨秀를 率하고 何處로 避去하엿는지 不知라
하고 一回 通信도 絶함이라 甲申 二月 二十日에 先生이 金氏閨秀로 結婚禮를
成하니 此는 金陵人 金輔信의 女오 名은 老得이오 時年이 十九歲니 角園 四百
七十五年 丙寅 六月 十二日生이라 先生이 二十七歲에 비로소 琴瑟의 友를 取하얏다

葬ᄒᆞᆫ家庭으로母夫人을奉養ᄒᆞ얏더니是年秋八月에先生의奉先考忌祭

[illegible]

祀를經ᄒᆞ얏는ᄃᆡ其翌夜에自隣家로失

火ᄒᆞ야禍延燒屋ᄒᆞ니先生이回祿의災를當ᄒᆞᆫ지라夫人金氏는親家에在ᄒᆞ야

翌年乙酉秋에長子在鶴을生ᄒᆞ엿더라其時政界를論ᄒᆞᆫ즉甲申春에郵征

局을設ᄒᆞ고亦設沿海에防營을設ᄒᆞ고五金開鑛을命ᄒᆞ고禁川橋에放砲

利ᄒᆞ고農桑과織造와氈氄과牧畜과紙茶의名局을寘ᄒᆞ고衣服의制를改ᄒᆞ다

十月에至ᄒᆞ야金玉均洪英植朴泳孝徐載弼等이革命을起ᄒᆞ야淸을背

ᄒᆞ고獨立을主唱ᄒᆞ되홀노閔泳翊이不聽이라十七日은郵征局落成日이

라名青年名士들이宴會ᄒᆞ야夜에放火로爲暗號ᄒᆞ고火로騷動時ᄒᆞ는際에

東武士로閔泳翊의게下手ᄒᆞ니但削其左耳ᄒᆞ고生命은無傷이라

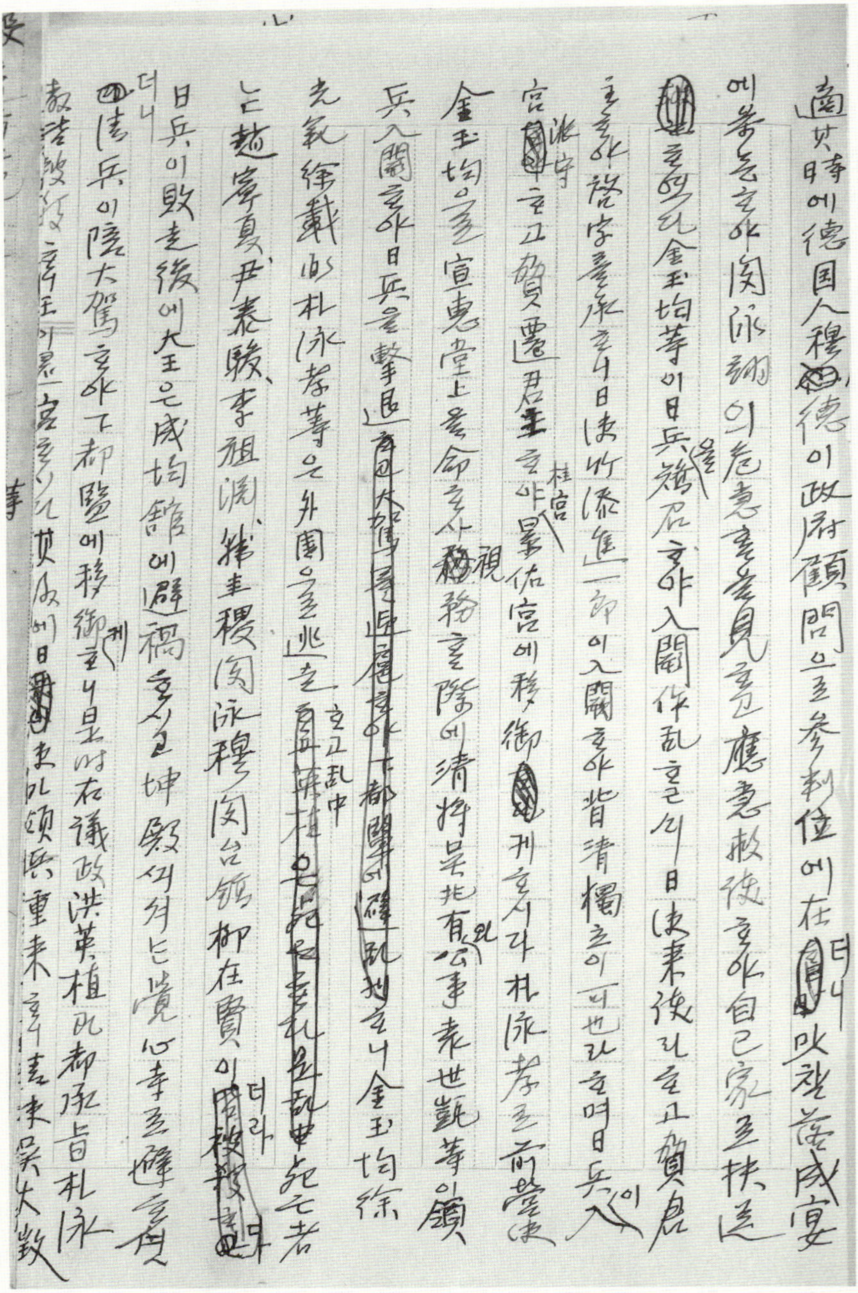
適其時에德国人穆麟德이政府顧問으로参判位에在하더니 [illegible]
에參与하야閔泳翊의危急을見하고應急救護하야自己家로扶送
하고[illegible]金玉均等이日兵을請召하야入闕作亂할새日使來後로[illegible]
[illegible]啓字를承하니日使竹添進一郎이入闕하야背清獨立이可也라하며日兵이入
宮[illegible]하고[illegible]景祐宮에移御[illegible]케하시다朴泳孝로前營使
金玉均은宣恵堂上을命하사[illegible]務를[illegible]에清將呉兆有公事袁世凱等이領
兵入闕하야日兵을擊退[illegible]大駕[illegible]都監[illegible]亂하니金玉均徐
光範徐載弼朴泳孝等은外国으로逃走하고[illegible]亂中死亡者
는趙寧夏尹泰駿李祖淵韓圭稷閔泳穆閔台鎬柳在賢이被殺하더라
日兵이敗走後에大王은成均館에避禍하시고坤殿께서는[illegible]寺로避하시더니
清兵이陪大駕하야下都監에移御하시니此時右議政洪英植과都承旨朴泳
教[illegible]

이니 更到하야 特別條約을 議政府에서 締結하고 天津에 入하야 礪印한 故

로 謂之天津條約이니 其要領은 日淸兩國이 相議한 後에 動兵하기로 하고

撤兵함이 是歲에 官民燕服을 從便케 命하고 統理軍國衙門을 罷

하니 日本大使 井上馨이 領兵入來하니 徐相雨와 穆麟德을 命하야 往日

本辦事케 하니 韓俄條約과 韓義條約이 成하니

乙酉 1885 乙酉冬十一月에 先生의 長男 在鶴이 生하니 夫人金氏 産期가 將近 故로

濯洞本家로 往하야 壽孫의 慶이 有하니 (엇더라) 先妣聖德 翌年丙戌春에 搬移

丙戌 1886 于濯洞하니 先生이 自落鄉以後로 不農不商하니 後産初부터 債務가 有

하고 三四年에 債山이 漸高하므로 士慕里의 庄土를 賣渡하고 濯洞으로

移接하니 昔日金進士相齡氏의 舊基라 先生은 從今以後 畝畝의 經界

하야 細履와 織屨로서 晝宵兼走

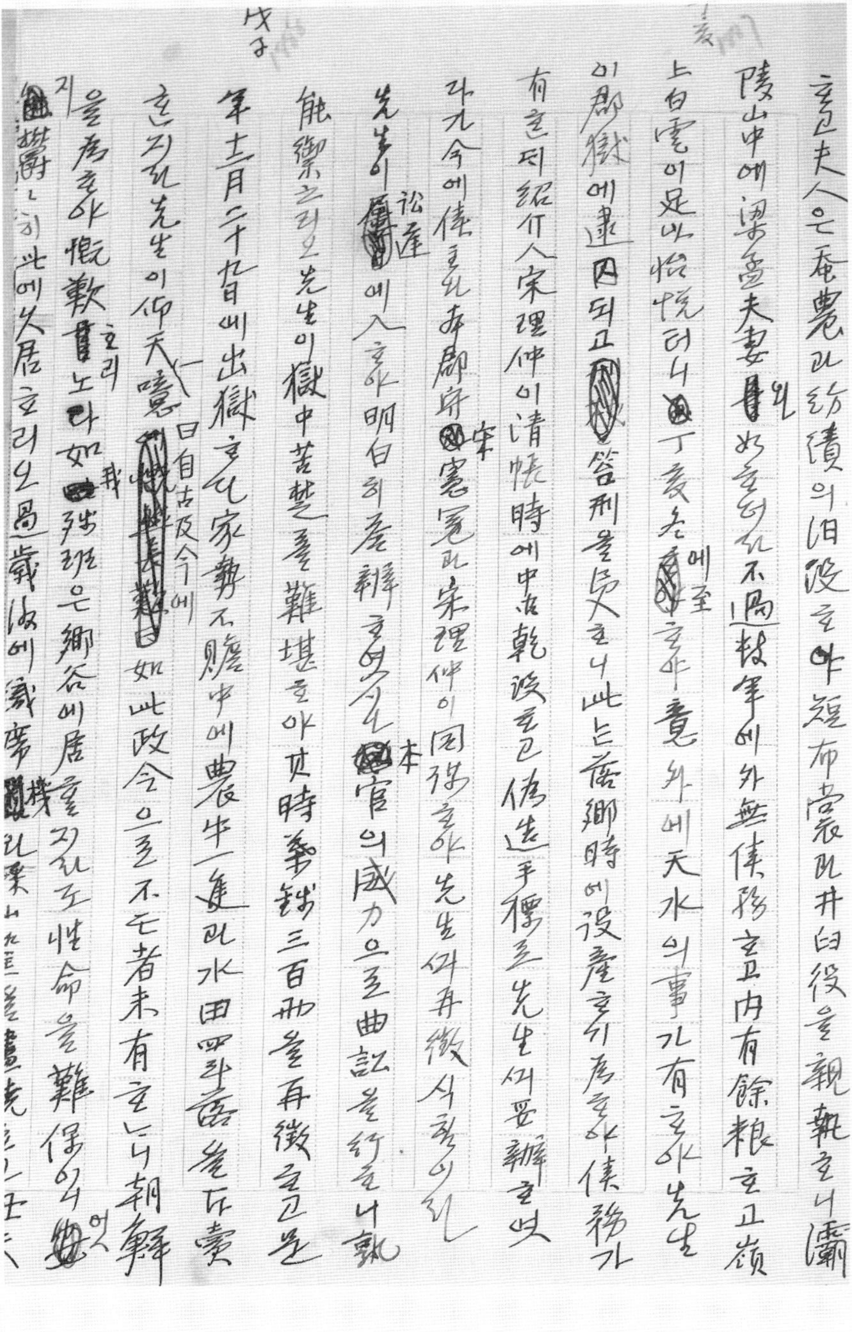
主夫人은 奄甍과 紡績의 旧役을 ㅎ야 短布裳과 井臼役을 親執ㅎ니 瀛
陵山中에 梁孟夫妻[illegible]와 如ㅎ더라 不過數年에 外無債務ㅎ고 内有餘粮ㅎ고 嶺
上白雲이 足以怡悅러니 [illegible] 丁亥冬[illegible]에 至ㅎ야 意外에 天水의 事가 有ㅎ야 先生
이 郡獄에 逮囚되고 [illegible] 笞刑을 受ㅎ니 此는 落鄕時에 役產ㅎ야 居ㅎ야 債務가
有ㅎ되 紹介人 宋理仲이 請帳時에 中途乾沒ㅎ고 偽造手標로 先生의게 要辨ㅎ야
라. 九今에 債主가 本郡府[illegible]案 [illegible]과 宋理仲이 同謀ㅎ야 先生의 再徵시ᄒᆞ이라
先生이 [illegible] 松達에 入ㅎ야 明白히 辨明ㅎ여스나 [illegible] 本官의 威力으로 曲訟을 行ㅎ니 孰
能禦ㅎ리오 先生이 獄中苦楚를 難堪ㅎ야 其時 錢三百兩을 再徵ㅎ고 是
年十二月二十九日에 出獄ㅎ나 家勢不贍 中에 農牛一隻과 水田四斗落을 斥賣
ㅎ지라 先生이 仰天[illegible] 曰 自古及今에 如此政令으로 不在者未有ㅎ느니 朝鮮
을 居ㅎ야 慨歎ㅎ리로다 如我[illegible] 兩班은 鄕谷에 居ㅎ지로 性命을 難保이어[illegible]
[illegible]

人을拜別하고써 妻子의情緖를 快然히에 西遊長安하야 目的을成코자하니 郎
戊子正月初旬이라 是時에 戚姪金明鎭이 適莅藏伯故로 伴其子姪하야 同留
於宣化堂하야 觀風閣하고 二月八日 慶科에 又作山外之人하고 是歲六月에 金明鎭
이 轉莅于嶺伯하야 幸從大邱하니 先生이 自此로 一定住處가 無하야 大姑母의孫 南
廷寬家와 知舊中 吳春善郞에 留하야 詩文으로 從遊하며 長安米를 索
하더니 親友中에 尹護와 朴明遠이 有하야 貞洞培材學堂에 英文을 修學
하는되 該學堂은 美國宣敎師 亞扁薛羅氏의
創設한것이오 氏는 西曆一八八五年에 朝鮮에 渡來하야 貞洞에 住宅을 置
하고 赤髓으로 校舍를 建하고 朝鮮人民을 募集하야 英文을 敎授할
때예수敎의 眞理를 傳播하기로 目的을 한 學堂이니 現今에 培材高普

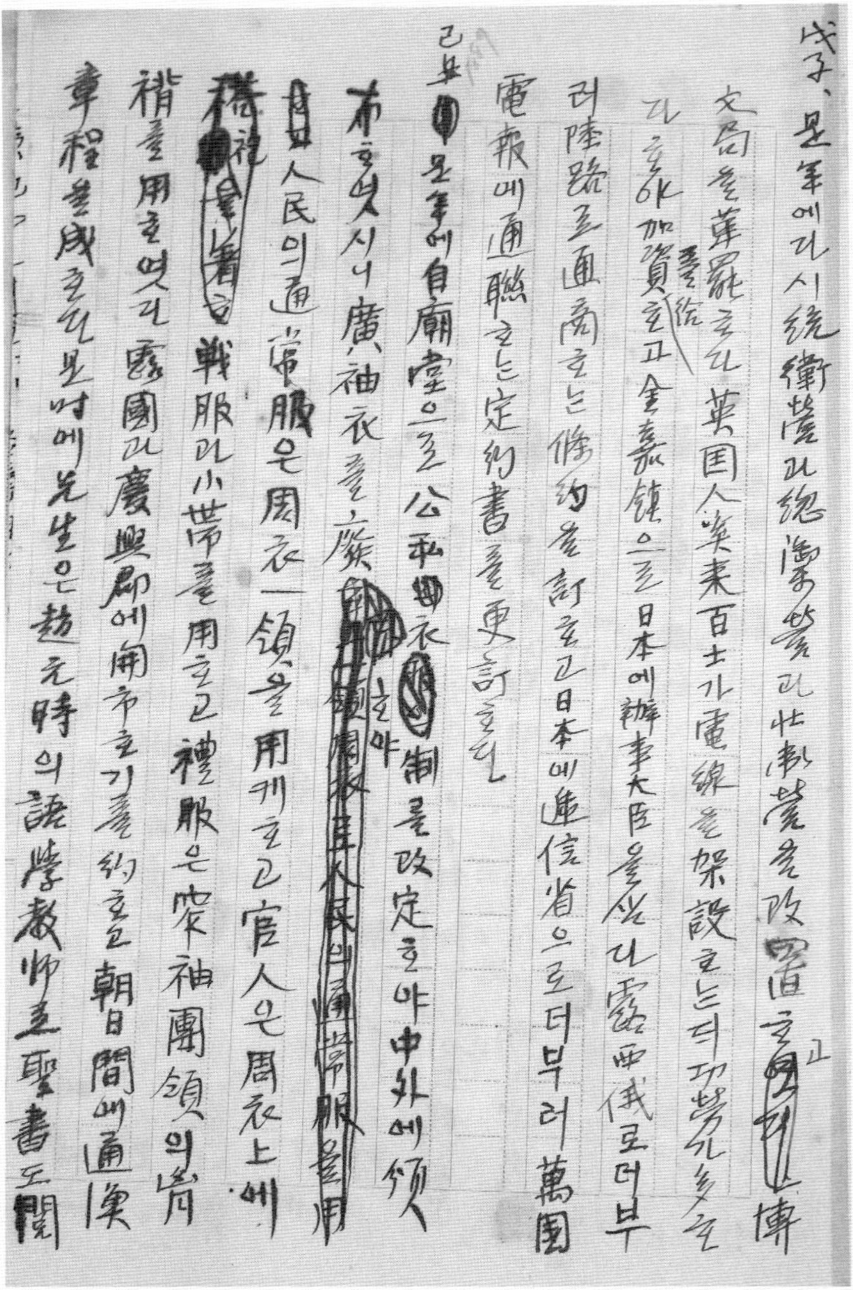
戊子、是年에다시統衛營과總禦營과壯衛營을改置하고 [illegible] 博
文局을革罷하다 英国人楽来百士가電線을架設하는데功勞가多하
다하야加資하고金嘉鎭으로日本에辦事大臣을삼다 露西俄로더부
러陸路로通商하는條約을訂하고日本에遞信省으로더부러萬國
電報에通聯하는定約書를更訂하다
己丑 [illegible] 是年에自廟堂으로公私 [illegible] 衣 [illegible] 制를改定하야中外에頒
布하엿시니廣袖衣를廢 [illegible] 하야
[illegible] 人民의通常服은周衣一領을用케하고官人은周衣上에
[illegible] 戰服과小帶를用하고禮服은窄袖團領의背
褙를用하엿다 露國과慶興郡에開市하기를約하고朝日間에通漁
章程을成하다 是時에先生은趙元時의語學教師로聖書도閱

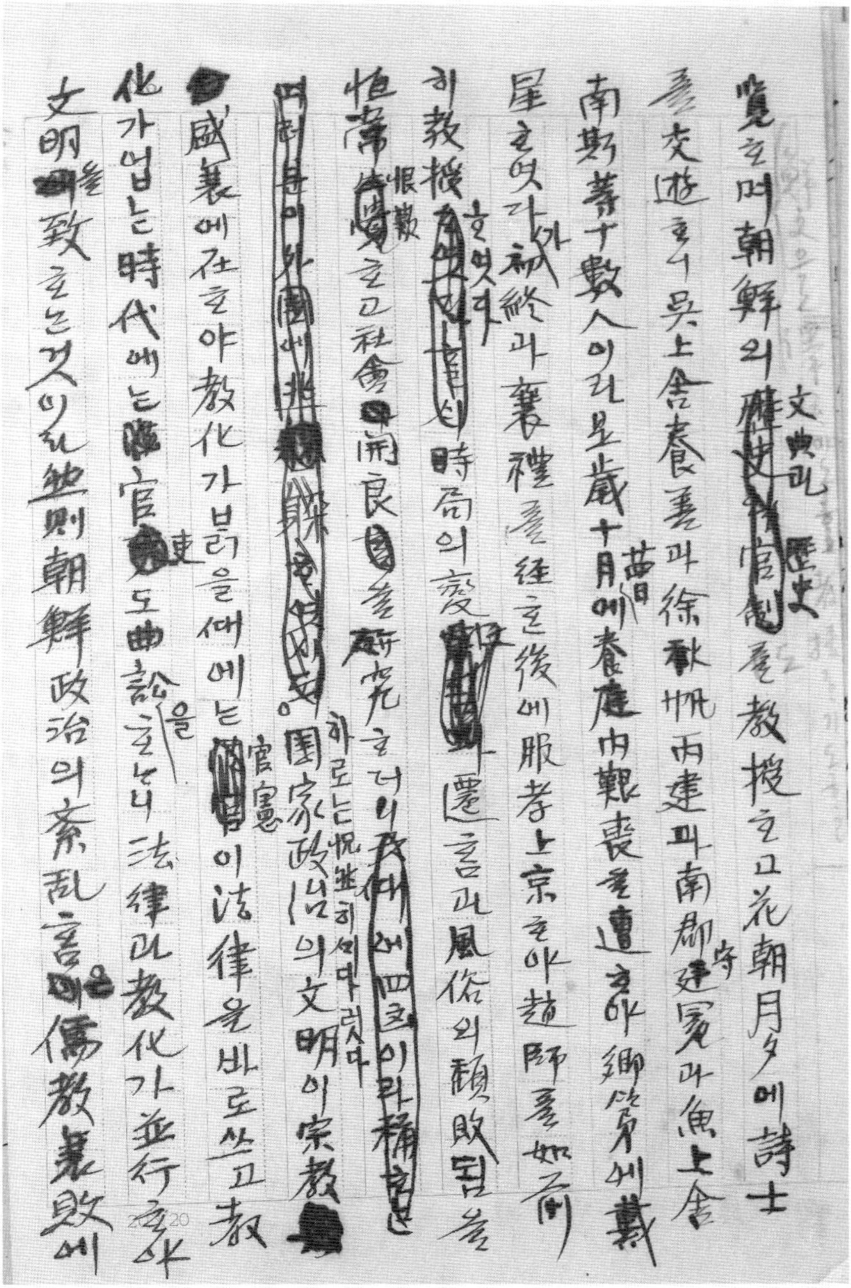

覽ᄒᆞ며 朝鮮의 [illegible] 文典과 歷史 官制를 敎授ᄒᆞ고 花朝月夕에 詩士

를 交遊ᄒᆞ니 吳上舍 養善과 徐歌帆 丙建과 南都守 建寬과 魚上舍

南斯善 十數人이라 是歲 十月에 養庭 內艱喪을 遭ᄒᆞ야 鄕黨에 戴

星ᄒᆞ엿다가 初終과 襄禮를 經ᄒᆞᆫ 後에 服孝 上京ᄒᆞ야 趙師를 如前

히 敎授ᄒᆞ엿스나 [illegible] 時局의 變[illegible]遷ᄒᆞᆷ과 風俗의 頹敗됨을

恒常 [illegible] 根歎ᄒᆞ고 社會[illegible]開良[illegible]을 研究ᄒᆞ더니 [illegible] 이라 稱ᄒᆞᆫ

[illegible]

하로는 悅然히 셕다러셧다

國家政治의 文明이 宗敎 [illegible]

盛衰에 在ᄒᆞ야 敎化가 붉을 때에는 [illegible] 官憲이 法律을 바로쓰고 敎

化가 업는 時代에는 [illegible] 官吏도 曲論을 ᄒᆞ니 法律과 敎化가 並行ᄒᆞ야

文明을 [illegible] 致ᄒᆞ는 것이라 然則 朝鮮政治의 紊亂ᄒᆞᆷ은 儒敎 衰敗에

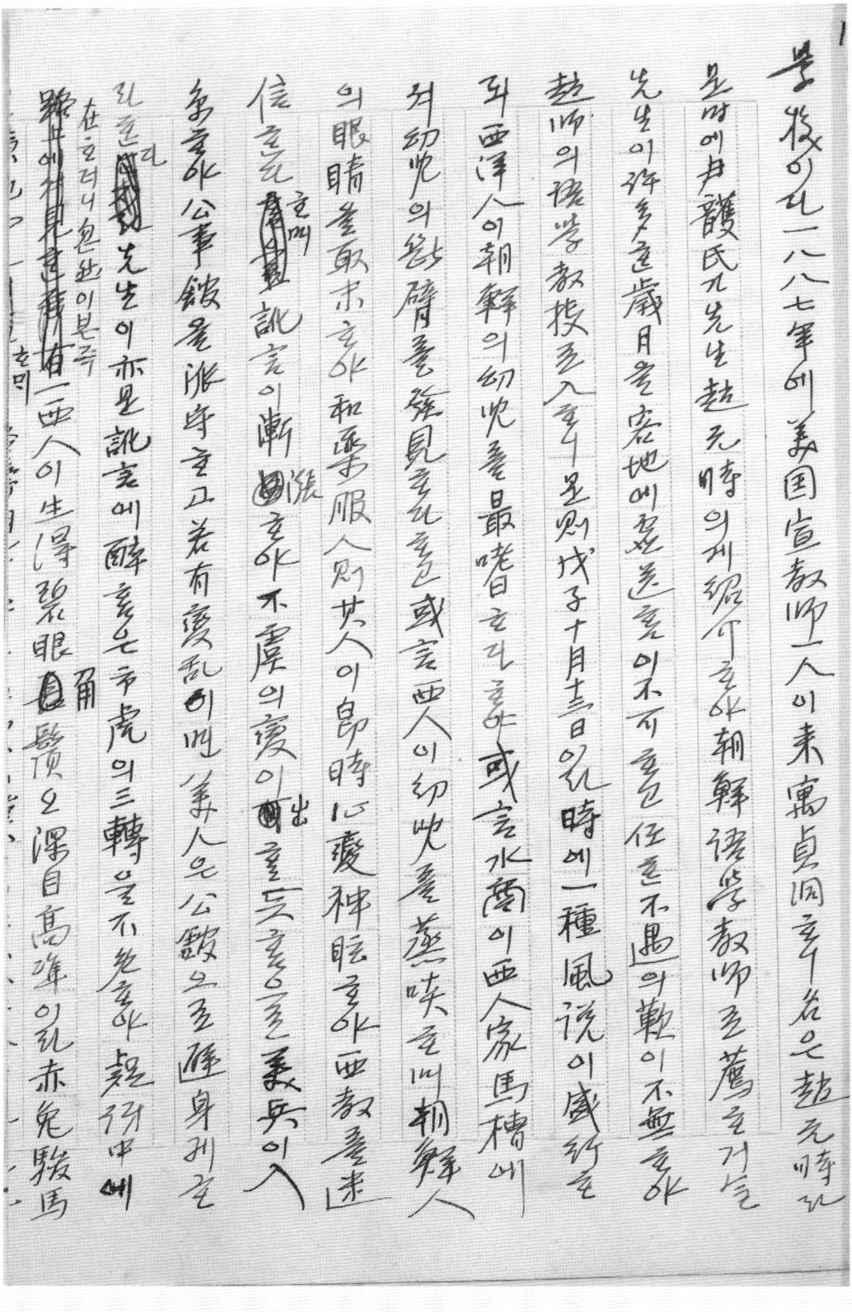

學校이라 一八八七年에 美国宣教師一人이 來寓貞洞ᄒᆞ니 名은 趙元時라
呼ᄒᆞ매 尹[illegible]氏가 先生을 趙元時의계 紹介ᄒᆞ야 朝鮮語學教師로 薦ᄒᆞ거ᄂᆞᆯ
先生이 許多ᄒᆞᆫ 歲月을 客地에 虛送ᄒᆞᆷ이 不可ᄒᆞᆫ 任意不遇의 歎이 不無ᄒᆞ야
趙師의 語學教授로 入ᄒᆞ니 是則戊子十月十二日이라 時에 一種風說이 盛行ᄒᆞ되
되 西洋人이 朝鮮의 幼兒를 最嗜ᄒᆞᆫ다 ᄒᆞ야 或云水商이 西人家馬槽에
셔 幼兒의 骸骨을 發見ᄒᆞ엿다 ᄒᆞ며 或云西人이 幼兒를 蒸喫ᄒᆞᆫ다 ᄒᆞ며 朝鮮人
의 眼睛을 取來ᄒᆞ야 和藥服之則 其人이 卽時 心變神眩ᄒᆞ야 西教를 迷
信ᄒᆞᆫ다 ᄒᆞ매 [illegible] 訛言이 漸[illegible]ᄒᆞ야 不虞의 變이 [illegible]ᄒᆞᆯ가 ᄒᆞ야 美兵이 入
京ᄒᆞ야 公事館을 保守ᄒᆞ고 若有變亂이면 美人은 公館으로 避身케 ᄒᆞ
엿스나 [illegible] 先生이 亦是 訛言에 醉ᄒᆞ야 市虎의 三轉을 不免ᄒᆞ야 疑訝中에
在ᄒᆞ더니 忽然이 본즉 [illegible] 一西人이 生得碧眼 [illegible] 深目高準이라 亦免駿馬
[illegible]

도 橫馳而走하며 路傍觀者皆曰 如彼凶漢이 豈不食人乎아 先生도 趙元時를 初見時에 恐懼心이 有하더니 幾期를 經하며 親密한 情誼가 漸漸 斷金에 至하엿더라 此時 政界를 論컨대 乙酉年에 內務府와 濟衆院을 設하엿고 李重夏로 土門勘界使를 命하야 淸員으로더브러 會辦하고 各宮各房으로에서 新設한 雜稅를 命罷하고 商公局을 新設하고 吳長卿의 請으로 武祠를 建設하며 英國兵艦이 巨文島를 占領하엿다가 丁亥歲에 還我하엿나니 丙戌歲에 李道宰와 申箕善은 金玉均의 餘黨이라 하야 海島에 遠竄하고 美國人 德尼로 內務協辦을 命하고 家塾黨庠의 制를 置하고 育英公院을 左右에 設하야 各家子弟들노 英文을 修學케 하다 丁亥歲에 電報局과 經學院과 鍊武公院을 設하엿고 朴定陽으로 全權大臣을 命하야 美國에 駐住케 하니라

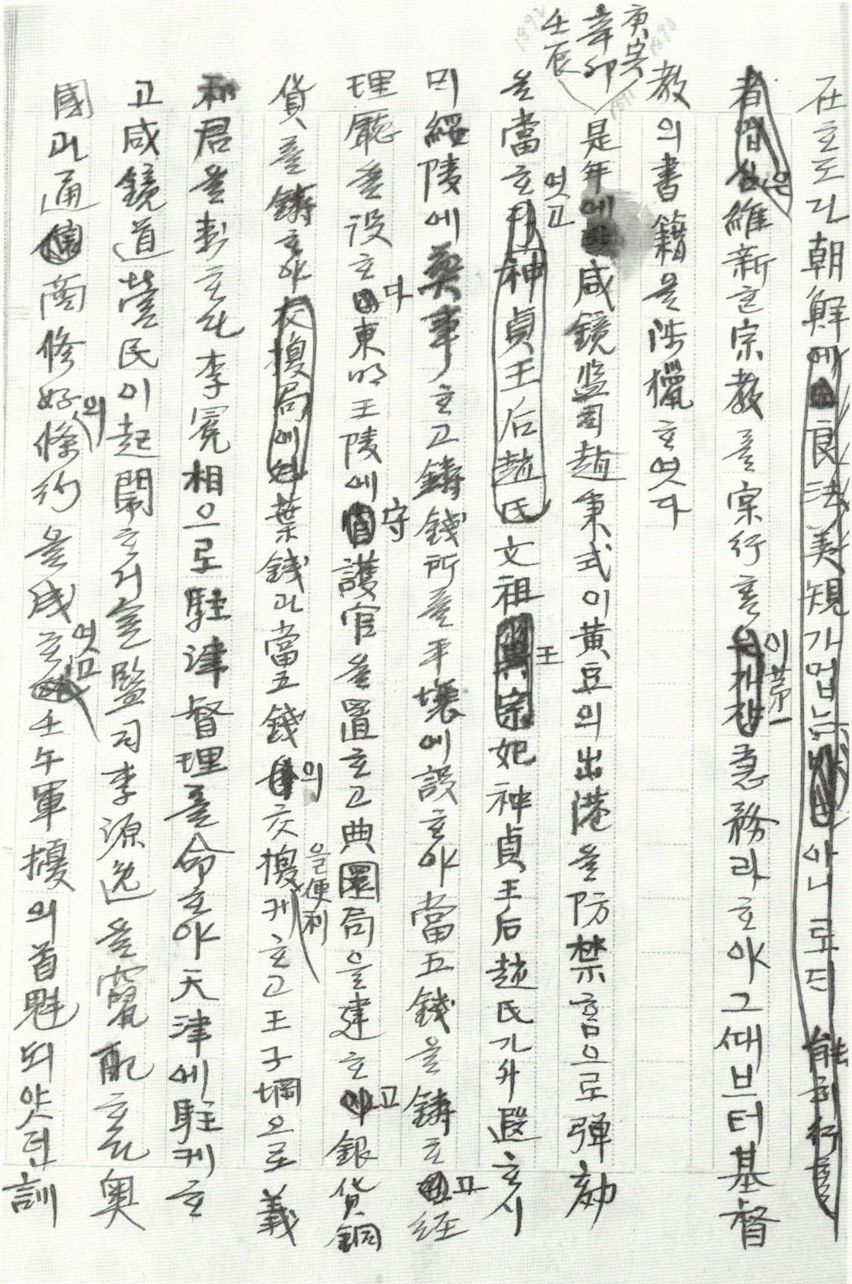

在ᄒ도다 朝鮮에 良法美規가 업는 것이 아니로되 能히 行ᄒ
者없슴은 維新ᄒ 宗教를 宗行ᄒ이 ... 務라 ᄒ야 그ᄯᆡ브터 基督
教의 書籍을 涉(?)獵(?)ᄒ엿다

庚寅 辛卯 壬辰

是年에 咸鏡監司 趙秉式이 黃豆의 出港을 防禁홈으로 彈劾
을 當ᄒ고 文祖 翼宗 妃 神貞王后 趙氏가 昇遐ᄒ시
며 綏陵에 葬事ᄒ고 鑄錢所를 平壤에 設ᄒ야 當五錢을 鑄ᄒ고 經(?)
理廳을 設ᄒ고 東明王陵에 守護官을 置ᄒ고 典圜局을 建ᄒ고 銀貨銅
貨를 鑄ᄒ야 交換局에서 葉錢과 當五錢의 交換을 便利케ᄒ고 王子堈으로 義
和君을 封ᄒ고 李冕相으로 駐津督理를 命ᄒ야 天津에 駐케ᄒ
고 咸鏡道 農民이 起鬧ᄒ기로 監司 李源逸을 竄配ᄒ고 奧
國과 通商修好條約을 成ᄒ엿고 壬午軍擾의 首魁되얏던 訓

鍊局砲手朴弘根等六賊을斬刑에處하라

先生이憫於[redacted]詩賦하야作筆을自裁한後로科業에從事하야以

癸巳來數十餘載에棘闈에屢屈을[redacted]歎하고有司의不公을恨[redacted]하시더니此는

科弊가益甚하야權力이有한者는詞諸와武監等을挾하고賄賂

를行[redacted]함으로入格이容易하나其他貧寒者는雖李杜의文章과[redacted]右軍

의筆이라도[redacted]雪山[redacted]차치쓰던投券하는者는[redacted]登第[redacted]의望이업섯다

壬辰秋에景武臺庭試에同接吳秦善과入場하야最後末天을

誠心을表[redacted]고자하더니禁丁의게逐驅를當하야畢竟은試

券을訴하으로射策[redacted]하지못하고歸館하여自此로先生이科

業을廢하며曰士者는國家의[redacted]원과리이어이此時賊對하는世上에

科業을[redacted]으로에有益하리오任한權門에出入을

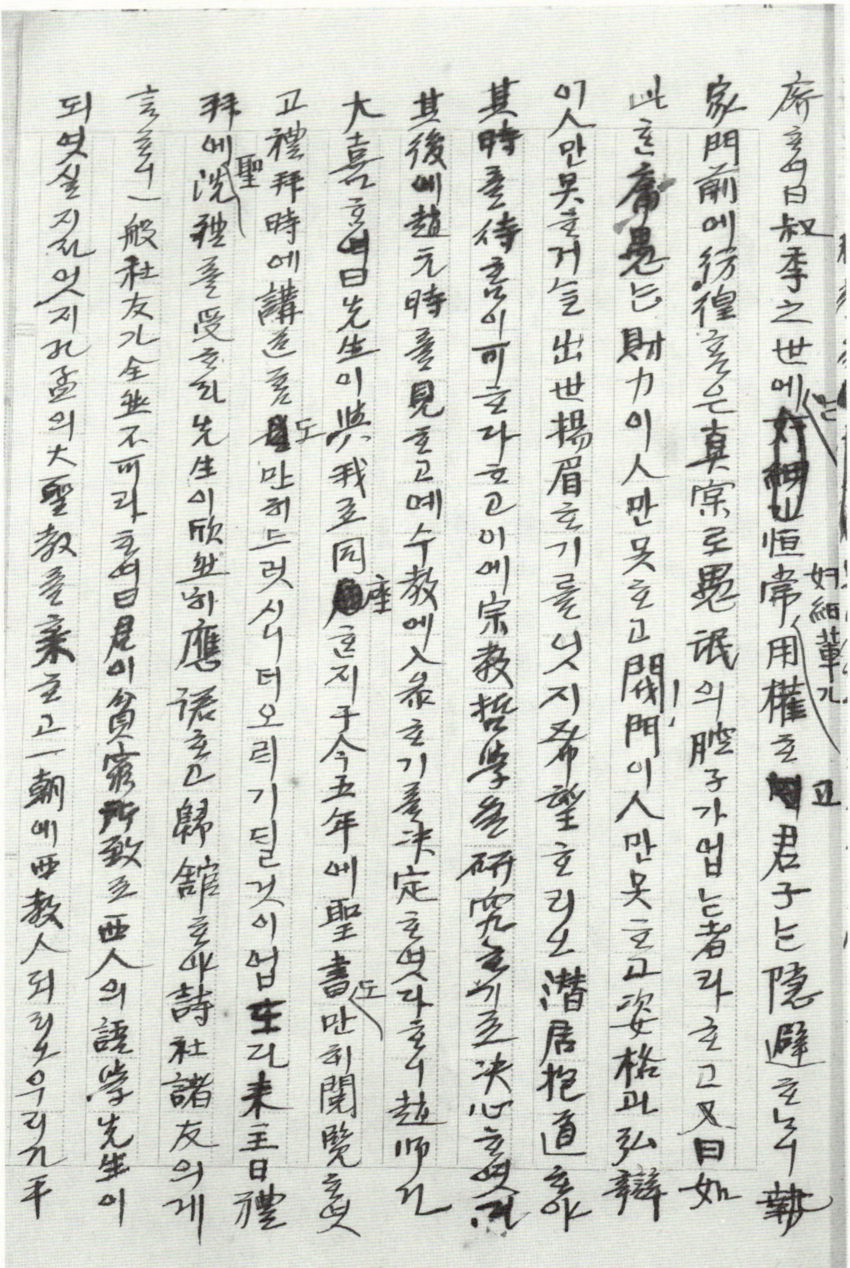

廃하며曰叔季之世에는……恒常用權하고君子는隱避하나니
家門前에彷徨하는眞宗로愚氓의腔子가업는者라하고又曰如
此한庸愚는財力이人만못하고閥門이人만못하고姿格과弘辯
이人만못한거슬出世揚眉하기를니지希望하리오潛居抱道하야
其時를待함이可하다하고이에宗教哲學을硏究하기로決心하엿더
其後에趙元時를見하고예수教에入泉하기를決定하엿다하니趙師는
大喜하며曰先生이與我로同座하지于今五年에聖書도만히閱覽하엿
고禮拜時에講道를도만히드러실터이니더오리기달것이업도다來主日禮
拜에聖洗禮를受하라先生이欣然히應諾하고歸館하야詩社諸友의게
言하니一般社友가全然不可라하며曰是이貧窮所致로西人의誘學先生이
되엿실지라어지孔孟의大聖教를棄하고一朝에西教人되리오우리가平

日에 蟹行文字지 보지 말나 홈은 天主學에 入홀가 念慮홈이러니 今에 先生이 예수敎에 入參혼다 홈이 余는 從今以後로 君과 絶交호노라 宗人은 責호며 曰 君이 弟 西敎에 入參호면 譜冊에 除名호겟다 호야 平地波瀾이 到處에 起호얏더라 聖日을 當호야 先生이 敎堂에 往코자 호니 冠網과 衣服이 一無所存호야 出門홀수가 업다 先生이 衣冠에 見失홈을 異常히 思호고 四索호는디 所謂 社中詩班이 皆爲盜賊이라 其翌日에 衣冠을 다 携來호얏더라 趙師의 事務室에 往호야 趙師가 無信홈을 問호고 一場相笑호다 그다음 主日에 가마히 오기를 約條호얏던 一千八百九十三年 癸巳 二月 八日에 聖洗를 受호얏시며 (朝鮮開國五百二年이오 日本明治二十六年이러라) 是年 秋地方會에 勸士의 職을 受호얏더라 이ᄯᆡ에 政界를 말홀ᄯᆡ

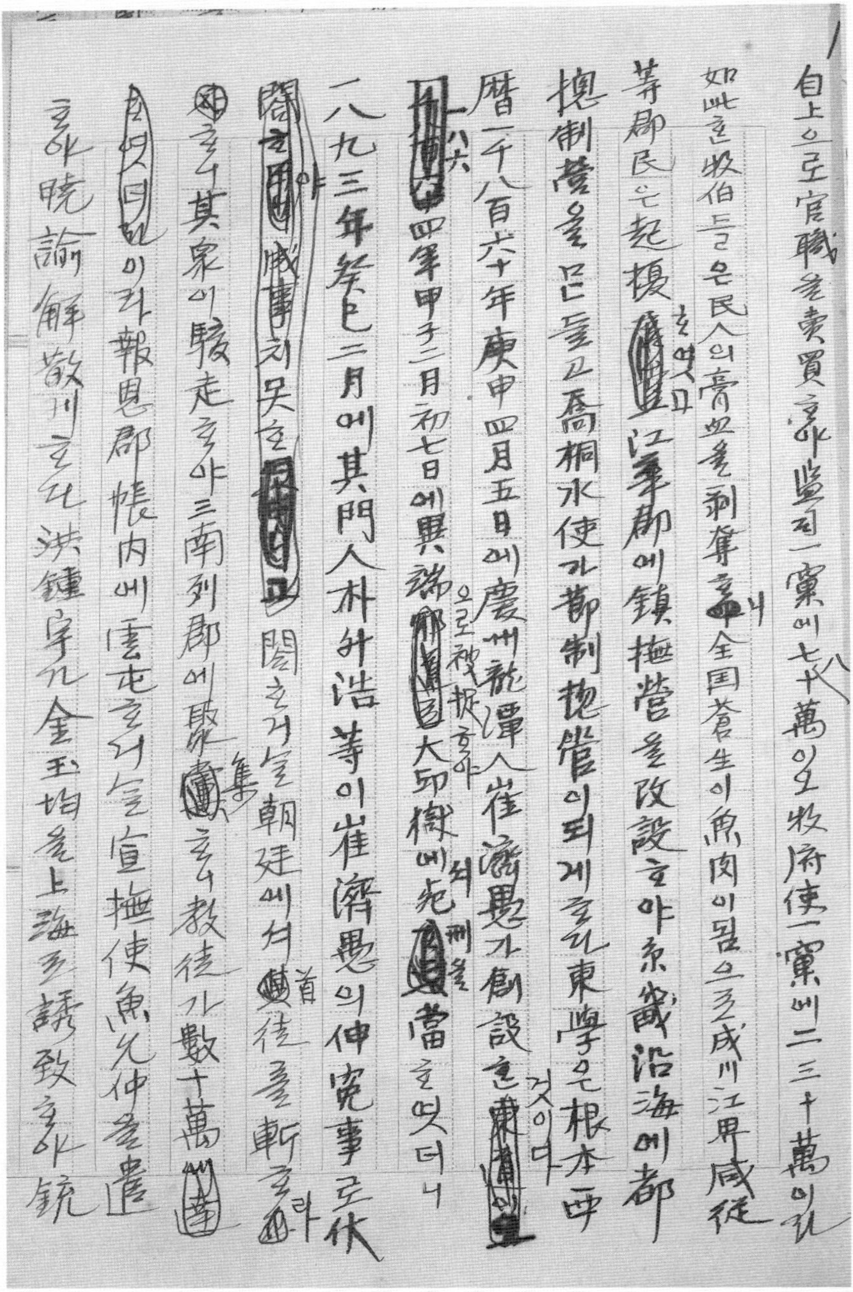

自上으로官職을賣買하니監司一窠에七八十萬이요牧府使一窠에二三十萬이라
如此한牧伯들은民人의膏血을剝奪하니全國蒼生이魚肉이됨으로咸川江界咸從
等郡民은起擾하였고江華郡에鎭撫營을改設하야京畿沿海에都
摠制營을모든고喬桐水使가都制摠管이되게한東學은根本西
曆一千八百六十年庚申四月五日에慶州龍潭人崔濟愚가創設한것이다
一八六四年甲子三月初七日에異端으로被捉하야大邱獄에서刑을當하였더니
一八九三年癸巳二月에其門人朴升浩等이崔濟愚의伸寃事로伏
闕하거늘朝廷에서首徒를斬하라
한다 其衆이駿走하야三南列郡에聚集하니教徒가數十萬에達
이라報恩郡帳內에屯하더니宣撫使魚允仲을遣
하야曉諭解散케한다洪鍾宇가金玉均을上海로誘致하야銃

殺ᄒᆞ엿는ᄃᆡ 翌年春에 金玉均을 逆律에 處ᄒᆞ니라

甲午 是年에 開城 金海 古阜 等郡에 民擾가 起ᄒᆞ엿다 其中에 尤甚ᄒᆞᆫ 者는
趙秉甲이 古阜에서 虐政을 行ᄒᆞ야 人産을 剝奪ᄒᆞ으로 人民이 官廷에 會
集ᄒᆞ야 哀訴ᄒᆞ니 秉甲도로혀 幾人을 捉囚ᄒᆞ되 怪傑ᄒᆞᆫ 全琫準이
東學黨을 領率ᄒᆞ고 奮起ᄒᆞ야 古阜를 占領ᄒᆞ고 列邑에 傳檄ᄒᆞ니 三
南이 響應ᄒᆞ니 貪贓吏를 決杖ᄒᆞ야 絶島에 荐棘ᄒᆞ다 洪啓薰이로 官軍
殘燒奪ᄒᆞ고 全琫準이 五鎭 營卒을 白山에서 盡爲驅逐ᄒᆞ고 全州에 至
ᄒᆞ니 完伯 金文鉉이 棄城 逃走라 東學이 全州에 據ᄒᆞ니 朝廷에서
招討使 洪啓薰으로 率兵 南下ᄒᆞ야 大砲와 續射砲로 全州城을 轟
擊ᄒᆞ니 城內外 數千戶가 連燒ᄒᆞ야 礫尾塲이 되엿다 東學黨이
出戰時에 各各 呪符를 貼胸ᄒᆞ니 此는 矢丸이 不及ᄒᆞᆫ다 言

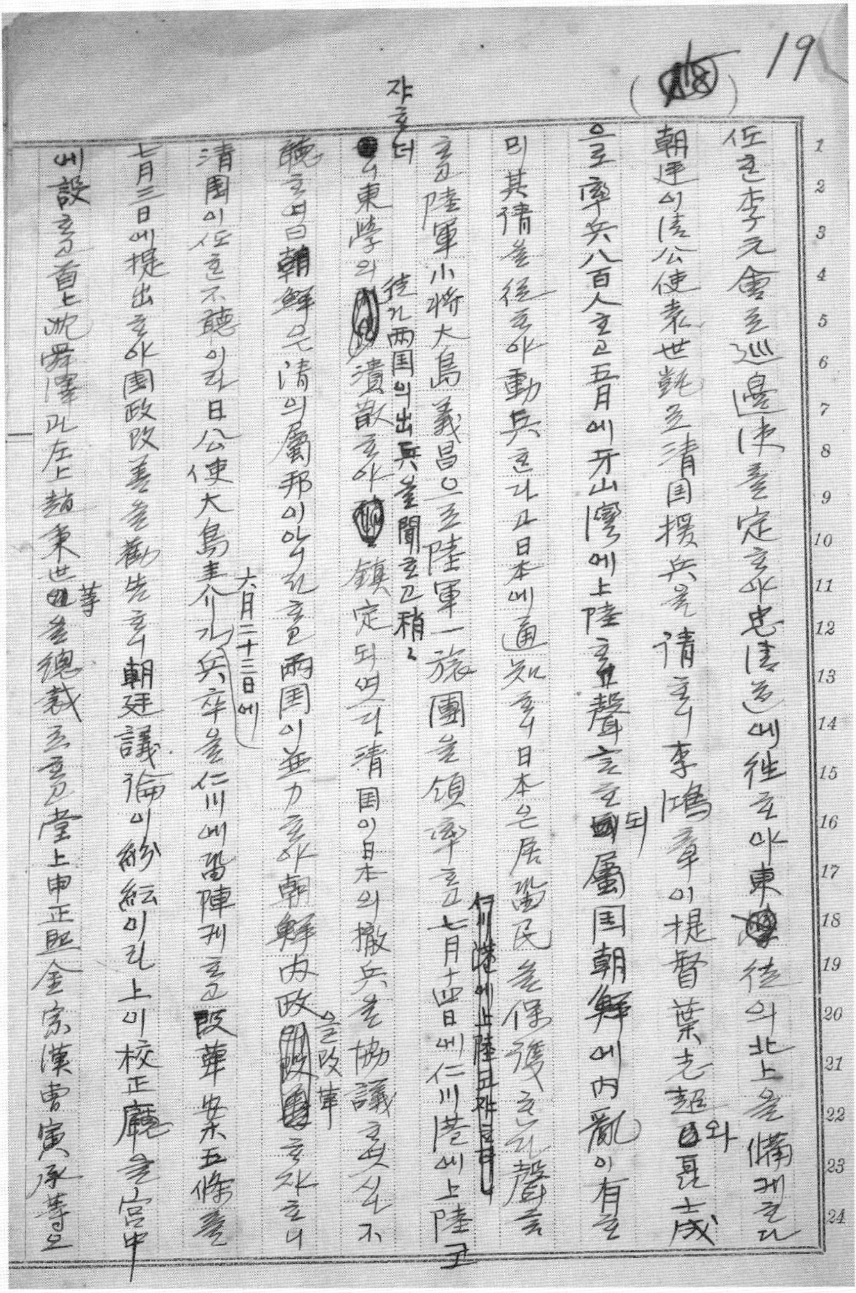

19

伍ᄒᆞᆫ李元會로巡邊使를定ᄒᆞ야忠淸道에往ᄒᆞ야東徒의北上을備케ᄒᆞ다
朝廷이淸公使袁世凱로淸國援兵을請ᄒᆞ니李鴻章이提督葉志超와聶士成
으로率兵八百人ᄒᆞ고五月에牙山灣에上陸ᄒᆞ되聲言ᄒᆞ되屬國朝鮮에內亂이有ᄒᆞ
미其請을從ᄒᆞ야動兵ᄒᆞᆫ다ᄒᆞ고日本에通知ᄒᆞ니日本은居留民을保護ᄒᆞᆫ다聲言
ᄒᆞ고陸軍小將大島義昌으로陸軍一旅團을領率ᄒᆞ고七月十四日에仁川港에上陸ᄒᆞᆫ (仁川港에上陸ᄒᆞ자)
자ᄒᆞ더니東學의徒가兩國의出兵을聞ᄒᆞ고稍稍遺散ᄒᆞ야鎭定되엿다淸國이日本의撤兵을協議ᄒᆞ엿스나不
聽ᄒᆞ며曰朝鮮은淸의屬邦이아니ᄒᆞᆫ兩國이並力ᄒᆞ야朝鮮內政을改革ᄒᆞ자ᄒᆞ니
淸國이伍ᄒᆞᆫ不聽이라日公使大島圭介가兵卒을仁川에留陣케ᄒᆞ고改革案五條를 (六月二十三日에)
七月三日에提出ᄒᆞ야國政改善을勸告ᄒᆞ니朝廷議論이紛紜이라上이校正廳을宮中
에設ᄒᆞ고首ᄒᆞᆫ沈舜澤과左ᄒᆞᆫ趙秉世等을總裁로ᄒᆞ고堂上申正熙金宗漢曺寅承等으로

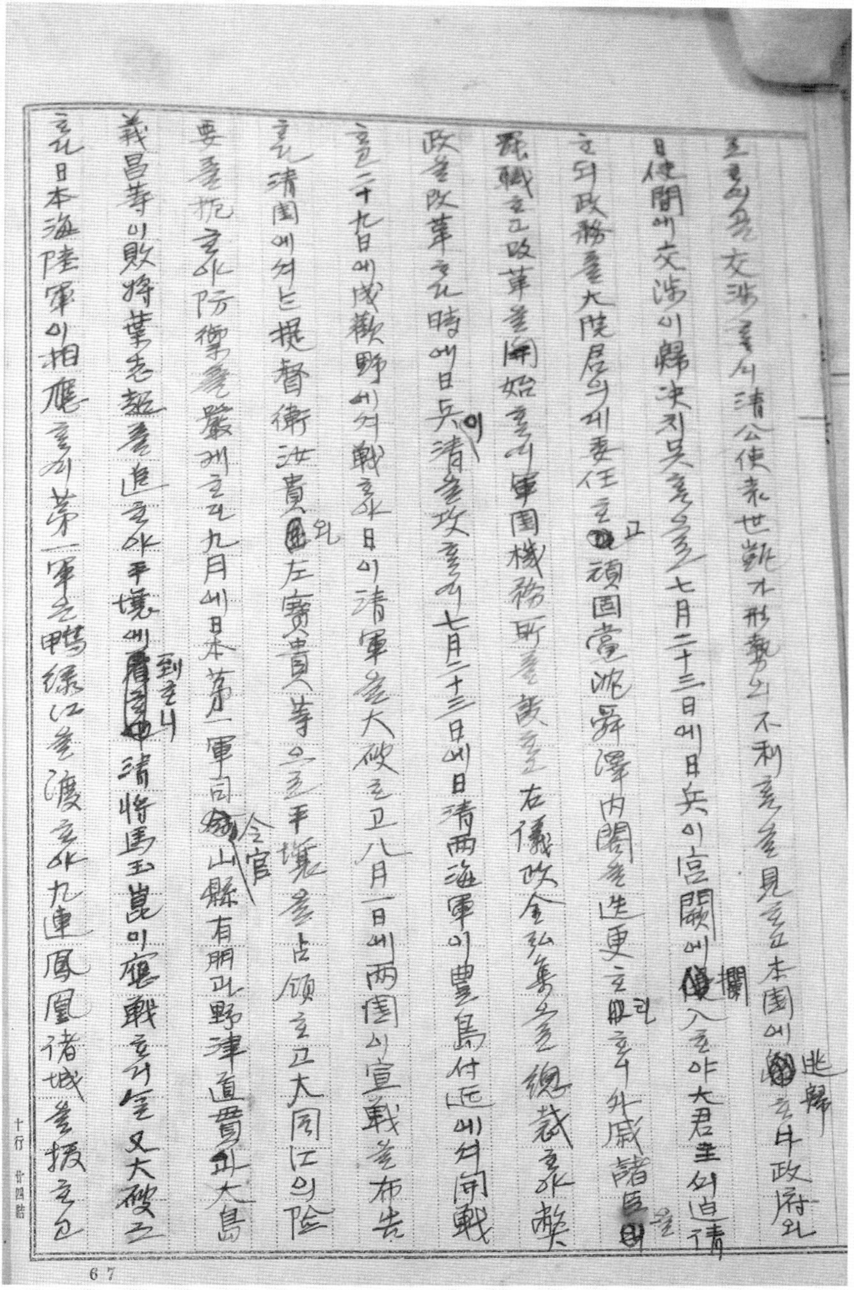
로ᄒᆞ야곰 交涉ᄒᆞ되 清公使袁世凱가 形勢의 不利ᄒᆞᆷ을 見ᄒᆞ고 本國에 逃歸ᄒᆞ매 政府와
日使間에 交涉이 歸決치 못ᄒᆞᆫ지라 七月二十三日에 日兵이 宮闕에 攔入ᄒᆞ야 大君主씌 迫請
ᄒᆞ되 政務를 大院君의게 委任ᄒᆞ고 頑固黨派 閔泳澤 內閣을 迭更ᄒᆞ고 外戚諸臣을
罷職ᄒᆞ고 改革을 開始ᄒᆞᆯᄉᆡ 軍國機務所를 設ᄒᆞ고 右議政金弘集으로 總裁ᄒᆞ야 弊
政을 改革ᄒᆞᆯ 時에 日兵이 清을 攻ᄒᆞᆯᄉᆡ 七月二十三日에 日清兩海軍이 豐島附近에셔 開戰
ᄒᆞ고 二十九日에 成歡野에셔 戰ᄒᆞ야 日이 清軍을 大破ᄒᆞ고 八月一日에 兩國이 宣戰을 布告
ᄒᆞᆫ대 清國에셔ᄂᆞᆫ 提督衛汝貴와 左寶貴等으로 平壤을 占領ᄒᆞ고 大同江의 險
要를 扼ᄒᆞ야 防禦를 嚴케ᄒᆞ더니 九月에 日本第一軍司令官山縣有朋과 野津道貫과 大島
義昌等이 敗將葉志超를 追ᄒᆞ야 平壤에 到ᄒᆞ니 清將馬玉崑이 應戰ᄒᆞ거ᄂᆞᆯ 又大破ᄒᆞ고
ᄒᆞᆫ 日本海陸軍이 相應ᄒᆞ야 第一軍은 鴨綠江을 渡ᄒᆞ야 九連鳳凰諸城을 拔ᄒᆞ고

十行 廿四貼

67

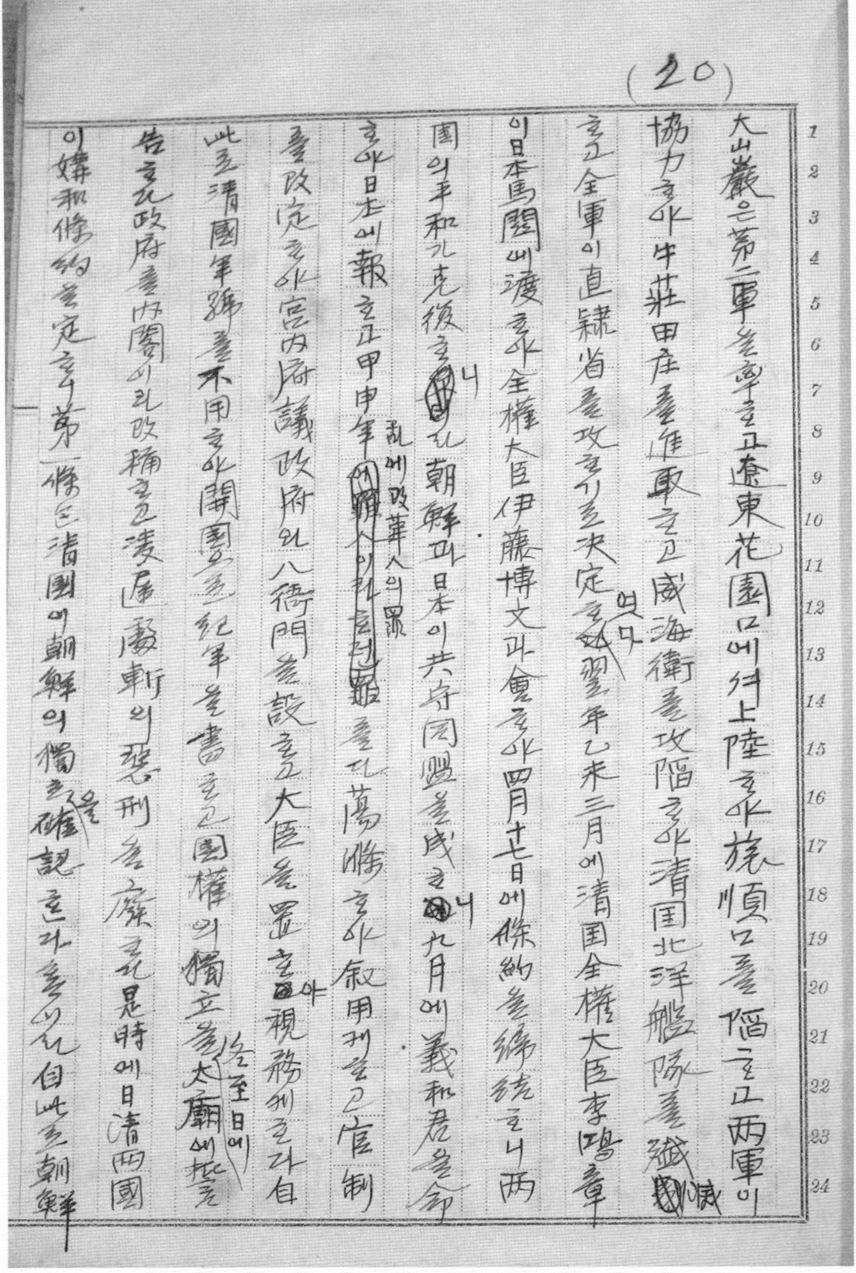
(20)

大山巖은第二軍을率하고遼東花園口에서上陸하야旅順口를陷하고兩軍이協力하야牛莊田庄을進取하고威海衛를攻陷하야清国北洋艦隊를殲滅하고全軍이直隷省을攻하기로決定하엿더니翌年乙未三月에清国全權大臣李鴻章이日本馬關에渡하야全權大臣伊藤博文과會하야四月十七日에條約을締結하니兩国의平和가克復하니라朝鮮과日本이共守同盟을成하니九月에義和君을命하야日本에報하고甲申年亂에改革人의罪를蕩滌하야敍用케하고官制를改定하야宮內府議政府와八衙門을設하고大臣을置하야視務케하니라自此로清國年號를不用하야開國으로紀年을書하고國權의獨立을至日에太廟에誓告하니政府를內閣이라改稱하고淩遲處斬의惡刑을廢하니是時에日清兩國이媾和條約을定하니第一條는清國이朝鮮의獨立을確認하다하엿스니自此로朝鮮

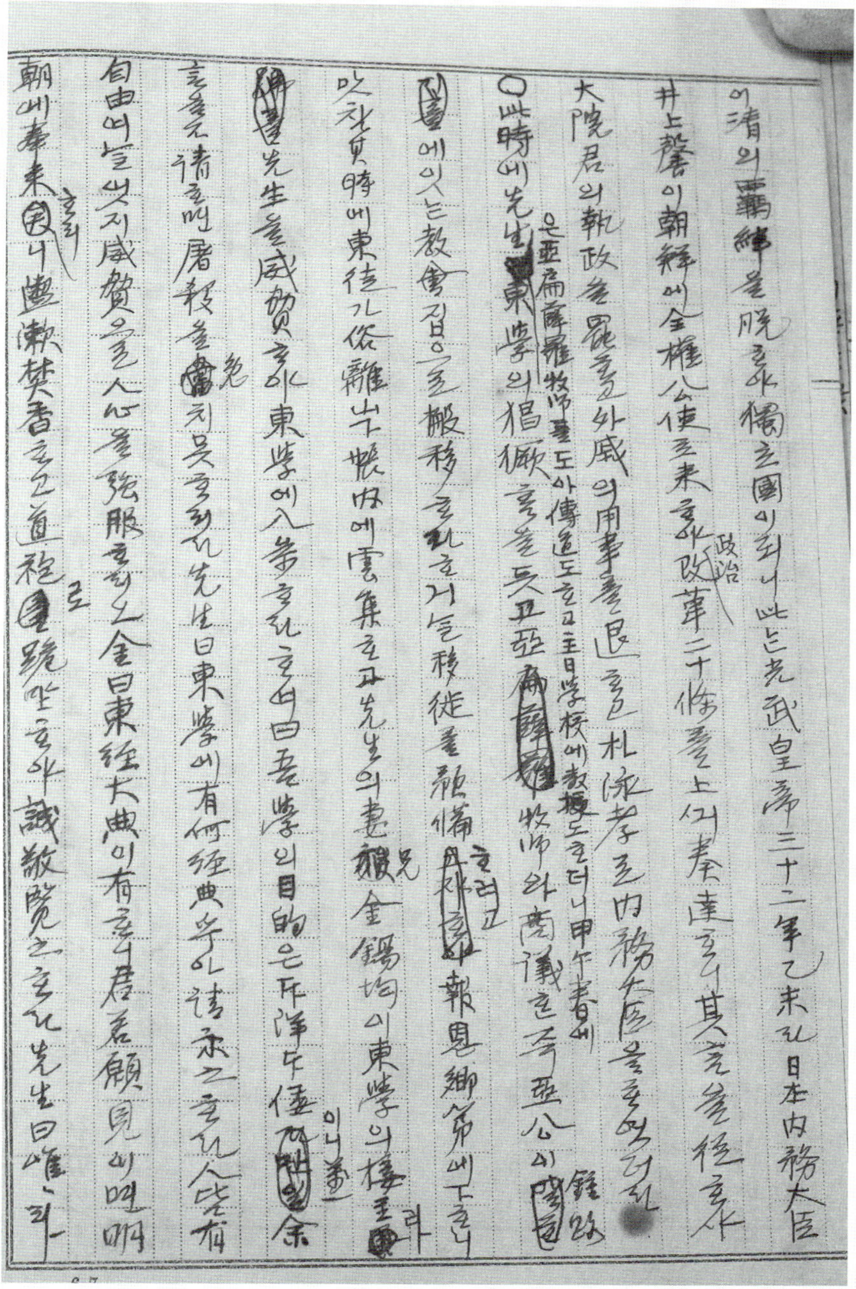

이 淸의 羈絆을 脫하야 獨立國이 되니 此는 光武皇帝 三十二年 乙未라 日本內務大臣
井上馨이 朝鮮에 全權公使로 來하야 政治改革 二十條를 上에 奏達하니 其言을 從하야
大院君의 執政을 罷하고 外戚의 用事를 退하고 朴泳孝로 內務大臣을 삼엇더라
此時에 先生은 亞扁薛羅 牧師를 도아 傳道도 하고 主日學校에 敎授도 하더니 甲午春에 東學의 猖獗함을 듯고 亞扁薛羅 牧師와 商議하야 亞公이 [illegible] 鍾路
[illegible]에 잇는 敎會집으로 搬移하엿는대 그를 移徙를 預備하더고 [illegible] 報恩 鄕第에 下하니
맛참 其時에 東徒가 俗離山下 帳內에 雲集하고 先生의 妻兄 金錫均이 東學의 接主라
[illegible] 先生을 威脅하야 東學에 入參하라 하며 曰 吾學의 目的은 斥洋斥倭이니 [illegible] 余
하믈 請하며 屠殺을 免치 못하리라 先生 曰 東學에 有何經典乎아 請示之하라 人皆有
自由이늘 엇지 威脅으로 人心을 强服하리오 金 曰 東經大典이 有하니 君若願見이면 明
朝에 奉來하리니 盥漱焚香하고 道袍로 跪坐하야 誠敬覽之하라 先生 曰 唯唯라

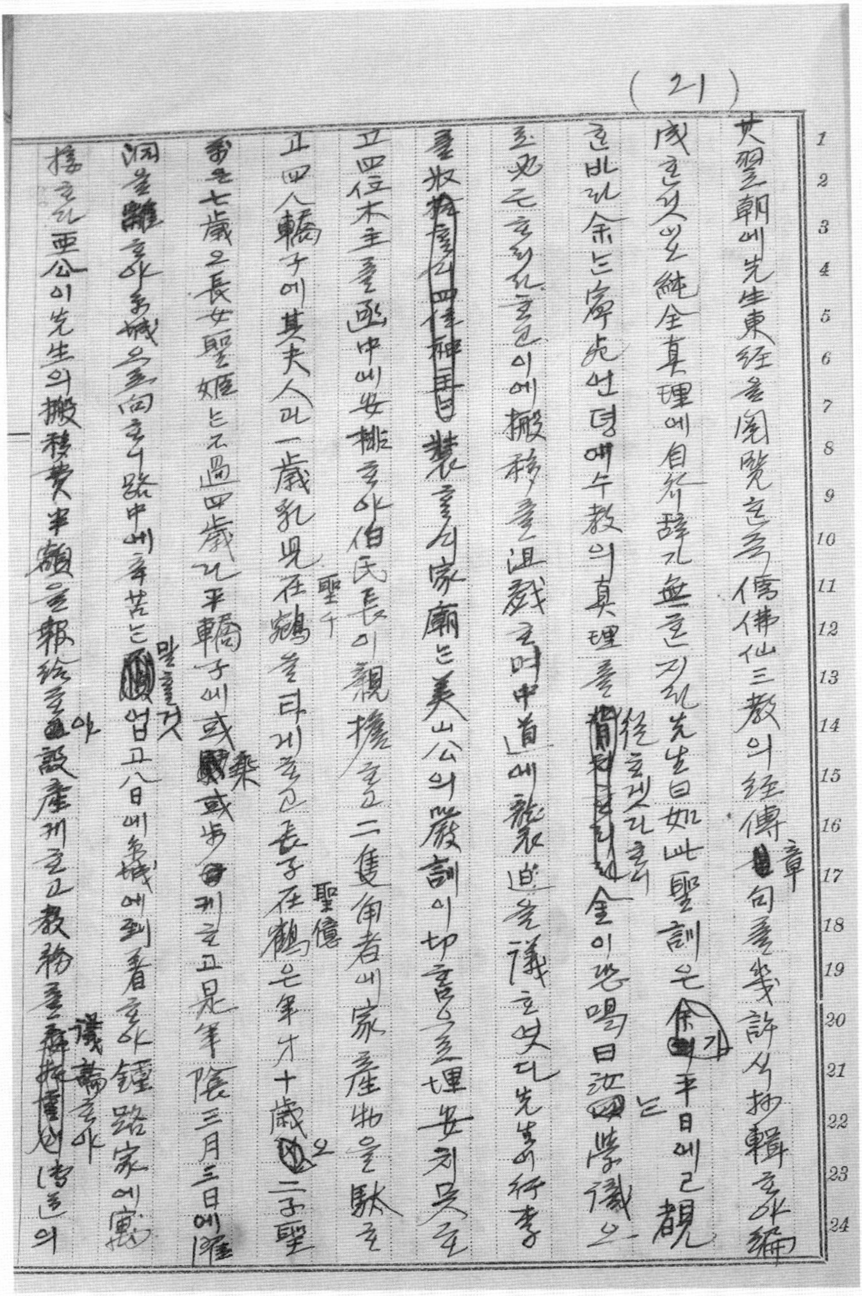
(21)

機關을 設置하야 新學問에 有助한 書籍을 輸入하야 朝鮮人民의 智識을 啓發
케 하고 그리스도인會報를 週報로 發刊하되 先生으로 主筆을 主
케 하엿다 先生이 木主를 壓藏에 封寘한지 數朔에 寢食이 恒常不安하고 파 把钁을 荷케 하니
內戰爭이 起하더니 一日은 決心으로 一僮軍을 招하야 神主函을 負케 하고 把钁
始興郡先塋에 往하야 木主를 安埋하고 封莎한 後에 伏地祈禱하다 是歲 봄
더 穩眠善飯하야 主內에서 歡樂하더니 是年 七月二十三日 曉頭에 日兵數千
이 驚眠間 鍾路 十字街를 占據하매 菜蔬商과 柴炭馬가 紛紛 逃去하고 幾百石
甘瓜를 環墻갓치 抛棄하엿시니 此는 日公使大鳥圭介와 大鳥義昌等이 麾兵
犯闕時라 日淸間에 戰爭이 起하므로 淸使袁世凱가 逃歸하야 居住하는 淸
人中 聖書를 賣하는 信徒들도 撤歸하엿다 先時에 亞兩 牧師가 遠大한

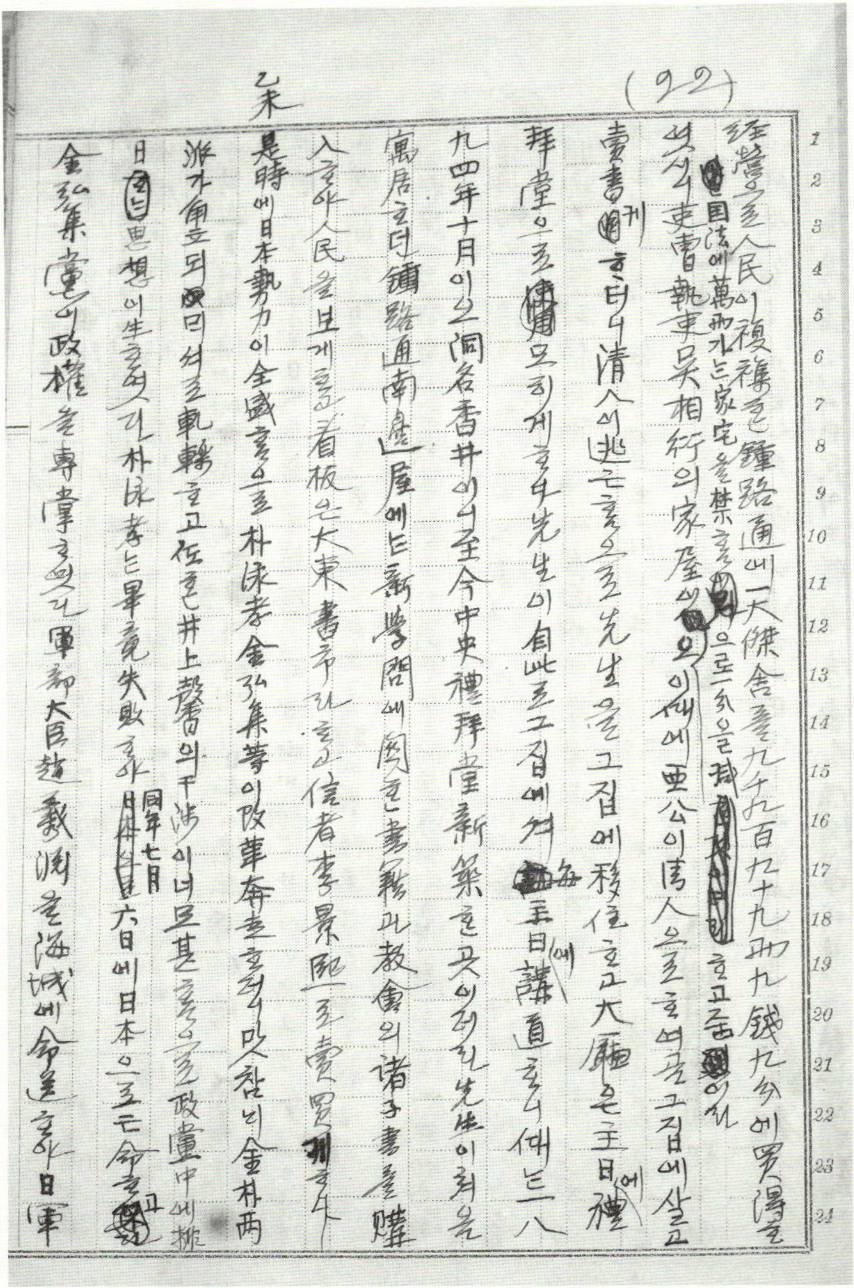
(22)

經營호 人民이 複雜호 鍾路通에 一大傑舍를 九千九百九十九兩九錢九分에 買得호
國法에 萬兩가는 家宅을 禁호는 故로 一分을 減호고
야서 吏曹執吏 吳相衍의 家屋으로 이 [illegible] 에 西公이 唐人으로 호여곰 그집에 살고
賣書케 호더니 淸人이 逃去홈으로 先生을 그집에 移住호고 大廳은 主日에 禮
拜堂으로 使用호게 호며 先生이 自此로 그집에서 每主日에 講道호니 此는 一八
九四年十月이오 同名 香井이니 至今 中央禮拜堂 新築호 곳이라 先生이 처음
寓居호던 鍾路通 南邊屋에는 新學問에 關호 書籍과 敎會의 諸子書를 [illegible]
入호야 人民을 보게 호고 看板은 大東書市라 호고 信者 李景[illegible]로 賣買케 호니
乙未
是時에 日本勢力이 全國으로 朴泳孝 金弘集 等이 改革奔走호더니 참 비 金朴兩
派가 角立되며 서로 軋轢호고 在호 井上馨의 干涉이 너모 甚홈으로 改黨中에 排
日思想이 生호야 다 朴泳孝는 畢竟 失敗호야 同年七月 六日에 日本으로 亡命호고
金弘集 黨이 政權을 專掌호며 軍部大臣 趙羲淵을 海城에 命送호야 日軍

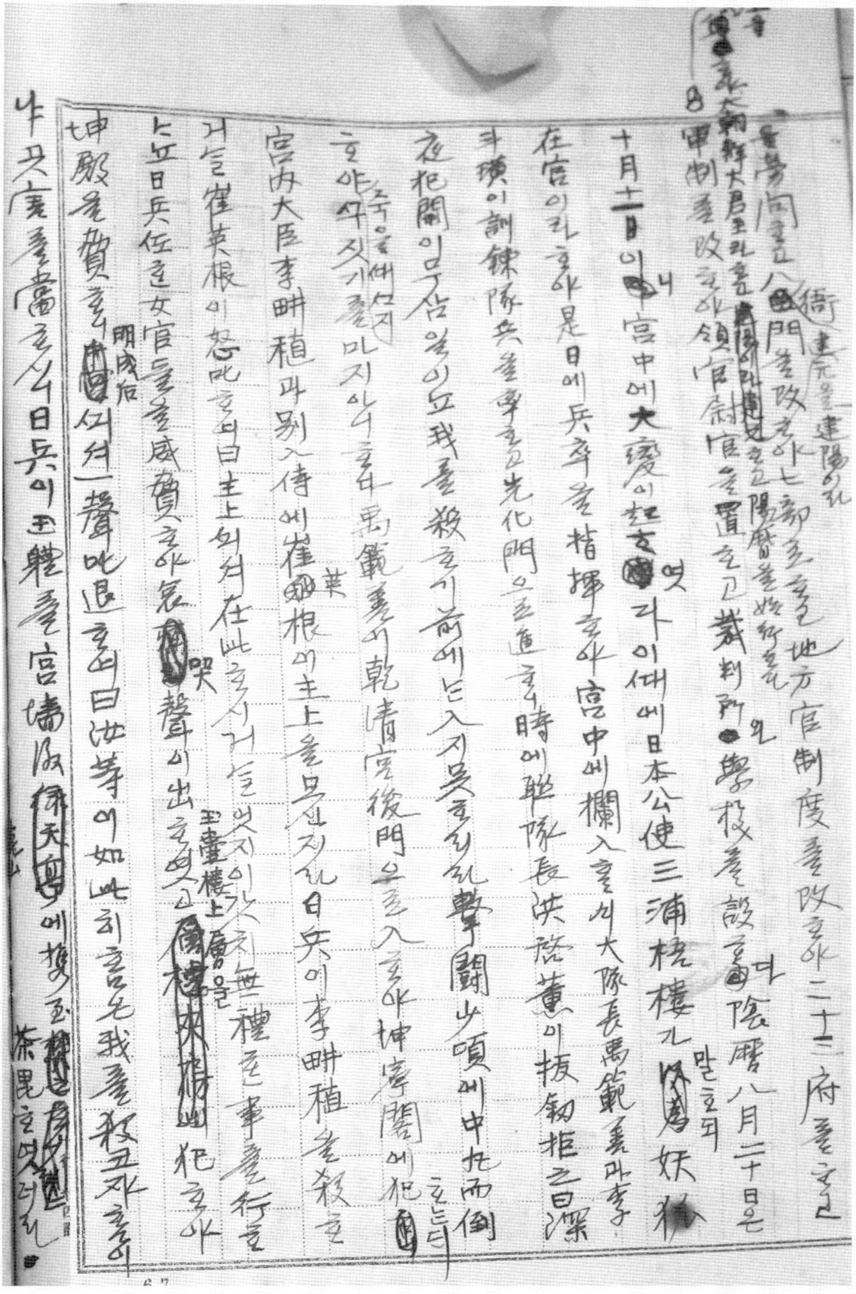
會議閣을 ᄒᆞ고 八衙門을 改ᄒᆞ야 七部로 ᄒᆞ고 地方官制度를 改ᄒᆞ야 二十三府를 ᄒᆞ고
大朝鮮大君主라 ᄒᆞ고 建陽이라 建元ᄒᆞ고 陽曆을 始行ᄒᆞ고
甲制를 改ᄒᆞ야 領官尉官을 置ᄒᆞ고 裁判所와 學校를 設ᄒᆞ엿다 陰曆八月二十日은
十月十二日이니 宮中에 大變이 起ᄒᆞ엿다 이ᄯᅢ에 日本公使三浦梧樓가 [illegible] 妖猾
在宮이라 ᄒᆞ야 是日에 兵卒을 指揮ᄒᆞ야 宮中에 攔入ᄒᆞᆯᄉᆡ 大隊長禹範善과 李
斗璜이 訓鍊隊兵을 率ᄒᆞ고 光化門으로 進ᄒᆞᆯ 時에 聯隊長洪啓薰이 拔劍拒之曰 深
夜犯闕이오 [illegible] 我를 殺ᄒᆞ기 前에는 入지 못ᄒᆞ리라 奮鬪少頃에 中丸而倒ᄒᆞ는디
ᄒᆞ야 [illegible] 마지아니ᄒᆞ다 禹範善이 乾淸宮後門으로 入ᄒᆞ야 坤寧閤에 犯
宮內大臣李畊植과 別入侍에 崔英根이 主上을 모신지라 日兵이 李畊植을 殺ᄒᆞ
거ᄂᆞᆯ 崔英根이 怒叱ᄒᆞ야 曰 主上ᄭᅴ셔 在此ᄒᆞ시거ᄂᆞᆯ 엇지 이갓치 無禮ᄒᆞᆫ 事를 行ᄒᆞ
ᄂᆞ立 日兵佐官 女官들을 感發ᄒᆞ야 哀哭聲이 出ᄒᆞ엿고 玉壺樓上層을 犯ᄒᆞ야
坤殿을 發ᄒᆞ니 明成后ᄭᅴ셔 一聲叱退ᄒᆞ샤 曰 汝等이 如此히 ᄒᆞ믄 我를 殺코자 ᄒᆞ미
나 ᄒᆞᆫᄃᆡ 言을 當ᄒᆞᄉᆡ 日兵이 玉體를 宮墻外 [illegible] 에 [illegible] 茶毘ᄒᆞ엿더라

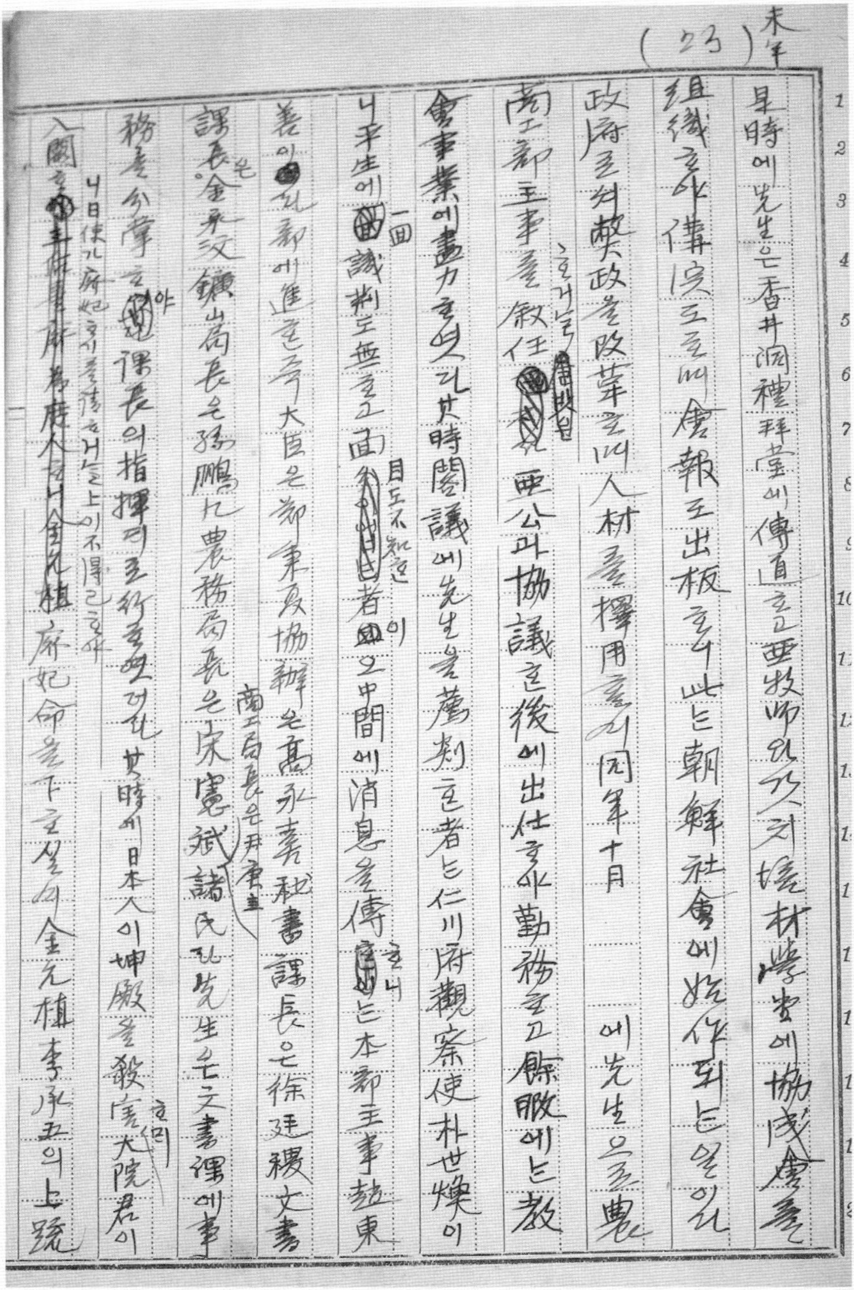
(23) 未年

是時에先生은香井洞禮拜堂에傳道하고西牧師와아人对培材學堂에協成會를

組織하야偉匡으로써會報로出板하니此는朝鮮社會에始作되는일이라

政府로对敎政을改革하야써人材를擇用할새同年十月 에先生으로貴

商工部主事를叙任하거늘 [illegible] 西公과協議한後에出仕하야勤務하고餘暇에는敎

會事業에盡力하더니其時閣議에先生을薦剡한者는仁川府觀察使朴世煥이

니平生에一面識判도無하고面目도不知한者이오中間에消息을傳하니는本部主事趙東

善이라部에進한즉大臣은鄭秉夏協辦은高永喜秘書課長은徐廷褆文書課長은金秉文鑛山局長은孫鵬九農務局長은宋憲斌諸氏라(商工局長은尹[illegible])先生은文書課에事

務를分掌하야 [illegible] 課長의指揮대로行할뿐이더라其時에日本人이坤殿을殺害하매大院君이

入闕하야 [illegible] 妃命을下하실새金允植李承五의上疏

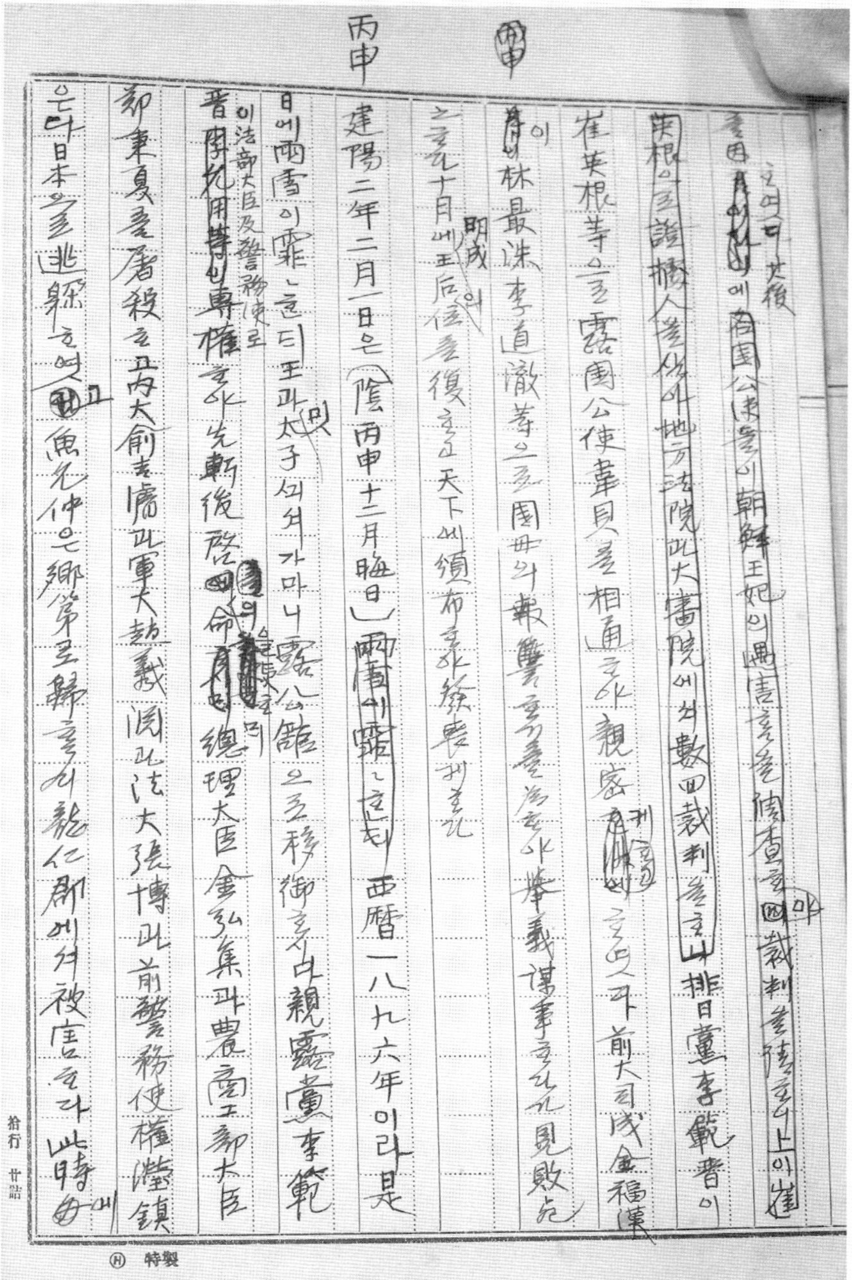

丙申

丙申

하엿다 其後에 美國公使等이 朝鮮王妃의 遇害홈을 偵査ᄒ야 裁判을 請ᄒ야 上이 崔

英根으로 證據人을 삼아 地方法院과 大審院에서 數回 裁判을 ᄒ매 排日黨 李範晋이

崔英根等으로 露國公使 韋貝를 相通ᄒ야 親密케 ᄒ엿ᄂ지라 前大司成 金福漢

等이 林最洙 李道徹等으로 國母의 報讐홈을 爲ᄒ야 擧義謀事ᄒ다가 見敗ᄒ고

之ᄒ고 十月에 明成王后의 位를 復ᄒ고 天下에 頒布ᄒ야 發喪케ᄒ고

建陽二年二月一日은 (陰丙申十二月晦日) 雨雪이 霏霏ᄒ던 西曆一八九六年이라 是

日에 雨雪이 霏霏ᄒ던ᄃ 王과 太子씌셔 가마니 露公館으로 移御ᄒ시니 親露黨 李範

晋이 法部大臣及警務使로 專權ᄒ야 先斬後啓의 命으로 總理大臣 金弘集과 農商工部大臣

鄭秉夏를 屠殺ᄒ고 內大臣 俞吉濬과 軍大 趙義聞과 法大 張博과 前警務使 權瀅鎭

은 日本으로 逃竄ᄒ엿고 魚允中은 鄕第로 歸ᄒ다가 龍仁郡에서 被害ᄒ다 此時에

拾行 廿詰

Ⓗ 特製

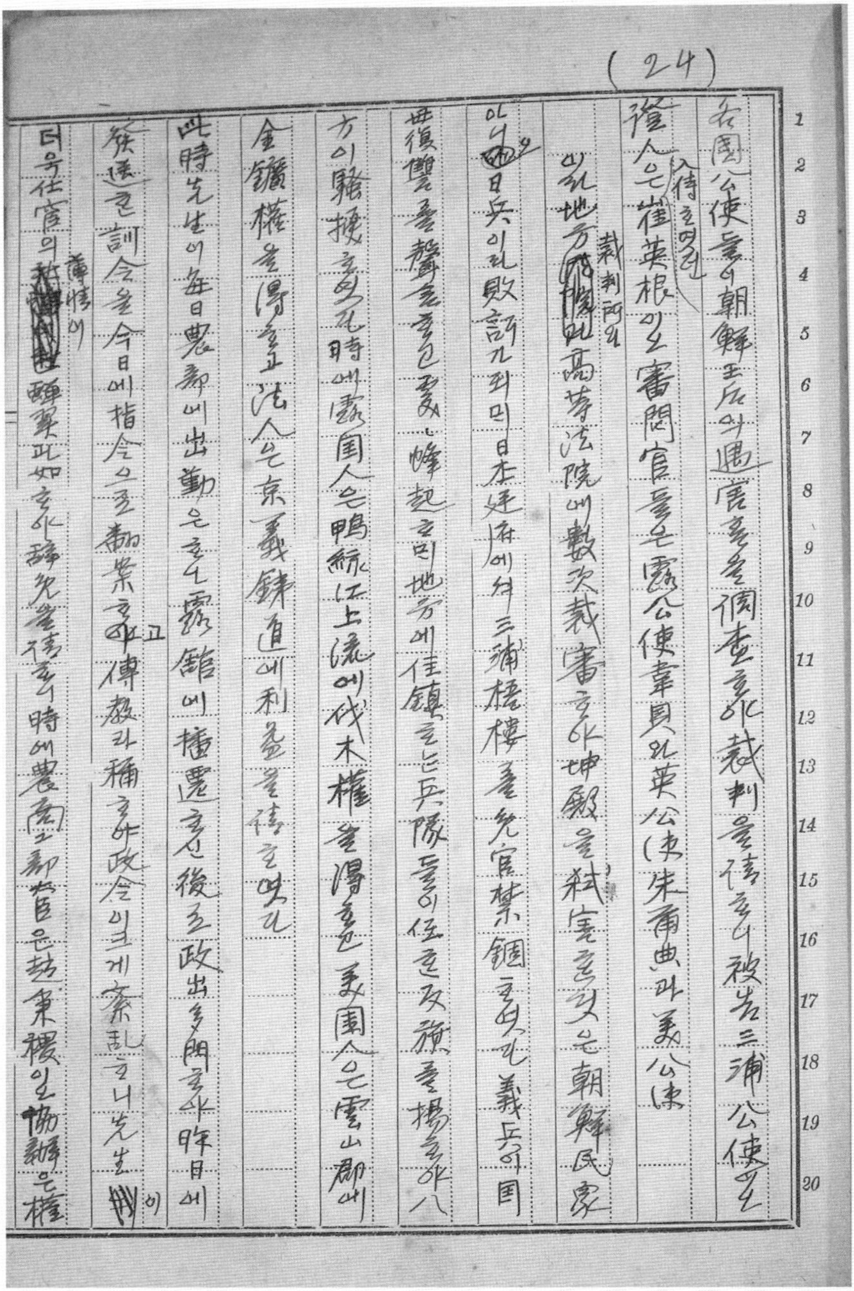
(24)

各國公使들이 朝鮮王后의 遇害를 偵査하고 裁判을 請하니 被告 三浦公使오

譯人은 崔英根(入侍하엿던)이오 審問官等은 露公使韋貝와 英公使(朱爾典)과 美公使

裁判所오 [illegible] 地方法院 高等法院에 數次裁判하고 坤殿을 弑害한 것은 朝鮮民家

아니오 日兵이라 敗訴가 되매 日本政府에서 三浦梧樓를 免官禁錮하엿다 義兵이 國

母復讐를 聲言하고 處處에 蜂起하며 地方에 住鎭하는 兵隊等이 任意로 反旗를 揚하고 八

方이 騷擾하엿다 此時에 露國人은 鴨綠江上流에 伐木權을 得하고 美國人은 雲山郡에

金鑛權을 得하고 法人은 京義鐵道에 利益을 請하엿다

此時 先生이 每日農部에 出勤은 하나 露館에 播遷한 後로 政出多門하야 昨日에

發送한 訓令을 今日에 指令으로 飜案하고 傳敎라 稱하야 政令이 이러케 紊亂하니 先生이

더욱 仕宦의 薄情에 [illegible] 醜態 此如하야 辭免을 請할 時에 農商部 參書官은 兼 技術協辦은 權

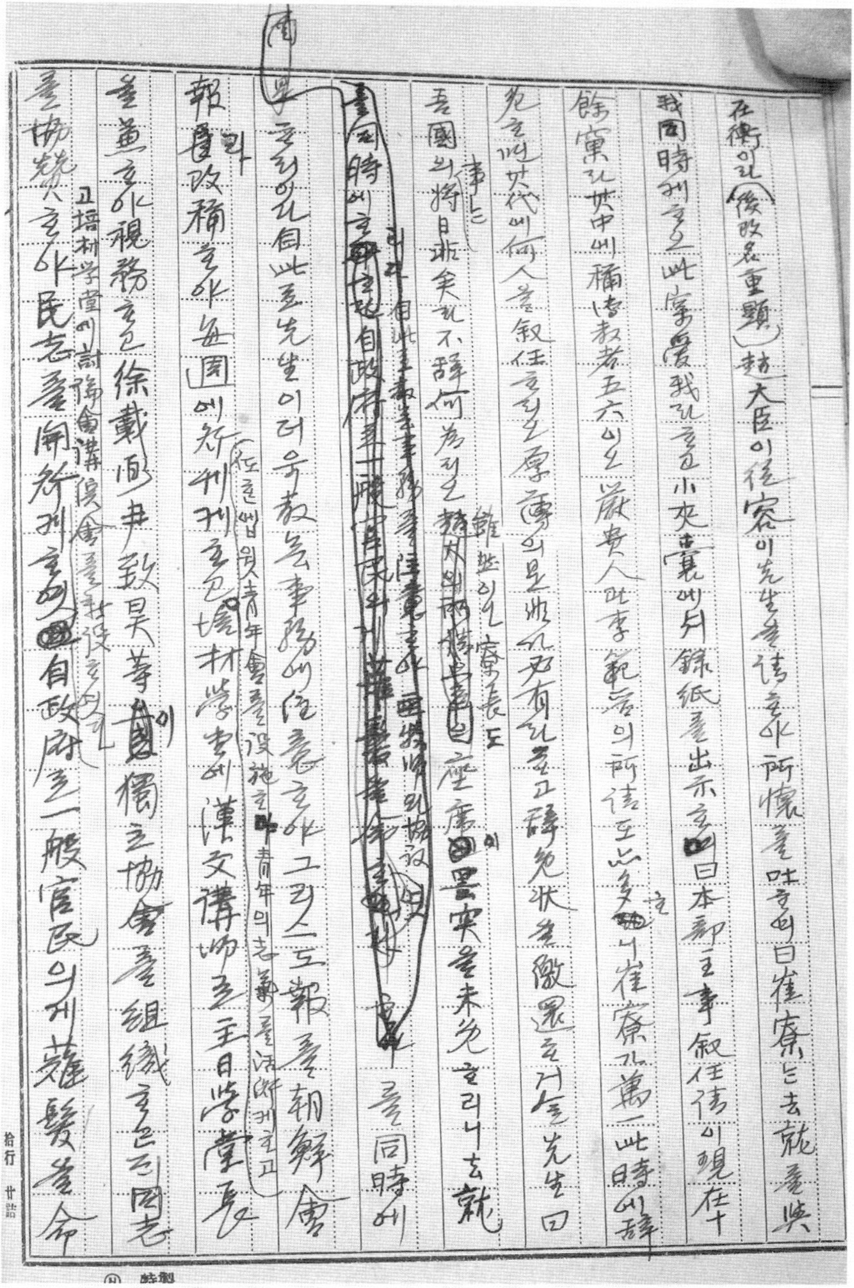

在衡이라(後改名重顯)趙大臣이從容이先生을請ᄒᆞ야所懷를吐ᄒᆞ며曰崔寮는去就를與

我國時에ᄒᆞ고此字를愛我라ᄒᆞ고小兒囊에서錄紙를出示ᄒᆞ며曰本部主事敘任信이現在十

餘寅라其中에稱情敎者五六이오嚴貴人과李範晉의所請도亦多ᄒᆞ니崔寮가萬一此時에辭

免ᄒᆞ면其代에何人을敘任ᄒᆞ리오學部의모범이有ᄒᆞ고辭免狀을繳還ᄒᆞ거늘先生曰

吾國의將日漸矣라不辭何爲리오 事는 雖然이나寮長도 趙大臣과協議ᄒᆞ고座席에實을未免ᄒᆞ리니去就

를同時에

잇더라自此로先生이더욱教會事務에注意ᄒᆞ야그러ᄒᆞ고報를朝鮮會

報를改稱ᄒᆞ야每週에發刊ᄒᆞ며培材學堂에漢文講師로主日學堂長 在東에엡웟青年會를設施ᄒᆞ며青年의志氣를活潑케ᄒᆞ고

을兼ᄒᆞ야視務ᄒᆞ며徐載弼尹致昊等과獨立協會를組織ᄒᆞ며同志

를協贊ᄒᆞ야民意를開發케ᄒᆞ며 고培材學堂에討論會講演會를設ᄒᆞ고 自政府로一般官民의게蘊發을命

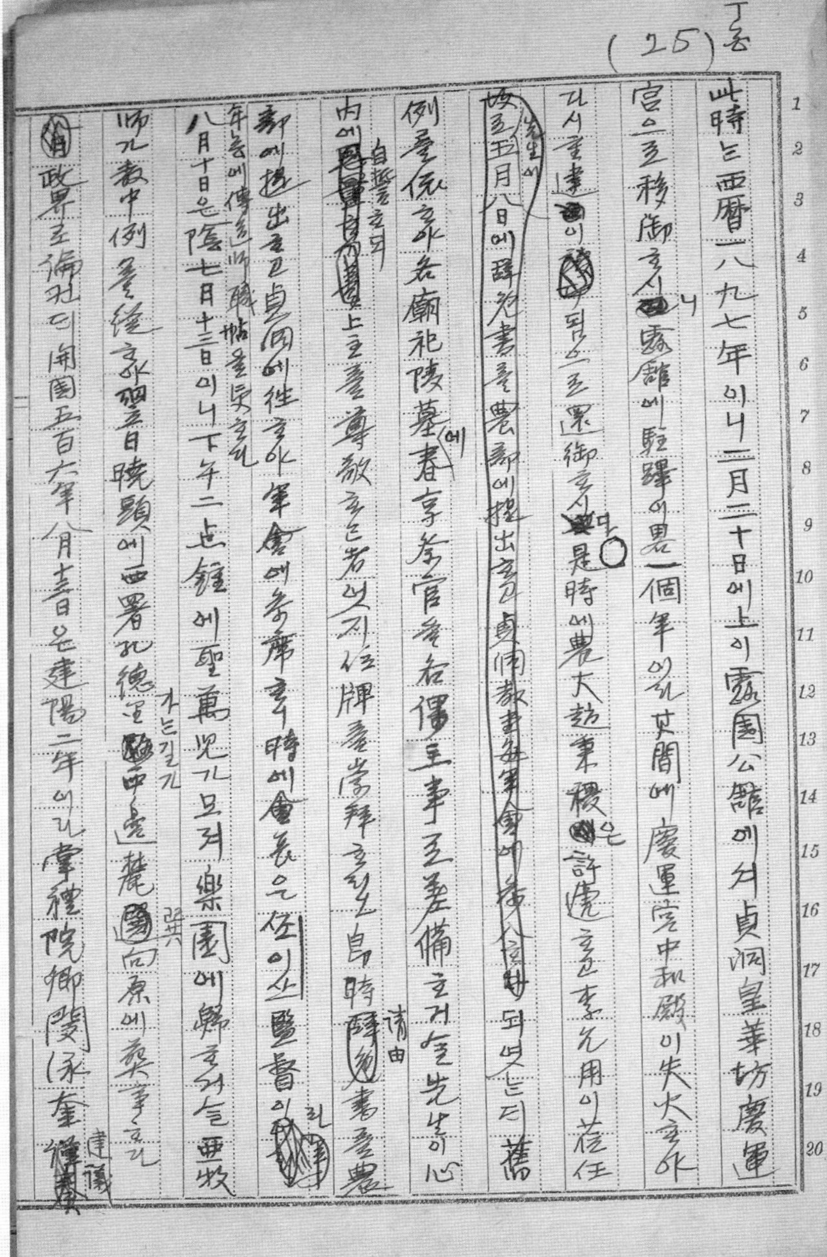

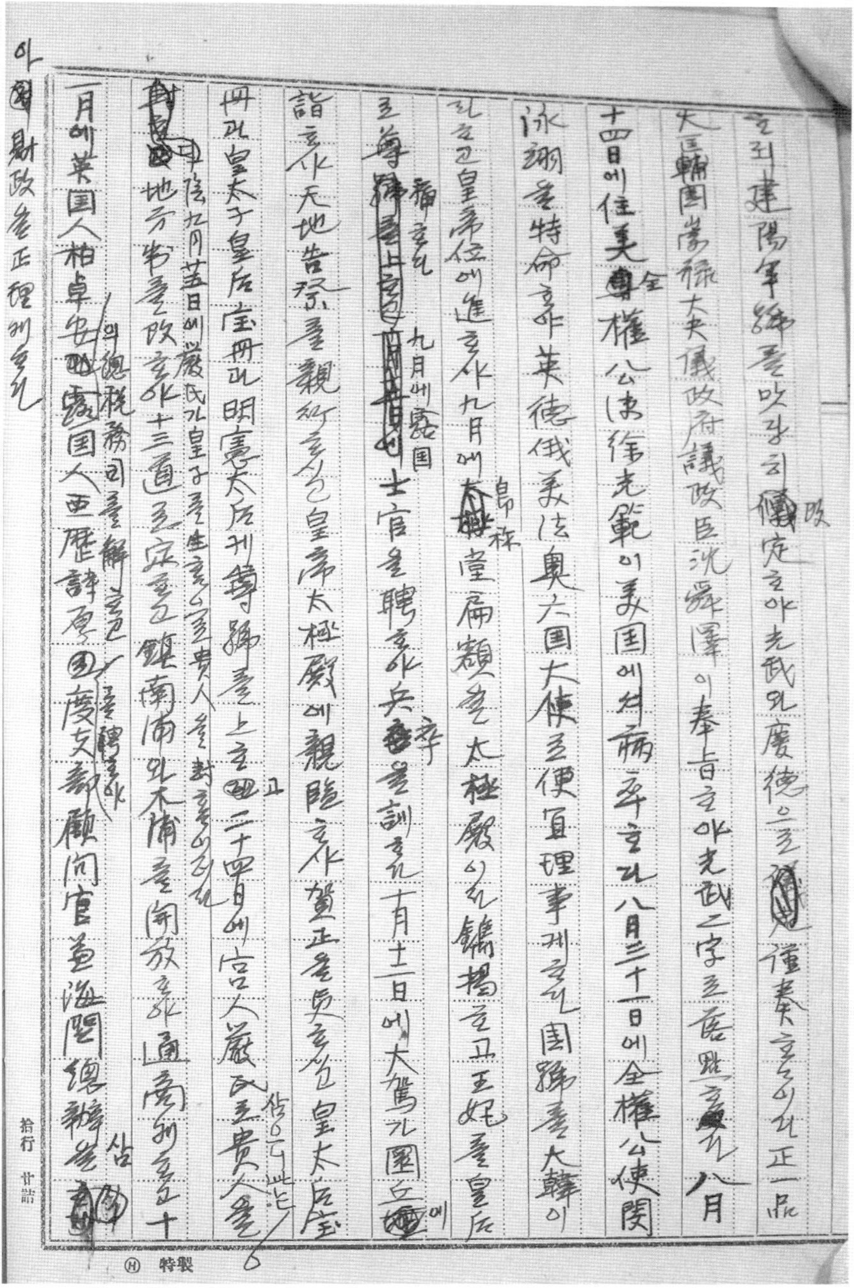
호되 建陽年號를 改ᄒᆞ되 儀定ᄒᆞ야 光武와 慶德으로 謹奏ᄒᆞ야 正一品
大匡輔國崇祿大夫議政府議政臣沈舜澤이 奉旨ᄒᆞ야 光武二字로 啓點ᄒᆞᆫ 八月
十四日에 住美全權公使徐光範이 美国에서 病卒ᄒᆞᆫ 八月三十一日에 全權公使閔
泳翊을 特命ᄒᆞ야 英德俄美法奧六国大使로 便宜理事케 ᄒᆞᆫ 国號를 大韓이
라 ᄒᆞ고 皇帝位에 進ᄒᆞ야 九月에 島標堂扁額을 太極殿이라 鐫揭ᄒᆞ고 王妃를 皇后
로 尊稱ᄒᆞ고 九月에 露国士官을 聘ᄒᆞ야 兵丁을 訓ᄒᆞᆫ 十月十一日에 大駕가 圜丘壇에
詣ᄒᆞ야 天地告祭를 親行ᄒᆞ신 皇帝太極殿에 親臨ᄒᆞ야 賀正을 受ᄒᆞ신 皇太后寶
冊과 皇太子皇后寶冊과 明憲太后게 尊號를 上ᄒᆞ고 二十四日에 宮人嚴氏로 貴人을 삼고
甲陰九月廿日에 嚴氏가 皇子를 生ᄒᆞ니 貴人을 封ᄒᆞ시고 地方制를 改ᄒᆞ야 十三道로 定ᄒᆞ고 鎭南浦와 木浦를 開放ᄒᆞ야 通商케 ᄒᆞ고 十
一月에 英国人 柏卓安의 總稅務司를 解ᄒᆞ고 露国人 西歷詩로 度支部顧問官 兼 海關總辦을 삼아 財政을 正理케 ᄒᆞ니

拾行 廿詰

Ⓗ 特製

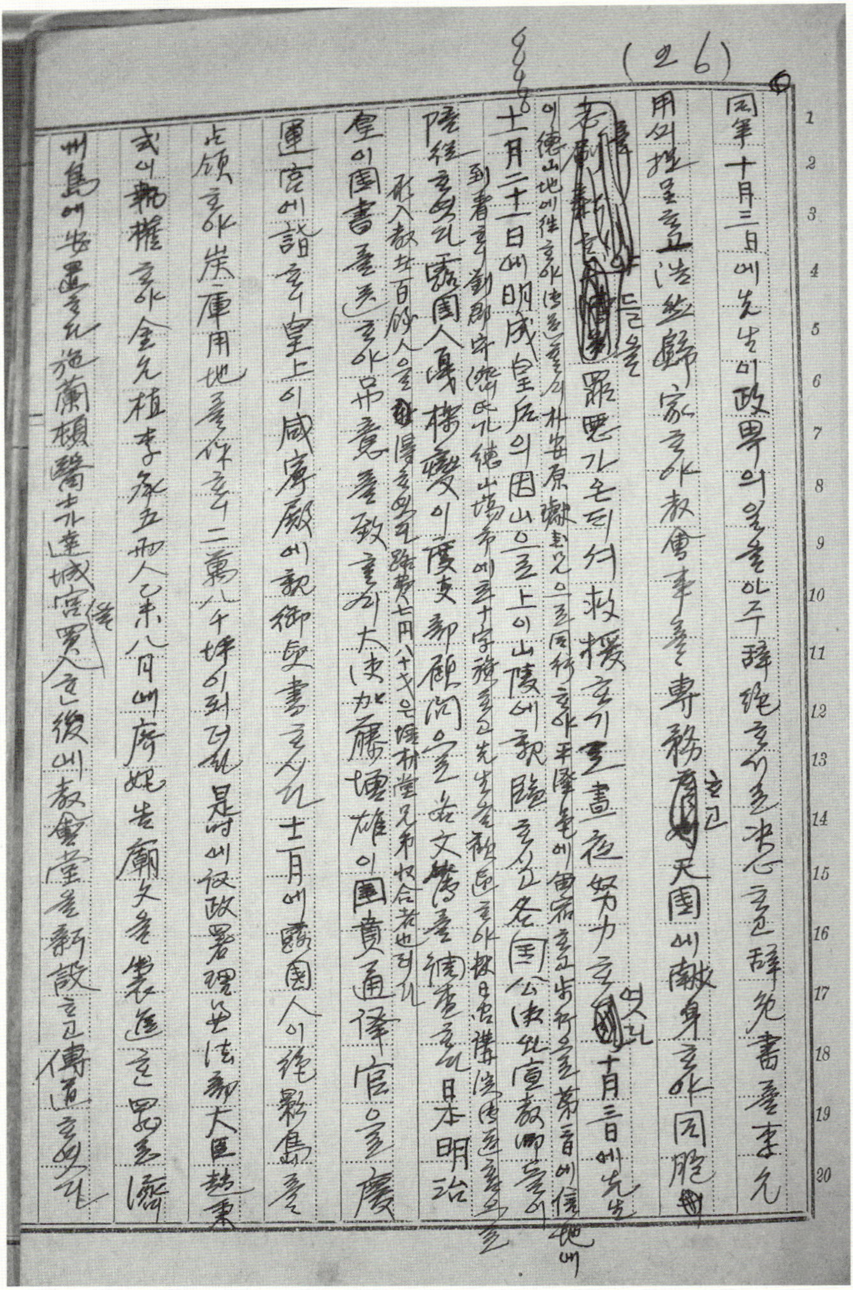
(26)

同年十月三日에先生이政界의일을아주辭絶하기로決心하고辭免書를李允用의게推呈하고浩然歸家하야教會事를專務하고天國에獻身하야同胞者들을罪惡가운데서救援하기로晝夜努力하더니十一月三日에先生이德山地에往하야傳道할새朴安原兄으로同行하야平澤에留宿하고步行으로第一信地에到着하니郡守徐氏가德山場市에十字旗를들고先生을歡迎하야講演傳道하기를

十一月二十一日에明成皇后의因山으로上이山陵에親臨하시고各國公使와宣教師들이陪往하였고露國人이度支部顧問으로各文簿를掌握하니日本明治新入教者百餘人을得하였고路費七円八十戔은兄弟收合者也러라

皇이國書를送하야弔意를致하고大使加藤增雄이國書通譯官을慶運宮에詣하니皇上이咸寧殿에親御하사書를受하시고十一月에露國人이絶影島를占領하야炭庫用地를保하니二萬八千坪이러라是時에議政署理法部大臣趙秉式이執權하야金允植李承五兩人은八月에廢妃告廟文을製進한罪로濟州島에安置하고施蘭頓醫士가達城宮을買入한後에教會堂을新設하고傳道하였더라

戊戌

是年은光武二年이오(西曆一八九八年이라) 先生이西扇(?)薛羅牧師를同伴하야楊州瓮岩里에傳道하며梨花

學堂에牧牛하든人盧享達은곧楊州邑內人으로播道를紹介하엿고그곳에九付(?)姜載

熙家에留하엿나니此는初穀(?)의果實이오現在南監理教會에서熱心으로從事하고

本年陰四月初二日에聖百見(?)이生하니라

三月三十一日은戊戌三月初十日木曜라

姜助表牧師는載熙氏의子이러라四月二日은戊戌三月十二日이라房巨牧師와및九人이漢江

에서小汽船安來丸을乘하고仁川港에抵하야四月二日에日本郵船肥後丸을搭

하고釜山港을向하야出發하니五日에抵長崎港하니海關檢疫官이出來하야船中에

病人有無를調査하고港外靑山에樹木이密密하고百花爭發하야異域山川에

風光이大佳하니不同하며六日上午에馬關에着하니左有文司町하고右有春

帆樓라舟楫이雲集하야俊彩(?)라星馳러라八日上午에以汽車로行餘里하고

琵琶湖富士山을縱覽하고下午十一時에橫濱港에抵하야山手本町二番

家風味表助方에宿館하니라

拾行 廿詰

Ⓗ 特製

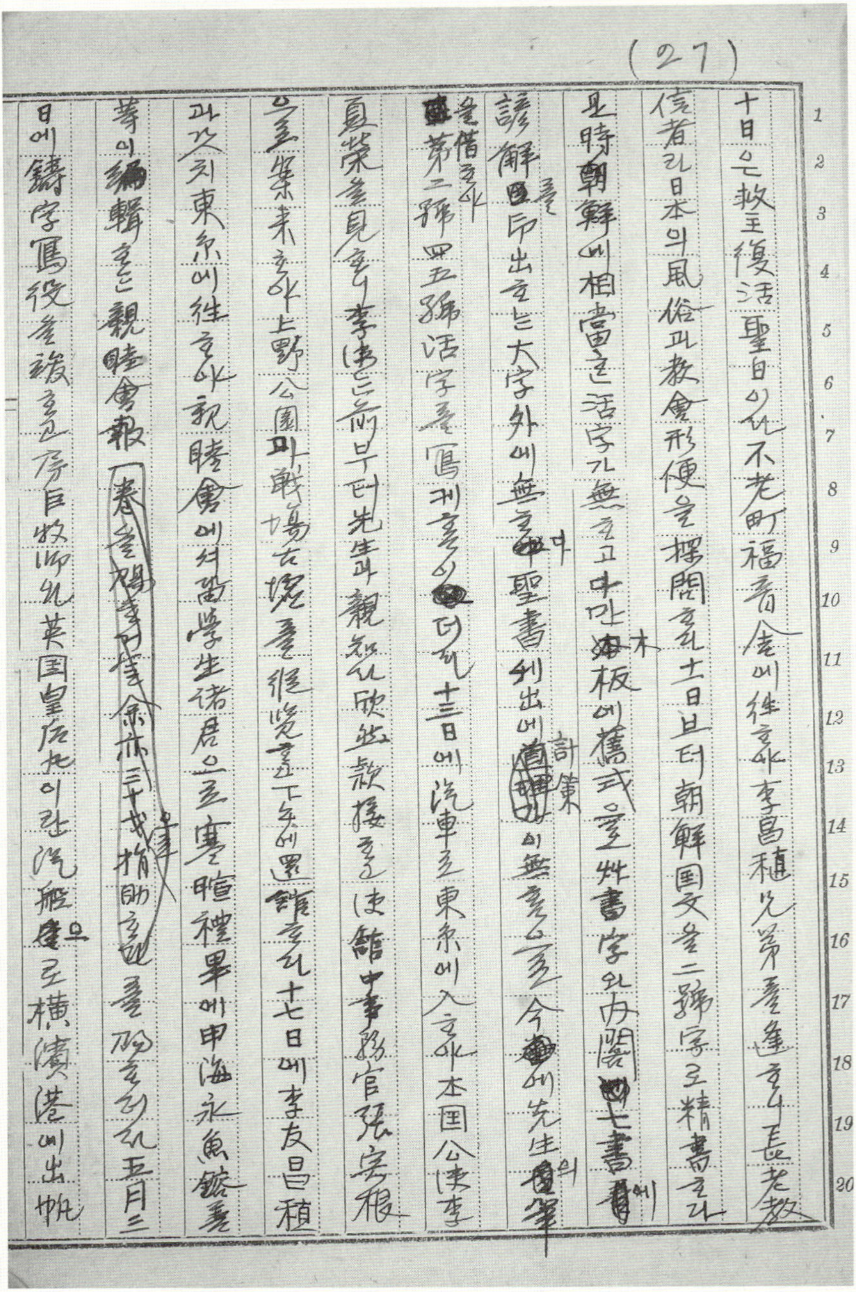
(27)

十日은 救主復活聖日이나 不老町福音會에 往하야 李昌稙兄弟를 逢하니 長老敎

信者라 日本의 風俗과 敎會形便을 探問하고 十日브터 朝鮮國文을 二號字로 精書하니

是時 朝鮮에 相當한 活字가 無하고 다만 木板에 舊式의 書字와 內閣七書에

諺解를 印出하는 大字外에 無하더라 聖書刊出에 計策이 無하도다 今에 先生의 筆

을 借하야 第二號 四五號 活字를 寫케 하더니 十三日에 汽車로 東京에 入하야 本国公使 李

直榮氏를 見하니 李氏는 前부터 先生과 親知라 欣然款接하고 使館中事務官 張寅根

으로 案來하야 上野公園과 戰場古蹟를 經覽하고 下午에 還館하니 十七日에 李友昌稙

과 갓치 東京에 往하야 親睦會에서 留學生諸君으로 寒暄禮畢에 申海永 魚瑢善

等의 編輯한 親睦會報 (春을 觀하고 余亦三十錢 捐助하고)를 觀하엿고 五月三

日에 鑄字寫役을 竣하고 彦巨牧師와 英国皇后丸이란 汽船으로 橫濱港에 出帆

호야 神戶로 向호야 伊豆島 火山에 烟雲이 噴上홈을 見호엿고 五日에 神戶港에 入호야

松本庄吉方에 留호고 房巨牧場(을 伴호야) 上山瀑布와 造紙所各處를 歷覽호고 十二日에 다시

肥後丸으로 出帆호야 (玄海峽、馬關、馬崎、) 對馬島大浦港을 經호야 十六日에 釜山港에 還泊호고

十八日上午十点에 濟物港에 下陸호야 漢江丸으로 (龍山에) 着호야 人力車로 入闕호다

是年 (八月에) 府大夫人이 薨호고 三日이라 成服時에 (特進官趙秉世) 外大趙秉式 宮大閔泳奎

等이 上疏호야 不得臨哭호고 侍讀官李愚萬으로 問候호신 二月二十三日에 雲峴

宮園大公이 薨逝호신 時에 金鴻陸이 刺客의게 刺客의刑 大端被傷이어늘 自上

으로 勅令을 發호야 若三日內로 原犯을 詗捉지 못호면 警務使를 重勘호(라 時에)

日露協商을 成호니 露國士官과 顧問官을 革罷호고 英國人柏卓安으로 호야곰 總稅務

使를 호고 五月에 馬山港과 城津港을 開放호고 平壤에는 通商市를 開호고 九月에 日本

人(의게) 京釜鐵道敷設權을 許호고 法人의게 京義鐵道敷設權을 取消호니

拾行 廿詰

Ⓗ 特製

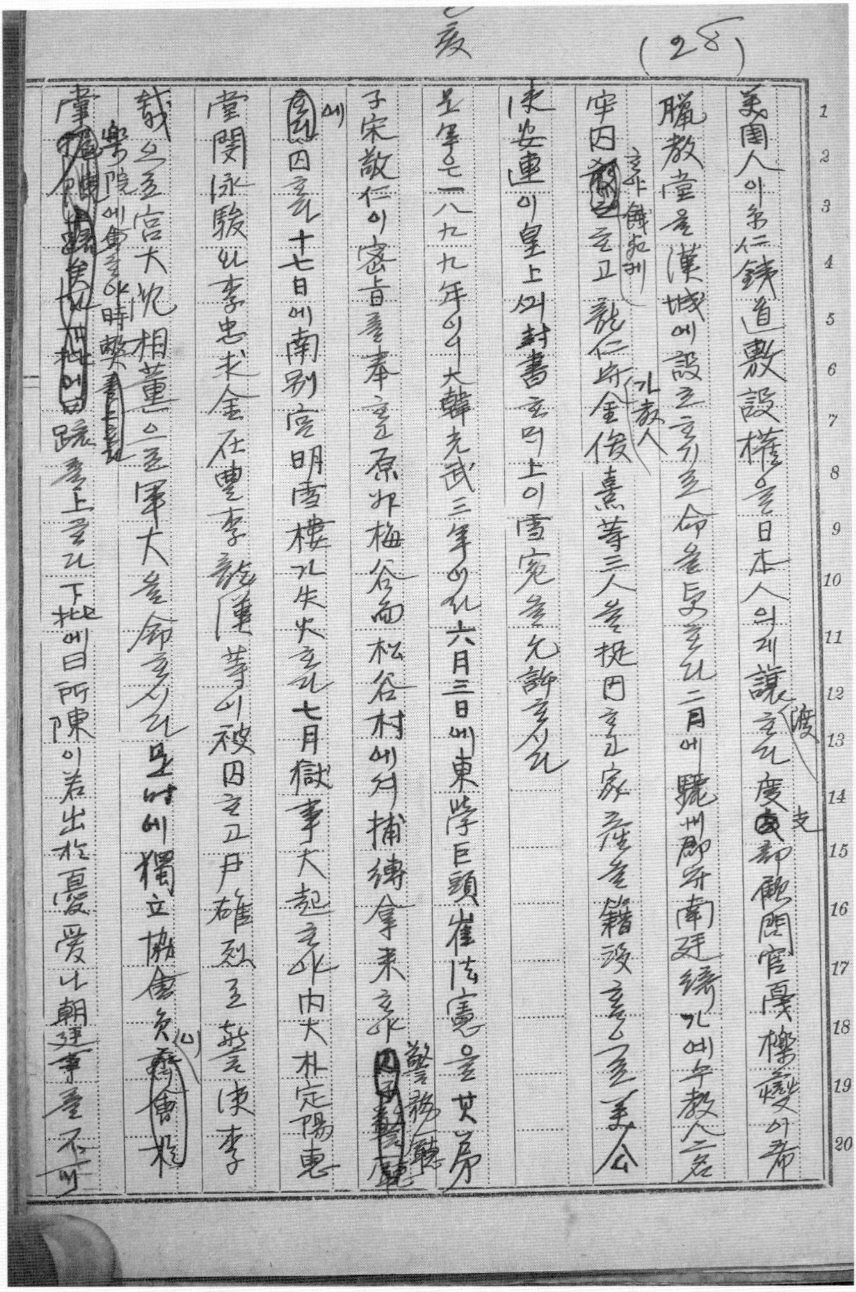
(28)

美國人이 京仁鐵道敷設權을 日本人의게 讓渡ᄒᆞ고 度支部顧問官 ... 布

臘敎堂을 漢城에 設立ᄒᆞ니 主命을 受ᄒᆞ고 二月에 驪州郡守 南廷綺가 예수敎人 二名

을 因ᄒᆞ고 龍仁府 金俊熹等 三人을 捉囚ᄒᆞ고 家産을 籍沒ᄒᆞᆷ으로 美公

使 安連이 皇上씌 封書ᄒᆞ야 上이 雪寃을 允許ᄒᆞ시니

是年은 一八九九年이니 大韓光武三年이라 六月三日에 東學巨頭 崔法憲을 英房

子宋敬仁이 密旨를 奉ᄒᆞ고 原州梅谷面松谷村에서 捕縛拿來ᄒᆞ야

에 因ᄒᆞ야 十七日에 南別宮明雪樓가 失火ᄒᆞ고 七月 獄事大起ᄒᆞ야 內大臣 朴定陽 惠

堂閔泳駿과 李忠求 金在豊 李能漢 等이 被囚ᄒᆞ고 尹雄烈로 警使 李

載純으로 宮大臣 相董으로 軍大를 命ᄒᆞ니 是時에 獨立協會負褓商會가

疏ᄒᆞ고 上이 下批에 日所陳이 若出於憂愛니 朝廷事를 不可

士安倫이라 主삼을 諸員이 再踞하야 上하고 鄭治鎔 等이 皇國協會를 訓鍊院에
組織하니 會員이 數千人이라 皇太子께서 捐助金 三百圓을 下賜하시니 是月 東徒魁 崔法
憲을 處絞하니 寫眞 三百餘張을 出하야 八道에 巡示하니 八月五日에 警務使 尹
雄烈은 致昊의 父라 하야 罷免하고 度大臣 閔泳綺로 警使를 兼任하고 數百名 巡校를
發하야 章樂院에 와서 (고) 開會를 嚴禁할새 [illegible] (侍衛兵 五百名으로) 銅峴 牌門에 留
하고 進士 崔廷德은 諸道에 至尊이라 하야 警務廳에 捉囚하니 李容翊은 獨立會 彈
劾으로 免官을 當하니 九月 十三日에 僞勅을 虛傳한 罪人 李裕寅은 莞島郡에 限
終身 流配하고 僞勅을 奉行한 馬毛寧은 荏子島에 十五年 流配하고 十六日에 水剌
拈藥茶에 置毒進御한지라 洪植의 供辭에 日 黑山島(에) 流配終身 罪人 金鴻陸의 所囑이라
하고 爲先 鴻陸妾을 捉囚하니 李容翊이 [illegible] (拾壽 奸詐)
獨立會의 彈劾으로 免官이 되매 上海로 九州 淸人 三十餘名을 率來하야 闕內를 保護

Ⓗ 特製

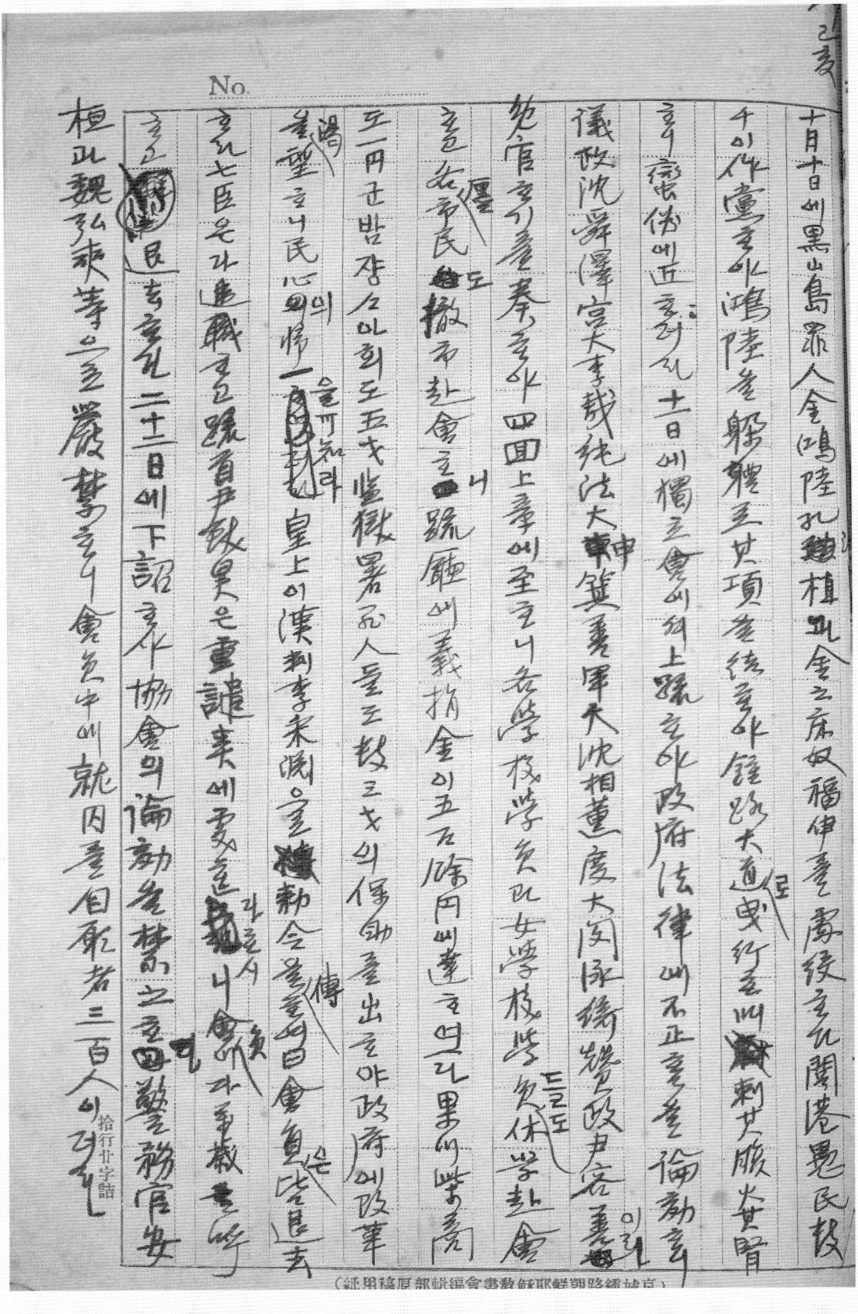

己亥

No.

十月十日에 黑山島罪人 金鴻陸 孔[illegible]植 과 金之席 女福伊를 處絞하고 閔港邑民 投千이 作黨하야 鴻陸을 解體 三廿項을 結하야 鐘路大道로 曳行하며 刺其臏 火其腎하니 宸衷에 近하심이라 十一日에 獨立會에서 上疏하야 政府 法律에 不正함을 論劾하니 議政 沈舜澤 宮內大臣 李載純 法大臣 申箕善 軍大 沈相薰 度大 閔泳綺 警政 尹容善 이라 免官하심을 奏하야 四回上章에 至하니 各學校學員과 女學校學員들도 休學赴會하니 各市民도 撤市赴會하니 義捐金이 五百餘円에 達하며 [illegible] 도 一円 군밤장ᄉᆞ와 회도 五戈 監獄署 罪人들도 數三戈의 [illegible]助를 出하야 政府에 政革을 望하니 民心의 歸一을 可知라 皇上이 漢判 李采淵을 勅令을 傳하샤 會員은 皆退去하라 七臣은 다 退職하고 疏首 尹致昊는 重譴에 處하라 하시니 會員이 다 [illegible] 를 呼하고 [illegible] 退去하라 二十二日에 下詔하사 協會의 論劾을 禁하시고 警務官 安桓과 魏弘奭 等으로 嚴禁하니 會員 中에 就囚를 自願者 三百人이러라

拾行廿字詰

（京城鐘路朝鮮耶穌敎書會編輯部原稿用紙）

No. 30

十月二十九에 大臣以下 諸官僚와 獨立協會、總商會、皇國協會、國民會、光武協會、親睦會、贊襄會、女會、協成會、保信社會의 各色人民等이 鍾路通衢에 雲集하야 新章程을 議定入奏하니 嗚呼萬歲라 四千餘年 歷史中에 初有한 事이러라 (參政臣朴定陽으로) 天陛에 奏達한 新章程 六條가 如左하니

1 外國人의게 依附치 말고 官民이 同心合力하야 專制皇權을 堅固케 할 事

2 礦山 鐵道와 煤炭 森林과 借款 借兵을 外國人條約에 各部大臣과 中樞院 議長의 着啣 捺印이 아니면 施行치 못할 事

3 無論某稅하고 全國財政을 度支部로 句管케 하고 他府部나 私會社에 干涉지 못하게 하고 豫算과 決算을 人民의게 公布케 할 事

4 自今으로 重大犯罪人을 另行公判하되 被告로 到底히 說明케 하야 自服한 後에 判決할 事

5 勅任官은 皇帝陛下가 政府에 諮詢하야 過半數로 任命할 事

6 章程을 實踐할 事

拾行廿字詰

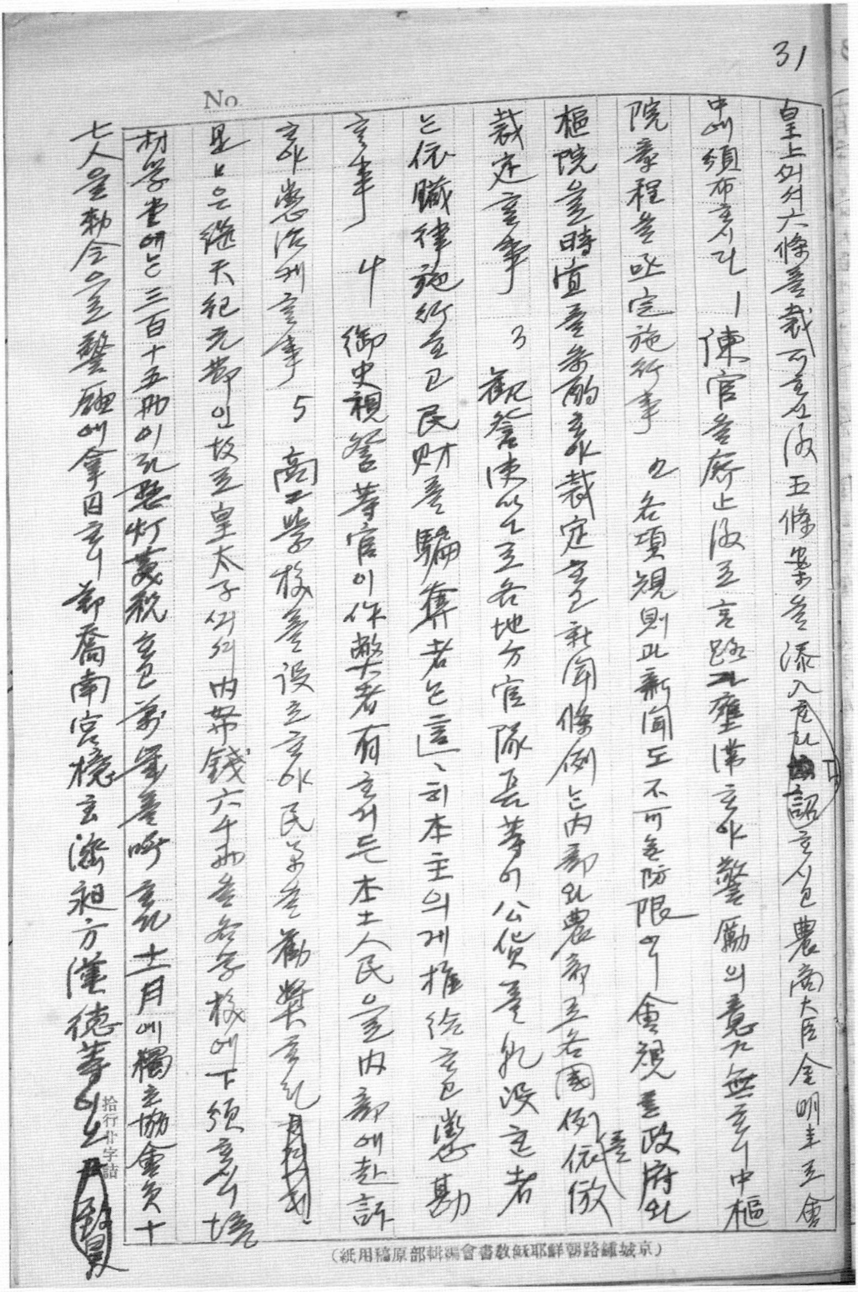

31

No.

皇上의셔 六條를 裁可하오시고 伋 五條案을 添入하야 認하오시니 農商大臣 金明圭로 會
中外에 頒布하니 1 使官을 廢止하고 路로 壅滯하야 警勵의 意가 無하니 中樞
院章程을 改定施行事 2 各項規則과 新聞도 不可無防限이니 會規를 政府와
樞院을 時宜를 參酌하야 裁定하고 新聞條例는 內部와 農部로 各國例를 依倣
裁定할 事 3 觀察使 以下 各地方官 隊長 等이 公貨를 乾沒한 者
는 依職律施行하고 民財를 騙奪者는 這這히 本主의게 推給하고 懲勘
할 事 4 御史視察等官이 作弊者有하거든 本土人民을 內部에 赴訴
하야 懲治케 할 事 5 商工學校를 設立하야 民業을 勸獎하기로 하니
是日은 繼天紀元節인 故로 皇太子 殿下께서 內帑錢 六千兩을 各學校에 下賜하시고 擴
材學堂에는 三百十五兩이러라 懸燈義稅한 萬餘를 呼하니라 十一月에 獨立協會員 十
七人을 勅令으로 警廳에 拿囚하니 鄭喬 南宮檍 李商在 方漢德 等이오

拾行廿字詰

(京城鍾路朝鮮耶穌敎書會搨耕部原稿用紙)

會長尹致昊는樂峴本家에서後門으로逃走하야貞洞亞扁薛羅家에隱避
하고失捕하야巡檢을大派하야鍾路各市廛門을勒으로열고販賣케하니時에
警務使는金禎根이오大臣은趙秉式이라警吏가十七人을高等裁判所로移囚하매會員等이
警廳及高等所門前에會集하야達夜하나會費를保助하는者도있으며日本人도酒果를送하야會員
을慰勞하고 [illegible] 보아에趙秉式李基東俞箕煥閔泳綺朴齊純閔種默等이會
를誣搆하야匿名書一張으로上奏하되獨立會에서장찻大統領을選立하고會
員等은皆內閣功臣이되라하고提囚하야協會에서上疏辨訴하미上이諭旨의
爵을免하고十七人을放釋하시니二十日에負商幾千人이棒杖을携持하고仁
化門前에大呼突入하야會員等을擊退하니死者幾人이며傷者幾人이라萬民이更
聚하야負商三人을打殺하고李基東家를破碎하니負商班首吉永洙와商務
長林有鎭等이獨立會에長書를致하야其案要曰에曰爲大韓民臣者만

拾行廿字詰

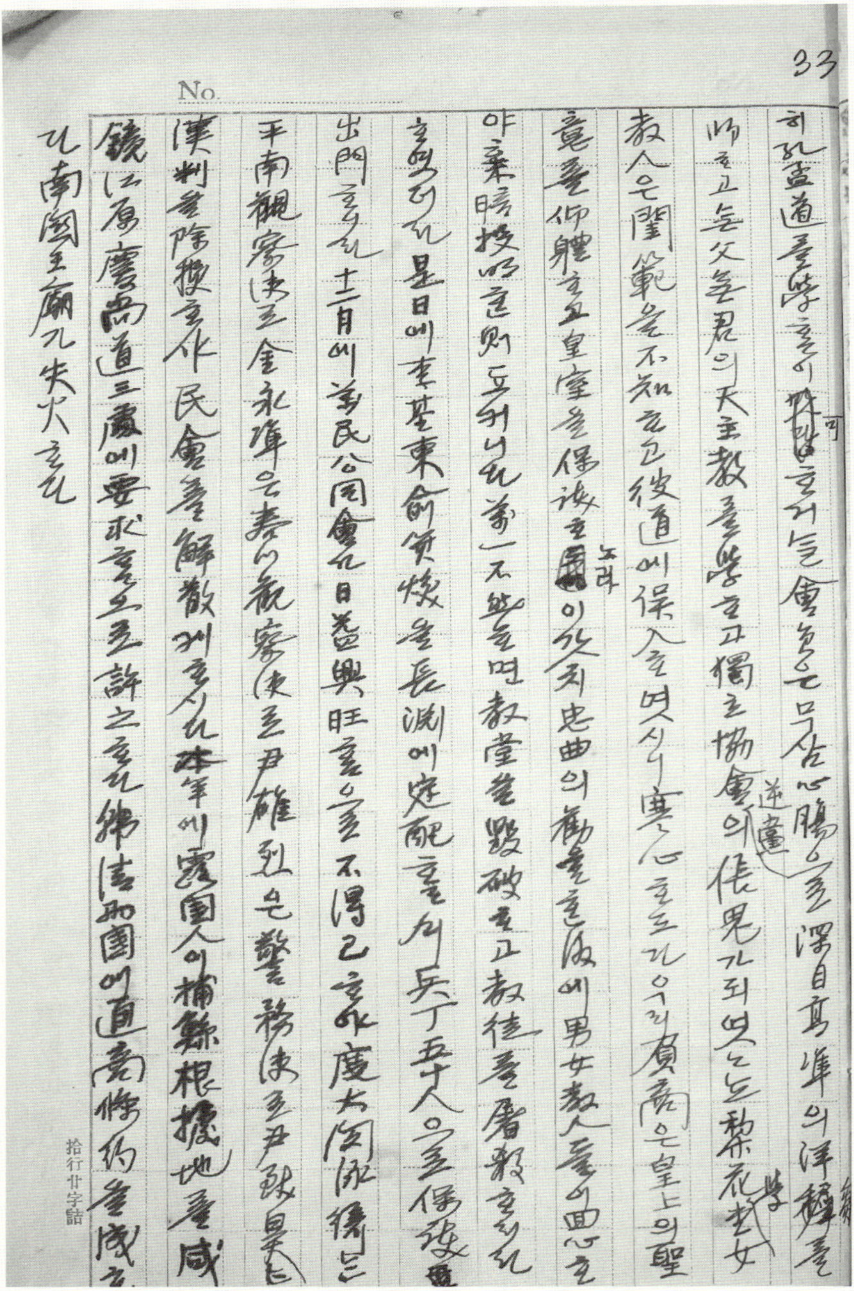
33

No.

히라 道를 學하야 排斥하라는 會員은 무삼 心腸으로 渾自高準의 洋籍를
師하고 無父無君의 天主教를 學하고 獨立協會의 逆黨 傀鬼가 되엿나뇨 梨花學堂女
教人은 閨範을 不知하고 彼道에 保入하엿시니 寒心하도다 우리 貞烈은 皇上의 聖
意를 仰體하고 皇室을 保護하노라 이갓치 忠曲의 勸을 하야 에 男女 教人을 回心하
야 來臨 接하면 되려니와 萬一 不然하면 教堂을 毁破하고 教徒를 屠殺하리라
하엿더라 是日에 李基東 俞鎭煥을 長湍에 定配하고 兵丁 五十人으로 保護
出門하더라 十二月에 萬民公同會가 日益興旺함을 不得已하야 度支大臣 [illegible]
平南觀察使로 金永準은 黃海觀察使로 尹雄烈은 警務使로 尹致昊는
漢判을 除授하야 民會를 解散케 하시니라 本年에 露國人이 捕鯨根據地를 咸
鏡江原慶尙道 三處에 要求하야 是許之하니라 佛清兩國에 追商條約을 成하
니라 南關王廟가 失火하니라

拾行廿字詰

行ᄒᆞ고 慶祝歌를 樂工으로 和合奏ᄒᆞ게 ᄒᆞ고 茶果를 進ᄒᆞᆫ 後에 仁化門前에 齋

會ᄒᆞᆫ 後 樂隊가 慶祝ᄒᆞᆯᄉᆡ 皇上게셔 武監 二人을 別遣ᄒᆞ시니 任ᄒᆞᆫ 各教會가 掌禮院에

會ᄒᆞ고 元杜九 鄭法尹 數昊等이 演說ᄒᆞ야 ᄂᆡ 材料에 各 大紙紙燈을 高列燈

祝賀ᄒᆞᆯᄉᆡ 先生이 演士로 奉祝辭를 吐ᄒᆞ엿더라 十二月 十九日에 楊州 牛山과 筆岩 等

地에셔 行傳道ᄒᆞᆯᄉᆡ 朴應龍이 欣然迎接ᄒᆞ야 祈禱 後에 筆墨을 持ᄒᆞ고 使徒信經

과 十誡命을 書ᄒᆞ야 壁上에 付ᄒᆞ기를 請ᄒᆞ거ᄂᆞᆯ 所願을 依ᄒᆞ야 行ᄒᆞ고 隣里居

尹士全 等은 自稱 文章巨擘이라 是夜에 殷勤히 來訪ᄒᆞ야 儒教의 眞理를 問

ᄒᆞ거ᄂᆞᆯ 先生이 聖神의 智能을 天國의 靈奧ᄒᆞᆫ 道理로 講演ᄒᆞ니 橫說竪說에

莫不合理라 一洞人民이 敢히 誹謗치 못ᄒᆞ더라 翌日 禮拜에 姜載熙 等 四人과 婦人

二名이 願入敎에 名을 載ᄒᆞ니라 下午에 筆岩後山에 登ᄒᆞ야 祈禱를 드리고 잇ᄂᆞᆫ 것을

에 尹士全家를 歷訪ᄒᆞ야 傳道를 上奏ᄒᆞ엿더라

拾行廿字詰

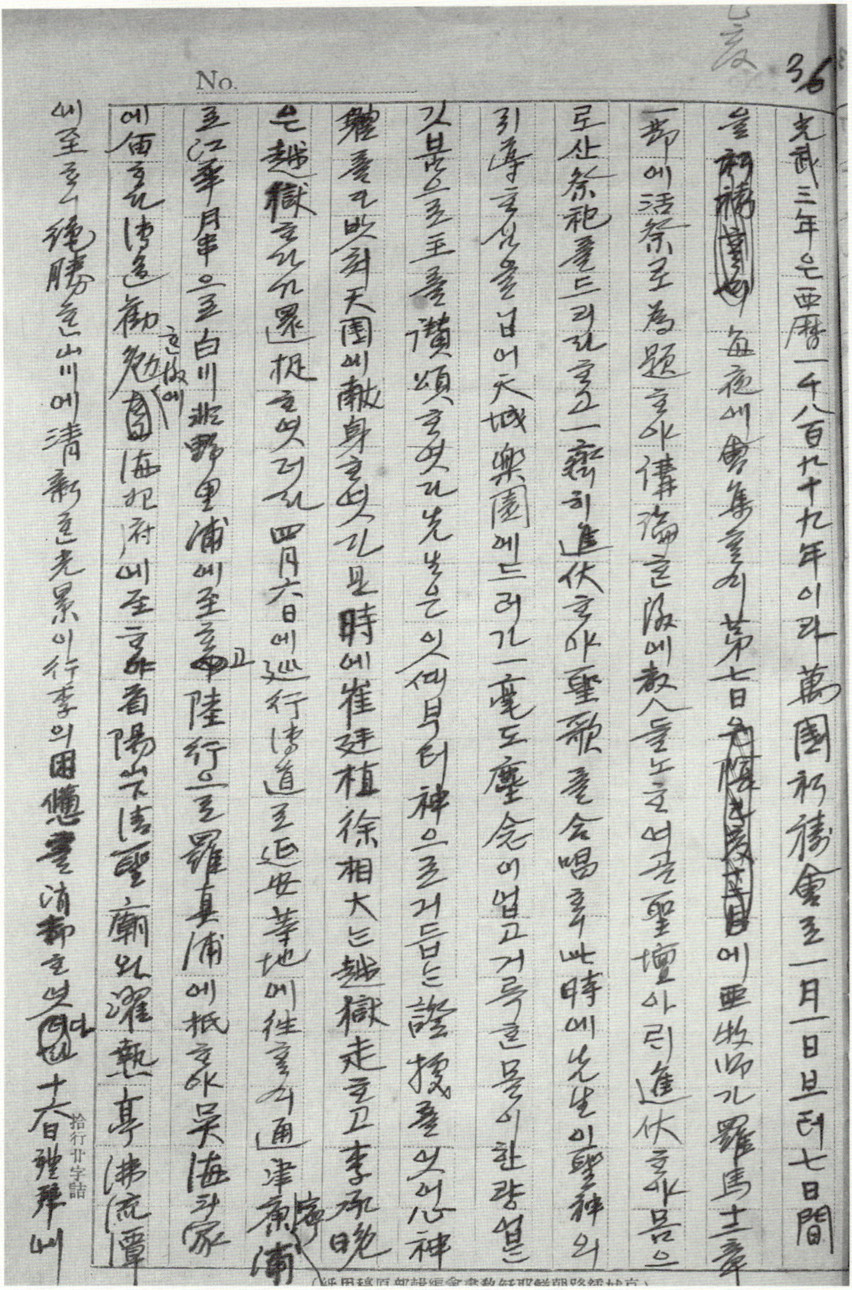
No. 36

光武三年은西曆一千八百九十九年이라 萬國祈禱會로一月一日보터七日間
을祈禱會에 每夜에會集하니 第七日에 亞歐師가羅馬十二章
一節에活祭로爲題하야講論한後에教人들노하여곰聖壇아릭進伏하야몸으
로산祭祀를드리라하고一齊히進伏하야聖歌를合唱할새此時에先生이聖神의
引導하심을밧어天城樂園에드러가一毫도塵念에업고거룩한뭄이한량업는
깃븜으로主를讚頌하엿가先生은잇대부터神으로거듭는證據를엇어心神
體를다밧쳐天國에獻身하엿가로時에崔建植徐相大는越獄走하고李承晚
은越獄하다가還捉하엿더라 四月六日에巡行傳道로延安華地에往하야通津康寧浦
로江華月串으로白川錦里浦에至하고陸行으로羅眞浦에抵하야吳海家
에하나傳道勸勉하고海州府에至하야首陽山下聖廟와濯熱亭沸流潭
에至하니 絶勝한山川에淸新한光景이行李의困憊를淸掃하엿더라 十六日禮拜에

拾行卄字詰

37

No.

金允三家에서男女合十九人의게洗禮를行ᄒᆞ고午後에延安郡南神堂에至ᄒᆞ야夕禮
拜를드리ᄂᆞᆫᄃᆡ會者ᄂᆞᆫ三十餘人이더라 (安岳) 時에海州觀察使ᄂᆞᆫ李址鎔이오郡守ᄂᆞᆫ
尹胄榮이라 趙元時牧師와함께訪問ᄒᆞ고延安邑에還至ᄒᆞ야吳海과等五人의게
洗禮를行ᄒᆞ고舒行ᄒᆞ야喬桐仁峴浦에傳道ᄒᆞ고虎頭浦에서乘船ᄒᆞ야江華橋項
洞에下陸ᄒᆞ고金商霖家에서季朔會를行ᄒᆞ고男女七人의게洗禮及入敎禮를行ᄒᆞ고
洪衣會堂에서傳道ᄒᆞ고午後男女合八人의게洗禮及入敎禮를行ᄒᆞ고二十二日에天
草江을(多)江龍山에抵ᄒᆞ니是時에始興郡金佛巷先塋位土를墓直俞致三이
盜賣ᄒᆞ얏거ᄂᆞᆯ靈岩郡宗人章奎로더부러本郡府李禹永을入見ᄒᆞ고理訴를從
明後에起訴ᄒᆞ야劉致三을捉囚ᄒᆞ고買收人閔泳琦ᄂᆞᆫ裁判ᄒᆞ야位土를還覓ᄒᆞᆫ時
에德國皇弟亨利親王이渡來ᄒᆞ얏거ᄂᆞᆯ各大臣이南門外出迎ᄒᆞ고大觀亭에서陛
見ᄒᆞ고大觀亭에서宴會ᄒᆞ엿더라
陛見後에

拾行改字誌

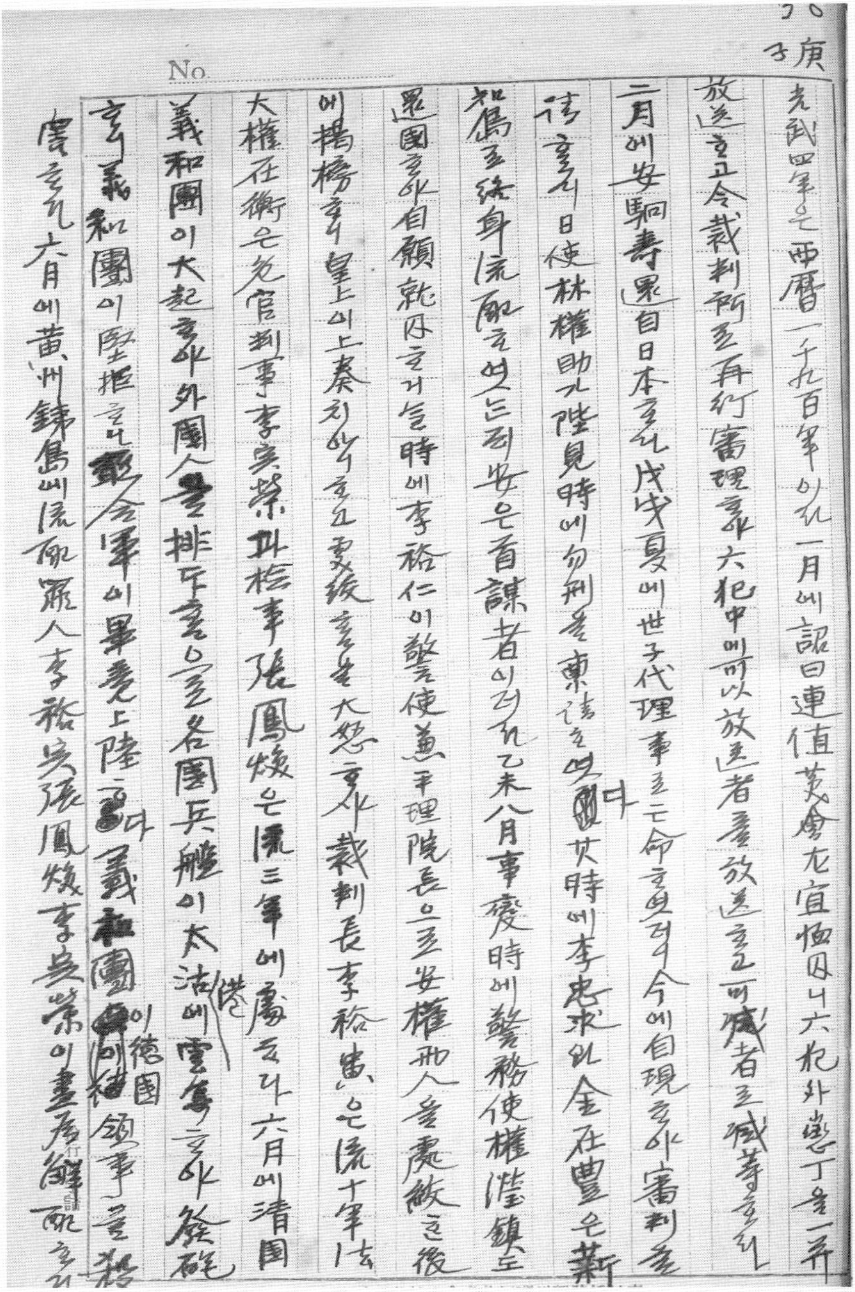

50
庚子

光武四年은西曆一千九百年이라一月에詔曰連値莫會尤宜恤因니六犯外惡丁을一并放送하고令裁判所로再行審理하야六犯中에可以放送者를放送하고可減者로減等하라

二月에安駉壽를自日本하라戊戌夏에世子代理事로已命하엿더니今에自現하야審判을待하니日使林權助가陛見時에勿刑을柬請하엿다其時에李忠求와金在豐은薪知島로終身流配하엿드라安은首謀者이라乙未八月事變時에警務使權瀅鎭으로還國하야自願就囚하니當時에李裕仁이警使兼平理院長으로安權兩人을處絞한後에揭榜하니皇上이上奏치아니하고處絞함을大怒하야裁判長李裕寅은流十年에大權在衡은免官判事李寅榮과檢事張鳳煥은流三年에處하다六月에清國義和團이大起하야外國人을排斥함으로各國兵艦이太沽에雲集하야發砲하니義和團이堅拒하니聯合軍이畢竟上陸하다義和團이德國領事를殺害하니六月에黃州錦島에流配罪人李裕寅張鳳煥李寅榮이盡行解配하니

七月에光緒皇帝는遇害崩하고西太后는北走하고端親王이篡奪하야皇
位를竊하고北京兵과義和團과拳匪를合하야外国人을擊하니基督教
徒가多被殺하니時에英公館은被火燒하고德使는遇害하다 七月에詔曰觀風各俗
之官이專事剝割하야聽聞所念에不覺駭惋이라全北觀察李完用과全南閔泳喆
慶南李址鎔慶北金稷鉉平北趙民熙平南鄭世源江原觀察鄭日永黃海觀察
閔亨植等을免官查辦케하다 八月에貴人嚴氏로淳嬪을封하고宮人李氏
로昭儀를封하니時에天津聯合軍은日兵二萬英兵一萬美兵五千人이러니上이
宮內府參理官吳仁澤으로白米一千石과麥粉三千包와捲烟二千匣을가지고天
津聯合隊의게犒饋케하니八月에義和團으로義王을삼은嚴貴의所生子
娘으로英王을封하니各国聯合軍이通州를破하고北京에直抵하야各国公使
를救出하니日俄兩使가大韓을分轄하기로하므로美長老教會에서樞院
에獻議하니

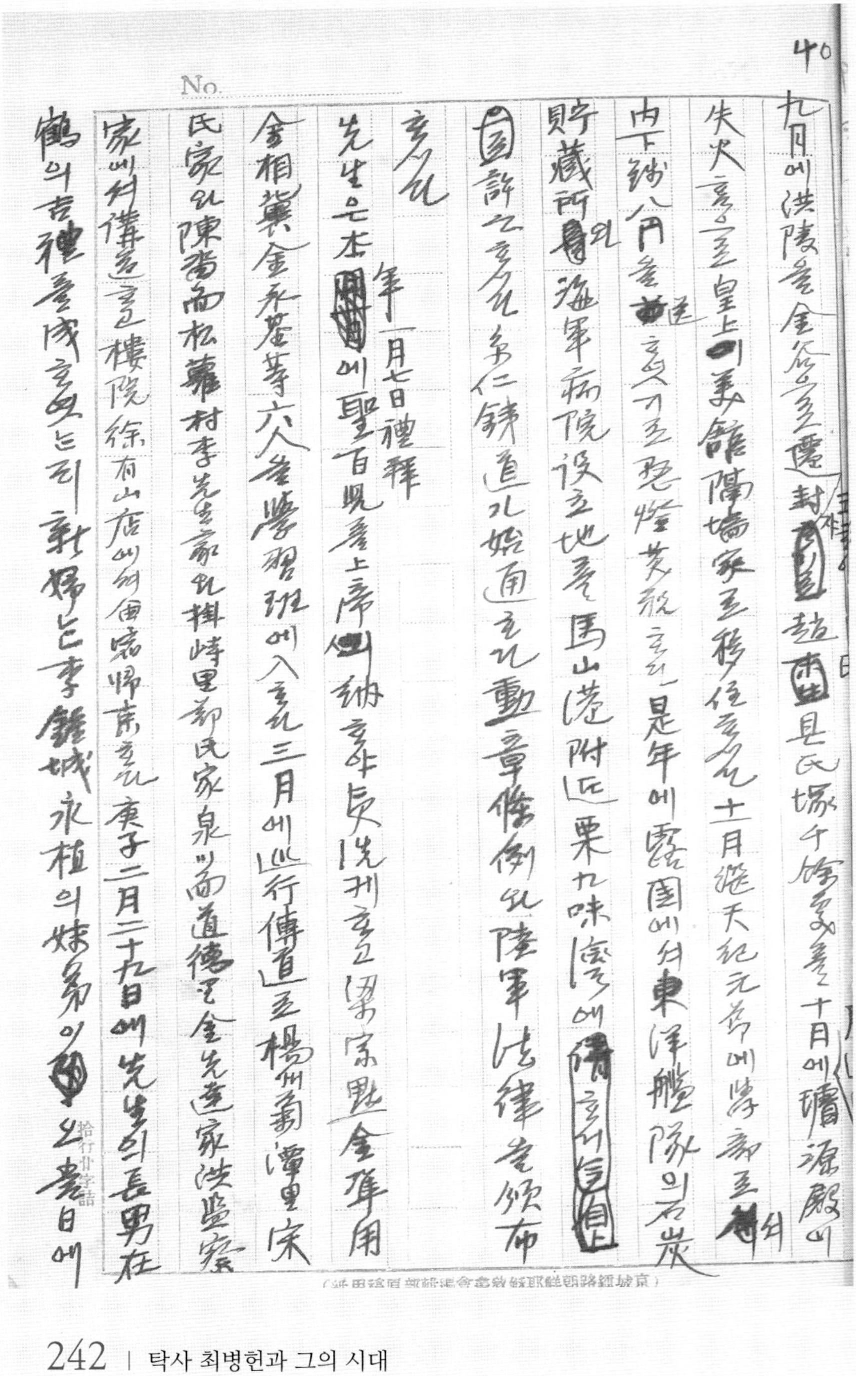

40

No.

九月에洪陵을金谷으로遷封하고 趙[illegible]是氏塚千餘家를 十月에璿源殿에
失火하므로皇上이美館陽峰家로移住하시고十一月繼天紀元節에學部로서
内下鋳八門을하시기로是年에露國에서東洋艦隊의石炭
貯藏所로海軍病院設立地를馬山港附近栗九味灣에請하니自上
國許하시고京仁鉄道가始通하고勳章條例와陸軍法律을頒布
하고
先生은本[illegible]年一月七日禮拜에聖百貶를上帝에納하며受洗케하고梁宗熙金準用
金相冀金承基等六人을學習班에入하고三月에巡行傳道로楊州蜀潭里宋
氏家와陳當面松藩村李先生家와掛峙里鄭氏家泉川面道德里金先達家洪監察氏
家에서講道하고樓院徐有山店에서留宿歸京하고庚子二月二十九日에先生의長男在
鶴의吉禮를成하였는데新婦는李鍾城永植의妹弟이요吉日에

拾行廿字詰

承隨式은傳來舊禮를從ㅎ엿고 先生은教役에從事ㅎ믄아니코家務ㅎ고
原來清貧ㅎ야馬夫首母임仔娥隸等下人의行ㄴ가不過三百二十八兩이더라 六月에亞扁
薛羅牧師가西國櫻桃를侍從李樹業ㅎ야進上ㅎ엿더니皇上이亞公의게細盧와
曲頭扇等物을賜ㅎ셧더라 七月三十日에尚洞教堂의定礎式聖禮를行ㅎ고
時에美國婦人미ㄴ모리앨씨가銀八千圓을捐助ㅎ야此聖堂을建築ㅎ니
教人會者三百十五人이러라 八月二十七日에仁川府牛角峴會堂이完築됨으로各郷各
處教徒가會集ㅎ야奉獻式을行ㅎ고趙元時牧師講說과亞牧師의祈禱로行ㅎ엿고
且新約聖書全部가繙譯됨을美公使安連이華衣冊子를各牧師의게分
給ㅎ고英皇上을傳ㅎ엿더라 十二月二十五日은救主聖誕이니男女教友가特別히捐助ㅎ야貧
寒困難의게救恤ㅎ니白米가八石五斗오松枝가十餘駄오洋木小囊三百餘에名ㄴ盛
米以領ㅎ고柴ㄴ一束式分擬ㅎ고兒童의게는果實封을分給ㅎ야聖誕을慶祝ㅎ엿시니
年ㄴ爲例홈이此로從生ㅎ엿더라

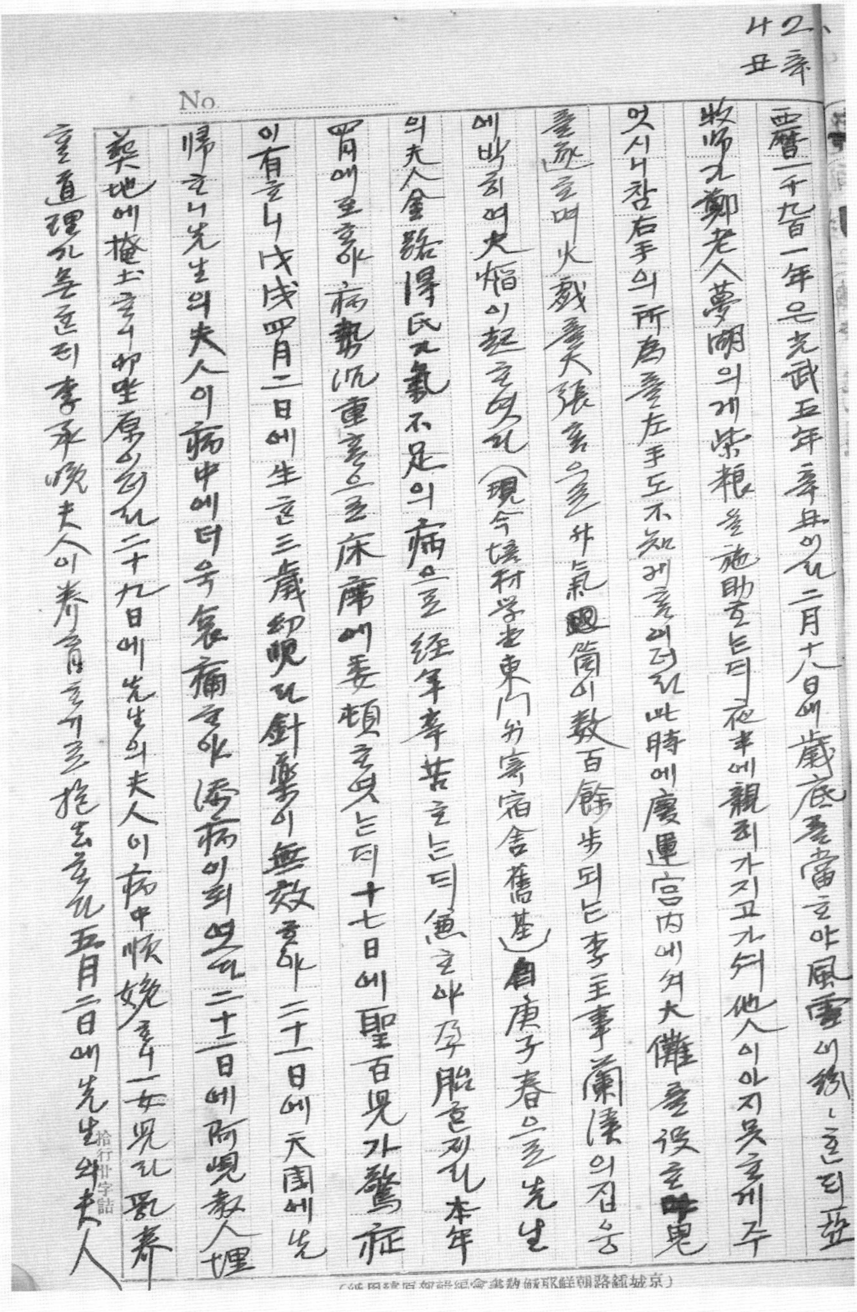

42. 辛丑

西曆一千九百一年은 光武五年 辛丑이라 二月十八日에 歲底를 當하야 風雪이 紛紛한디 並
救恤之 鄭老人 夢湖의게 柴粮을 施助하는디 夜半에 親히 가지고 가셔 他人이 아지 못하게 주
엇시니 참 右手의 所爲를 左手도 不知케 함이더라 此時에 慶運宮內에셔 大儺를 設하고 鬼
를 放하며 火栽를 大張함으로 升氣圈筒이 數百餘步되는 李王事蘭儀의 집 웃
에 비최여 大焰이 起하엿라 (現今培材學堂東門外寄宿舍舊基) 創庚子春으로 先生
의 夫人 金路得氏가 氣不足의 病으로 經年辛苦하는디 無하야 孕胎하엿라 本年
四月에 至하야 病勢沉重함으로 床席에 委頓하엿는디 十七日에 聖百兒가 驚症
이 有하니 戊戌四月二日에 生한 三歲幼兒라 針藥이 無效하야 二十一日에 天國에 先
歸하니 先生의 夫人이 病中에 더욱 哀痛하야 添病이 되엿라 二十三日에 阿峴敎人埋
葬地에 掩土하니 卯坐原이라 二十九日에 先生의 夫人이 病中 快娩하니 一女兒라 聖壽
한 道理라 一은 된 李承晩 夫人이 看護하기로 措出하라 五月二日에 先生과 夫人

拾行廿字詰

45

No.

金氏가 天國에 長逝한다(辛丑 三月 十四日) 五月五日에 先生이 夫人을 娶 興郞 金佛菴 先生

下麓에 安葬하니 牧師 徐元輔氏가 主禮하였더라 十日에 新生兒가 雲南家에 化去하니 故

로 埋葬케 하니 十一日에 文監督이 渡來하야 年會를 尙洞 會堂에서 開催하니 是

時에 先生의 年이 四十四歲라 一朔之內에 (陰三月三日 聖百吉 路得 廿三日 新生兒 去) 喪配와 子女의 慘境을 當

하니 비록 主內에서 試險을 이기고 和平함으로 傳道하나 不知中에 眼昏痲이

生하야 이때브터 增光鏡을 쓰고 着字를 하였나니 文監督이 尙洞會堂 奉獻式을

行할새 趙元時 牧師가 通譯하였나니 本年 會에 (先生은) 主理傳道師로 尙洞敎堂에 派送

(고 趙 牧師와 神學月報를 刊行하다)

을 長하였고 二十日에 文監督과 갓치 仁港에 下去하야 內里敎堂의 定礎式을

行하니 是時에 先生의 次女 鳳姬는 陣居兒 李萬釗가 遊戲하는 亂箭에 被傷

하야 左目을 重傷함으로 女病院에 應意治療하였으나 畢竟은 一目을 喪하였

더라 六月에 濟州民 李在守 吳大鉉 姜友伯 等이 起擾하야 天主敎人 數百名

拾行廿字詰

(京城鐘路朝鮮耶穌敎書會編輯部原稿用紙)

44

No.

을屠殺[illegible]平民死者도百餘人이라法國神父[illegible]江華로逃避[illegible]參領尹喆圭

로二百名軍卒을率하고入島鎭撫[illegible]하시 光州兵二百과全州兵二百을任派送하니 時

에法日兩國이在한兵艦을送하엿다니尹參領이皇上의南顧하시는恩으로曉諭하야

島中이悉平하니七月十五日에先生의長男在鶴이培材學堂英語를卒業하고

으로京城學堂에陞하야日語를學得하니是時에無政府黨이美國大統領을

莫堅禮氏를

狙殺하니로敎堂에서追悼會를設行하니本年三月에平理院裁判長兼

法大臣署理金永準과內部協辦閔景植元帥府總長朱錫冕을告發

하니三月二十日에金永準이匿名書[illegible]犯上罪로處絞籍沒하니十月十五日에

淳嬪嚴氏로妃를封하고宮號를[illegible]陽하니自露館으로還御하신後에獨立

協會의幹部諸人을捉囚도하고解散도시키어하고[illegible]하매人方이多

日 事로을알고闕內에夜宴이[illegible]盛하매左右에小人들이誤國病民하오로壹官

民

拾行廿字詰

京城鍾路朝鮮耶穌敎書會讃頌部原稿用紙

私費가公行ᄒᆞ니 觀察一窠에 七十萬이오 郡守에 三十萬이라 国家慶宴에 [illegible]賀禮를 準備ᄒᆞ기 爲ᄒᆞ야 八道의 妙齡妓樂을 [illegible] 募集ᄒᆞ야 皇華坊貞洞梨花學堂北邊家에 掌樂院을 設ᄒᆞ고 날노 歌舞를 [illegible] 研習ᄒᆞ고 闕內에는 每日 雜歌打令 [illegible] 絲竹笙簧으로 徹夜娛樂ᄒᆞ니 所謂 [illegible] 瘼破古 달래 悲心歌等이라 是日은 暑甚ᄒᆞ고 ᄒᆞ는 자도 有ᄒᆞ고 老士들은 言ᄒᆞ되 이러ᄒᆞ고는 亡ᄒᆞ지 아니ᄒᆞ는 나라이 自古로 업다 ᄒᆞ더라 先生의 從姪在鳴은 放田에 破産을 ᄒᆞ고 恒常 先生의게 合宰도 ᄒᆞ고 貽禦 不少ᄒᆞ되 先生은 惟常仁愛로 救恤ᄒᆞ니 見者가 稱善ᄒᆞ더라

一千九百二年은 光武六年 壬寅이니 四月七日에 李能百을 阿峴에 葬事ᄒᆞ던 地段가으로 白楊木과 華蕣花種ᄒᆞ라 西曆 開國五百七年 一千八百九十七年間에 亞牧師가 빌ᄒᆞ되 朝鮮人 負賤者은 生ᄒᆞ[illegible] 此望峴에 居 [illegible] 葬地가 無ᄒᆞᆷ을 생각ᄒᆞ야 死者도 [illegible] 葬ᄒᆞ게 ᄒᆞ야 無ᄒᆞ라 ᄒᆞ고 阿峴에 菜田과 山[illegible]을 買入ᄒᆞ야 敎人의 埋葬地를 作ᄒᆞ라 [illegible] 時에 政府에 命令이 都城四山字內에는 人民의 埋葬을 嚴禁ᄒᆞᆷ으로 [illegible]了ᄒᆞᆫ 敎人은 死後에 掩土ᄒᆞᆯ 곳이 無ᄒᆞ더니 亞公의 慈悲心으로 如此 刻施

拾行廿字詰

(京城鐘路朝鮮耶穌教書會編輯部原稿用紙)

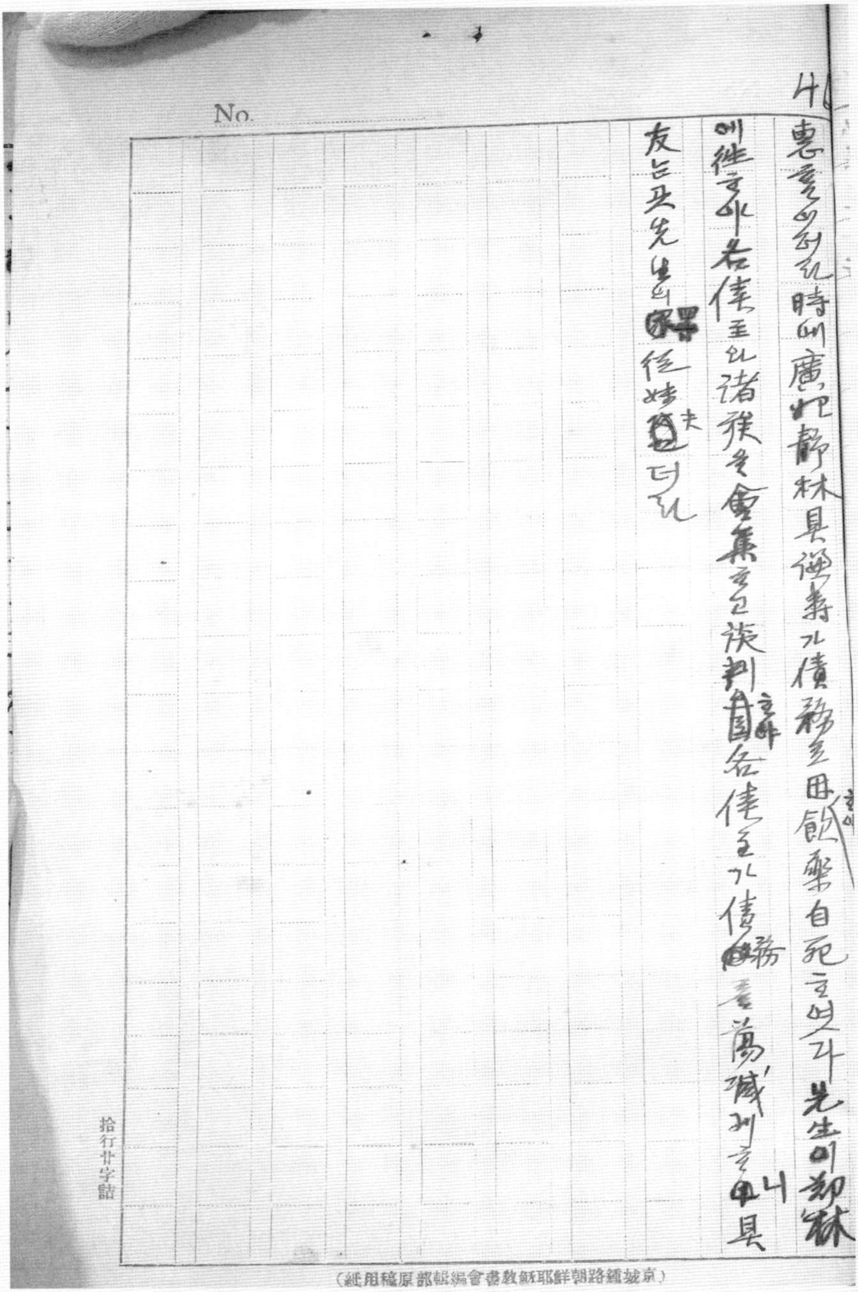

41

No.

惠를 입엇던 時에 廣州 鄭林員 從壽가 債務로 因하야 飮藥自死하엿다 先生이 鄭林

에 往하야 各債主와 諸孫을 會集하고 談判하야 各債主가 債務를 蕩減케하니 員

友는 곳 先生의 從妹夫더라

拾行廿字詰

(京城鍾路朝鮮耶穌教書會編輯部原稿用紙)

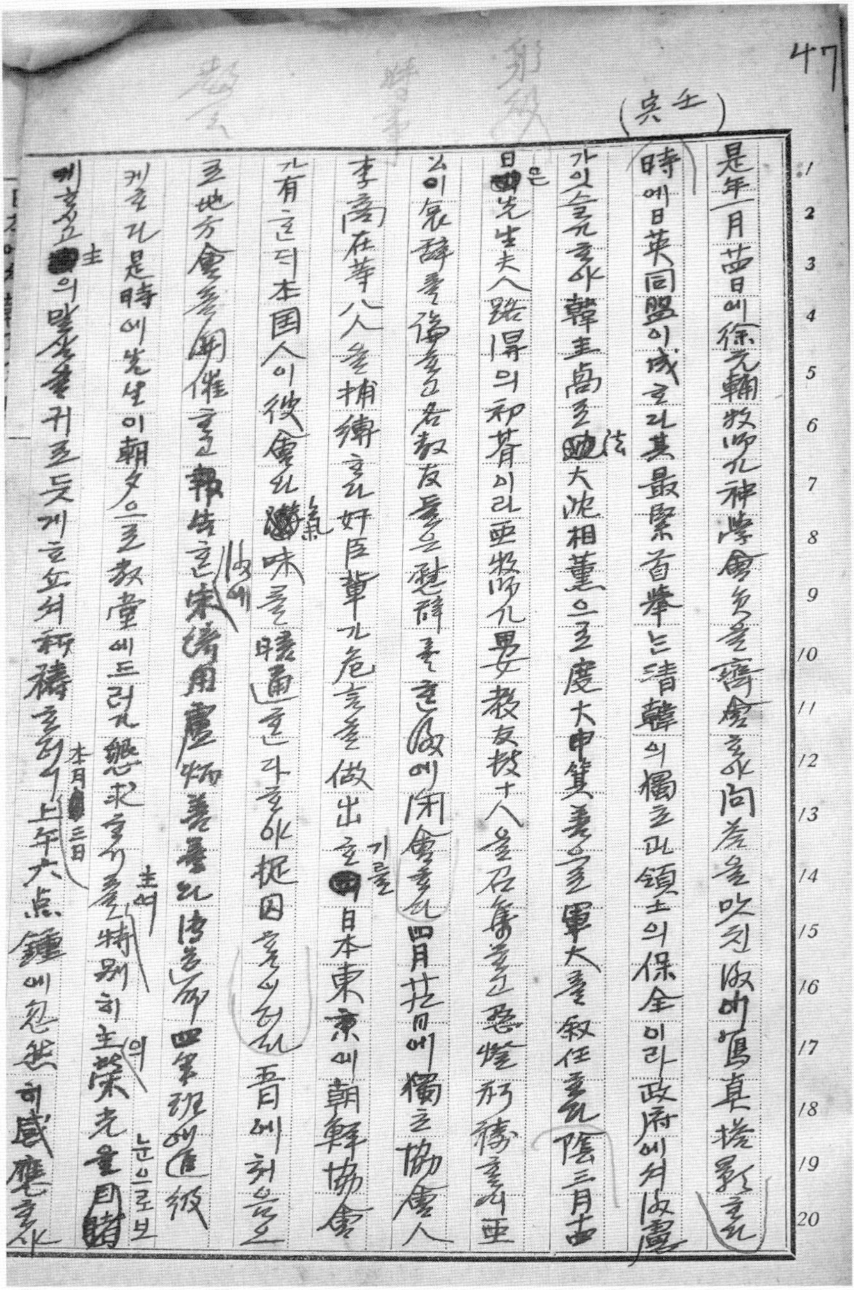
47
(壬寅)
是年一月廿日에徐光範牧師가神學會員을齊會하야向善을吹起하며眞理를勸勵하고
時에日英同盟이成하니其最緊首擧는清韓의獨立과領土의保全이라政府에서政慮
가있슴으로하야韓圭卨과大池相薰으로度大申箕善으로軍大를叙任하고陰三月廿日
日은先生夫人路得의初葬이라西牧師가男女敎友數十人을召集하고葬儀를祈禱하며亞
亼이哀辭를論하고各敎友들은悲辭를하고後에閉會하고四月廿日에獨立協會人
李商在等八人을捕縛하니奸臣輩가危言을做出하고日本東京에朝鮮協會
가有하다本国人이彼會에氣味를通하다하야捉囚하였으니
로地方會를開催하고報告하니宋德用盧炳善等이總委班에進級
케하니是時에先生이朝夕으로敎堂에드러가懇求하여主를特別히主의榮光을目睹
케하시고主의말씀을귀로듯게하소서祈禱하더니本月廿三日上午六点鍾에忽然히感應하야

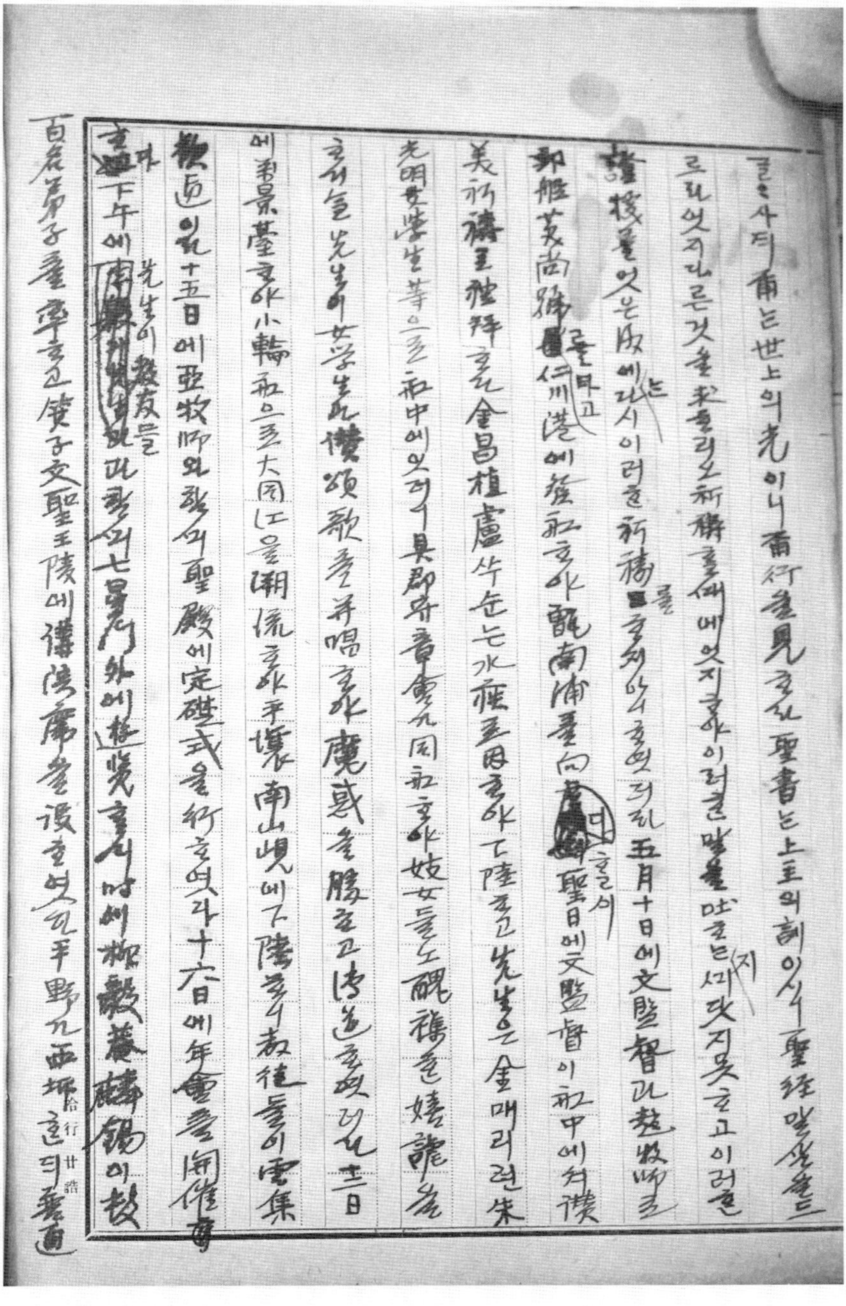
곧 사되 甫는 世上의 光이니 甫行을 見ᄒᆞᆫ 聖書는 上主의 訓이시니 聖經 말ᄉᆞᆷ은
로 하엿지 다른 것을 求ᄒᆞ리오 祈禱ᄒᆞᆯ ᄯᅢ에 엇지ᄒᆞ야 이러ᄒᆞᆫ 말을 吐ᄒᆞ는지 ᄭᅢᆺ지 못ᄒᆞ고 이러ᄒᆞᆫ
[illegible]禱를 엇은 後에는 다시 이러ᄒᆞᆫ 祈禱를 ᄒᆞ지 아니ᄒᆞ엿더라 五月十日에 文監督과 趙牧師로
郵船 芙尙號를 타고 仁川港에 發程ᄒᆞ야 龍南浦를 向ᄒᆞ더니 翌日에 文監督이 船中에서 禮
美 祈禱로 禮拜ᄒᆞᆫ 金昌植 盧[illegible]은 水症으로 因ᄒᆞ야 下陸ᄒᆞ고 先生은 金매리련 朱
光明 女學生 等으로 船中에 오더니 具郡守 夫人 會九同 船ᄒᆞ야 妓女들노 醜稱을 嬉謔을
ᄒᆞ니 會 先生이 女學生으로 讚頌歌를 幷唱ᄒᆞ야 魔鬼를 勝ᄒᆞ고 傳道ᄒᆞ엿더라 十二日
에 平景臺ᄒᆞ야 小輪船으로 大同江을 溯流ᄒᆞ야 平壤 南山峴에 下陸ᄒᆞ니 敎徒들이 雲集
歡迎ᄒᆞ더라 十五日에 亞牧師와 [illegible]의 聖殿에 定礎式을 行ᄒᆞ엿다 十六日에 年會를 開催
ᄒᆞᆫ다 下午에 先生이 敎友들과 [illegible] 七星門外에 移進ᄒᆞᆯ시 [illegible] 麒麟[illegible]이 敎
百名 弟子를 率ᄒᆞ고 箕子 文聖王陵에 講演席을 設ᄒᆞ엿고 平野 乙 西坪 [illegible] 道
拾行 廿諸

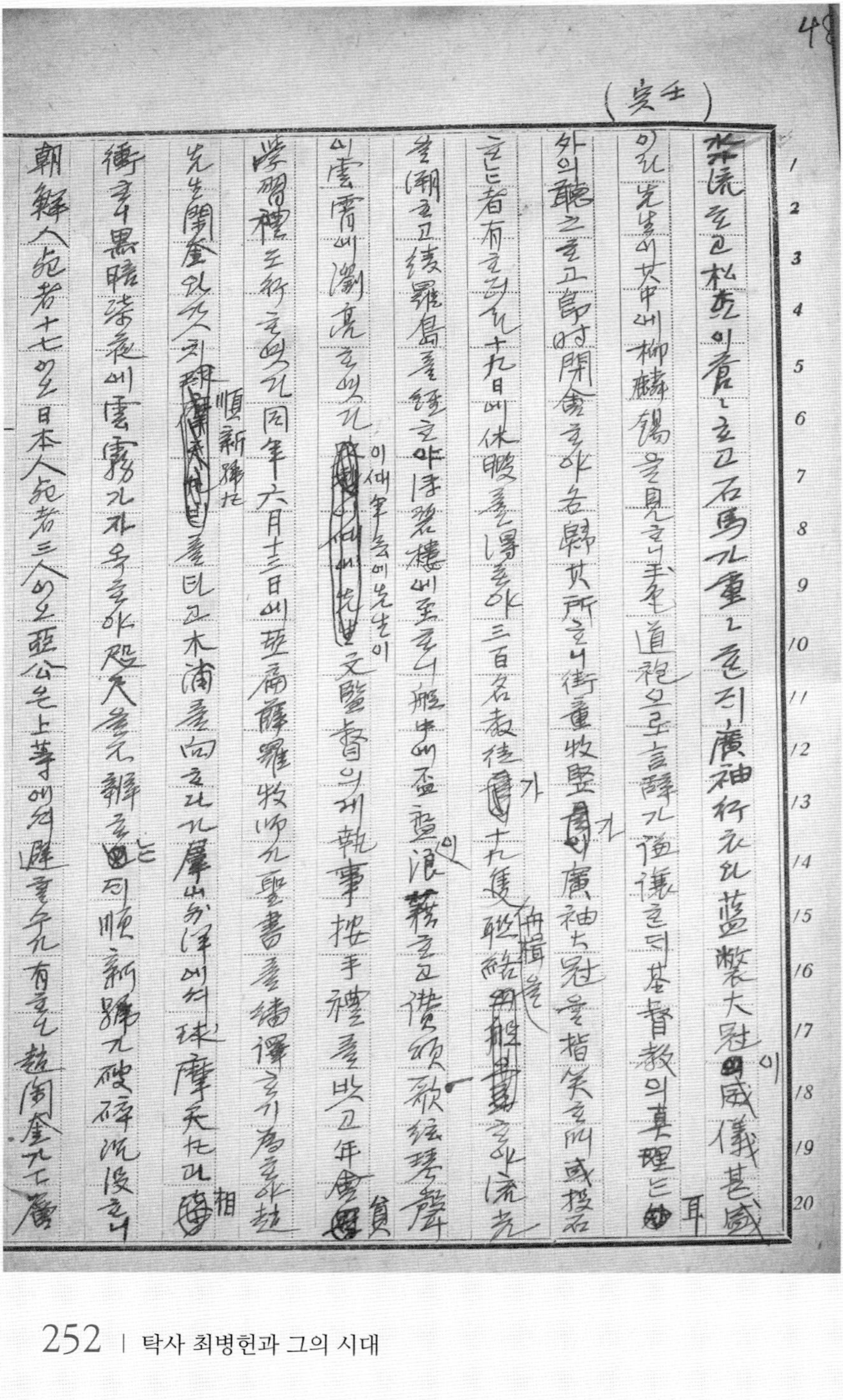

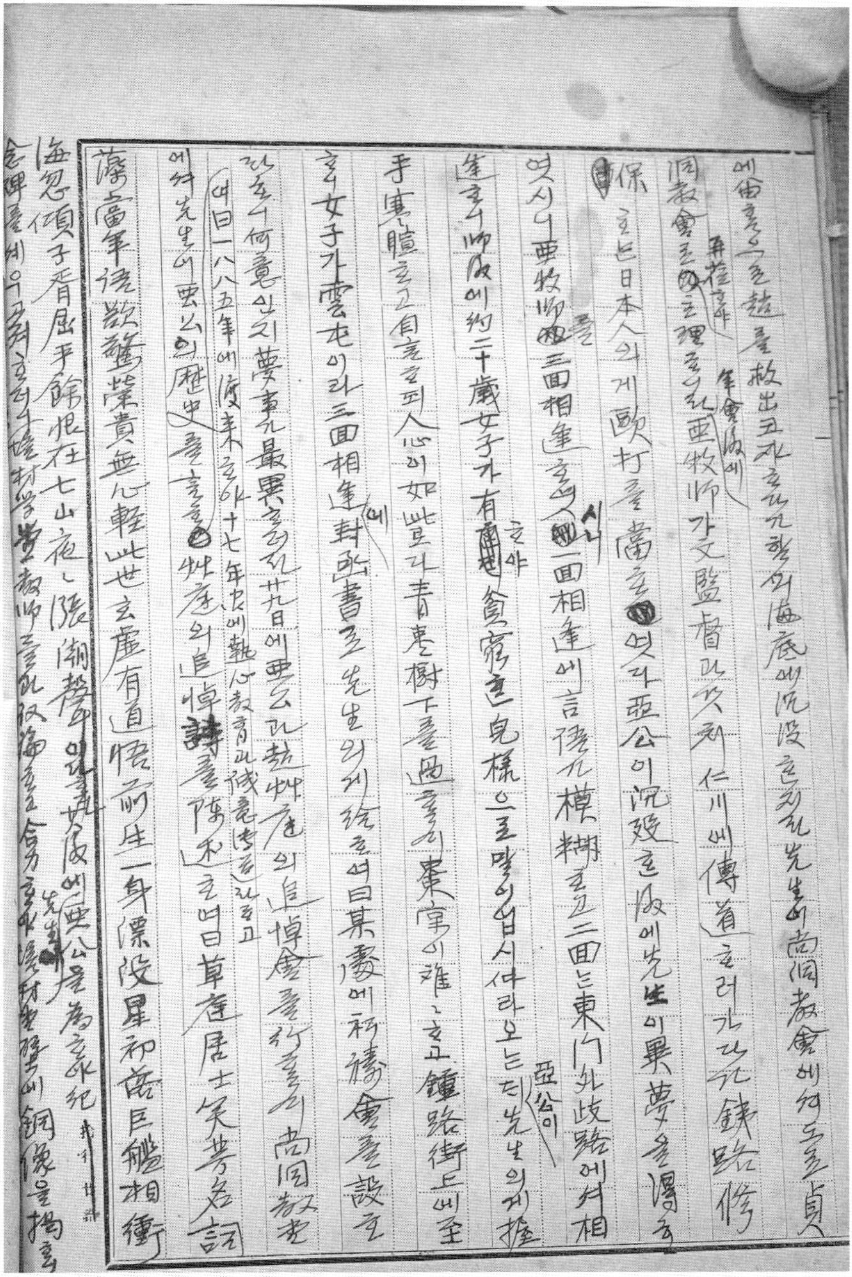

에由ᄒᆞ야二名을救出코자ᄒᆞ다가ᄒᆞᆷᄭᅴ海底에沈沒ᄒᆞ엿고先生이南洞敎會에서도貞人

洞敎會를主理ᄒᆞ시고(弄崔ᄒᆞ야)(年會後에)亞牧師가文監督과갓치仁川에傳道ᄒᆞ러가다가鐵路修

保ᄒᆞ든日本人의게毆打를當ᄒᆞ엿다亞公이沈沒ᄒᆞᆫ後에先生이異夢을得ᄒᆞ

엿시니亞牧師를三回相逢ᄒᆞ시니一回相逢에言語가模糊ᄒᆞ고二回는東門外岐路에서相

逢ᄒᆞ니師服에約二十歲女子가有ᄒᆞ야貧窮ᄒᆞᆫ貌樣으로말ᄒᆞ엿시대라오는대亞公이先生의게搖

手寒暄ᄒᆞ고自言ᄒᆞ되人心이如此ᄒᆞ다靑裏樹下를過ᄒᆞ더니東宮이雖ᄒᆞ고鐘路街上에至

ᄒᆞ니女子가雲衣이라三回相逢에封函書로先生의게給ᄒᆞ며曰某處에祈禱會를設ᄒᆞ

라ᄒᆞ니何意인지夢事가最異ᄒᆞ더라廿九日에亞公과該姓夫人의追悼會를行ᄒᆞᆯ시南洞敎堂

(며曰一八八五年에渡來ᄒᆞ야十七年間에熱心敎育과殘毫ᄒᆞ라ᄒᆞ고)

에서先生이亞公의歷史를言ᄒᆞ고夫人의追悼詩를陳述ᄒᆞ며曰草莊居士哭誓名詩

藻當年信欽鬱榮貴無心輕此世玄虛有道悟前生一身漂沒星初落巨艦相衝

海忽傾子胥屈手餘恨在七山夜夜張潮聲이라ᄒᆞ고女後에亞公을爲ᄒᆞ야紀

念碑를세우고자ᄒᆞ더니培材學堂敎師들과會合ᄒᆞ야培材學堂에銅像을揭ᄒᆞ

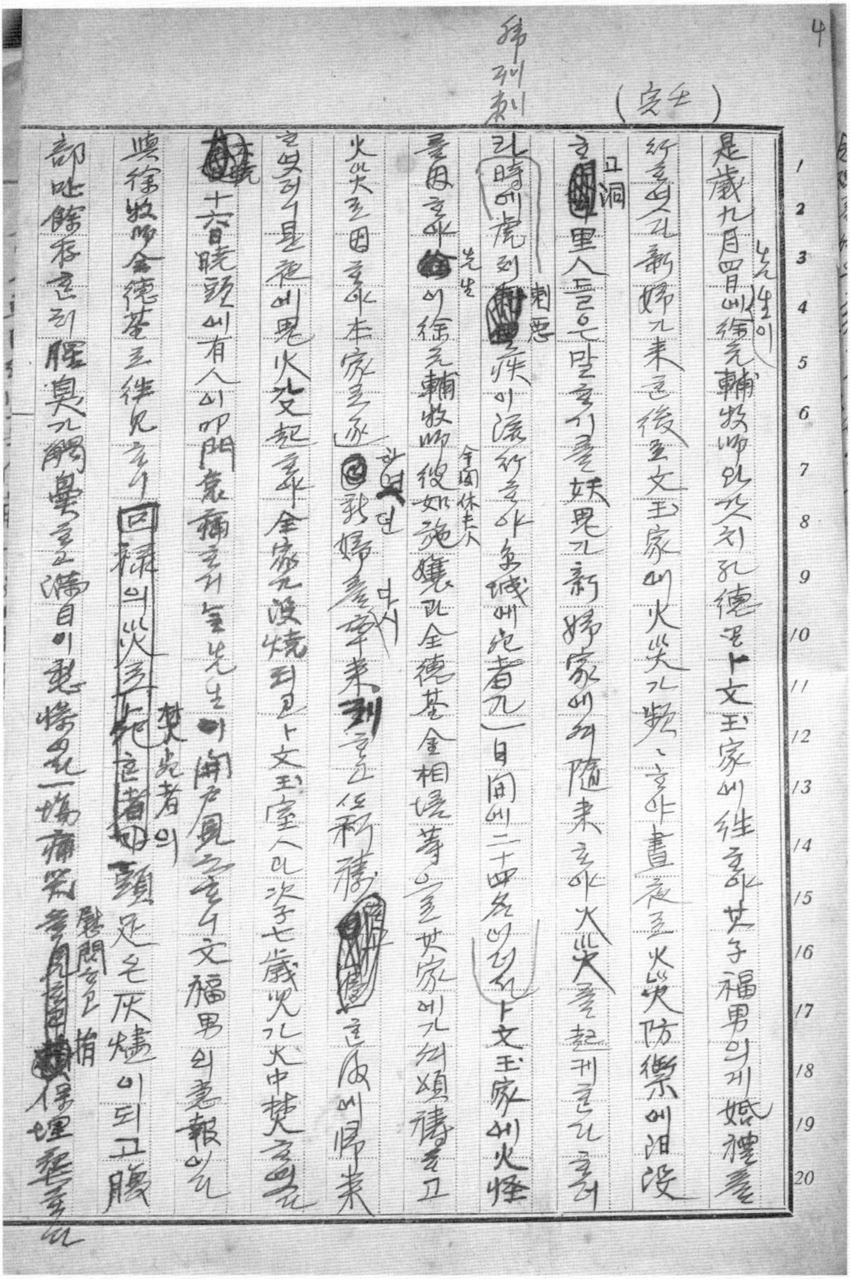
是歲九月四日에 徐元輔牧師의 次女가 孔德里 卜文玉家에 往하야 其子 福男의게 婚禮를
行한 新婦가 來한 後로 文玉家에 火災가 數次하야 晝夜로 火災防禦에 汨沒
하더니 (고洞) 里人들은 말하기를 妖鬼가 新婦家에서 隨來하야 火災를 起케 한다 하며
此時에 虎列剌 [illegible]疾이 流行하야 各城에 死者가 一日間에 二十四名이러니 卜文玉家에 火怪
를 因하야 [illegible]이 徐元輔牧師 及 姚施孃과 金德基 金相壕 等으로 其家에가서 祈禱하고
火災로 因하야 本家로 [illegible] 我婦를 率來하야 祈禱 [illegible] 하야 家에 歸來
하였더니 是夜에 鬼火가 起하야 全家가 盡燒되고 卜文玉之次子 七歲兒가 火中 焚死하였으니
[illegible] 十一日 曉頭에 有人이 叩門 哀稱하되 先生이 開戶 見之하니 文福男의 惡報이라
與徐牧師 金德基로 往見하니 回祿의 災를 當한 焚死者의 頭足은 灰燼이 되고 腸
部 吐餘 存하야 腥臭가 觸鼻하고 滿目이 悲慘하야 一場痛哭하고 [illegible] 埋葬하니라

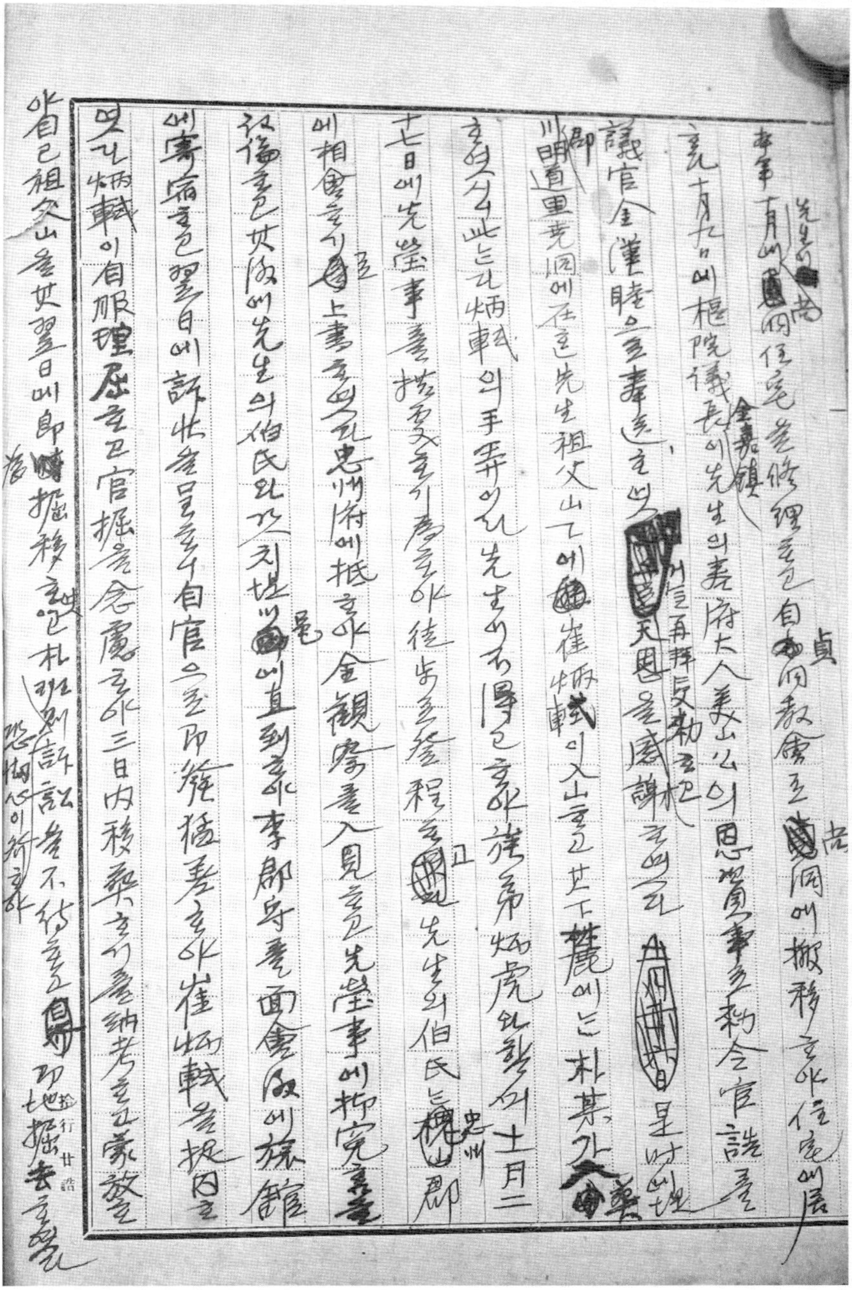

本年 十月에 先生이 □□住宅을 修理하고 自□□敎會로 □□에 搬移하야 住宅에 居

하고 十月 九日에 樞院議長 金嘉鎭에 先生의 差府大人 美山公의 恩賞事로 勅令 官誥를

議官 金漢睦으로 奉送하얏고 先生이 再拜 受勅하고 天恩을 感謝하며 □□星州에 埋

明道里 光洞에 在한 先生 祖父山下에 崔炳軾이 入山하고 其下麓에는 朴某가 □葬

하얏다 此는 崔炳軾의 手弄이라 先生이 不得已하야 族弟 炳虎와 함께 十月 二

十七日에 先塋事를 提訴하기 爲하야 徒步로 登程하고 □先生의 伯氏는 忠州 槐山郡

에 相會하야 上書하며 忠州府에 抵하야 金觀察을 入見하고 先塋事에 抑冤함을

訴倫하고 其後에 先生의 伯氏와 갗이 堤川邑에 直到하야 李郡守를 面會한 後에 旅館

에 寄宿하고 翌日에 訴狀을 呈하니 自官으로 卽發捕吏하야 崔炳軾을 捉囚하

고 炳軾이 自服理屈하고 官掘을 念慮하야 三日內 移葬하기를 納考하고 蒙放

하고 自己祖父山을 其翌日에 卽時 掘移하얏고 朴班에게는 訴訟을 不行하고 恐惧心이 □□하야 自□ 七世 掘去하얏다

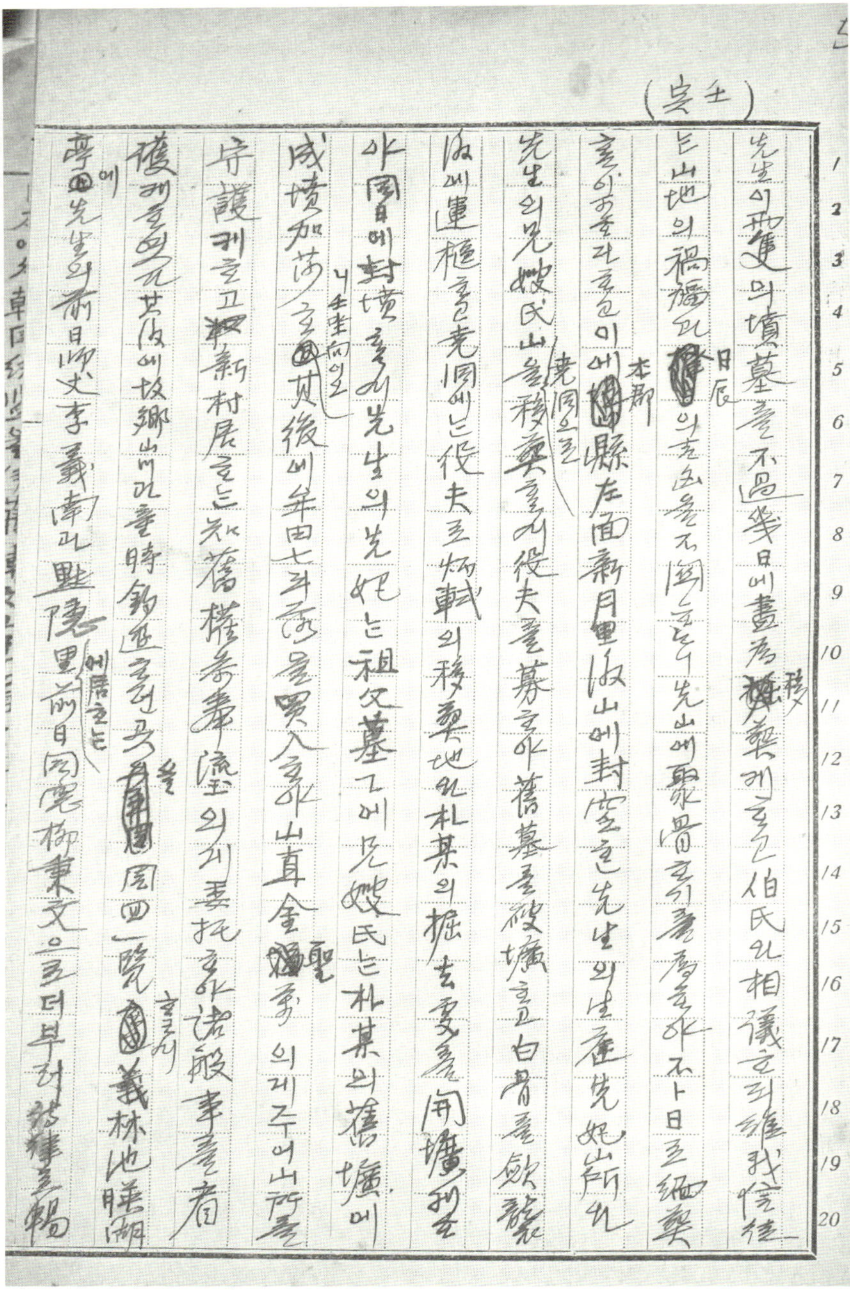

癸卯

懷하고 松鶴山下酒泉面金馬村에 住하다가 從妹夫妻와 故人朴漢昌을 맛나 積年阻 三

懷를 叙하고 十二月四日에 京城으로 還旋하니 是時에 政府에서 是非大起하니 此는 李容翊

이 妄言으로 皇貴妃嚴氏를 楊貴妃의게 比한다 하야 議政尹容善과 沈舜澤 趙秉世

等이 上告하매 上이 不得已하야 李容翊을 田里에 放逐하야 虞人에 되게 하니 是歲에

韓冊의 通商約條이 成하니 日本第一銀行 京城支店에서 銀行券을 我國에 發

行하니

光武七年은 西曆一九〇三年이니 露國人이 年前에 獲得한 森林採伐權과 龍川

郡龍岩浦에 駐兵과 砲臺設置를 得하니 住京各公使가 政府에 迫請하야 義州

와 龍岩浦開放하기를 願하므로 許諾하니 孝定皇后洪氏가 昇遐하니 本年九

月九日은 露國이 滿洲에 駐屯한 兵隊第三回撤歸할 限日인데 露人이 違約하고 五日露兵

이 動兵하야 開戰코자 하므로 都下가 騷擾하고 米粮이 高翔하더라

拾行 廿話

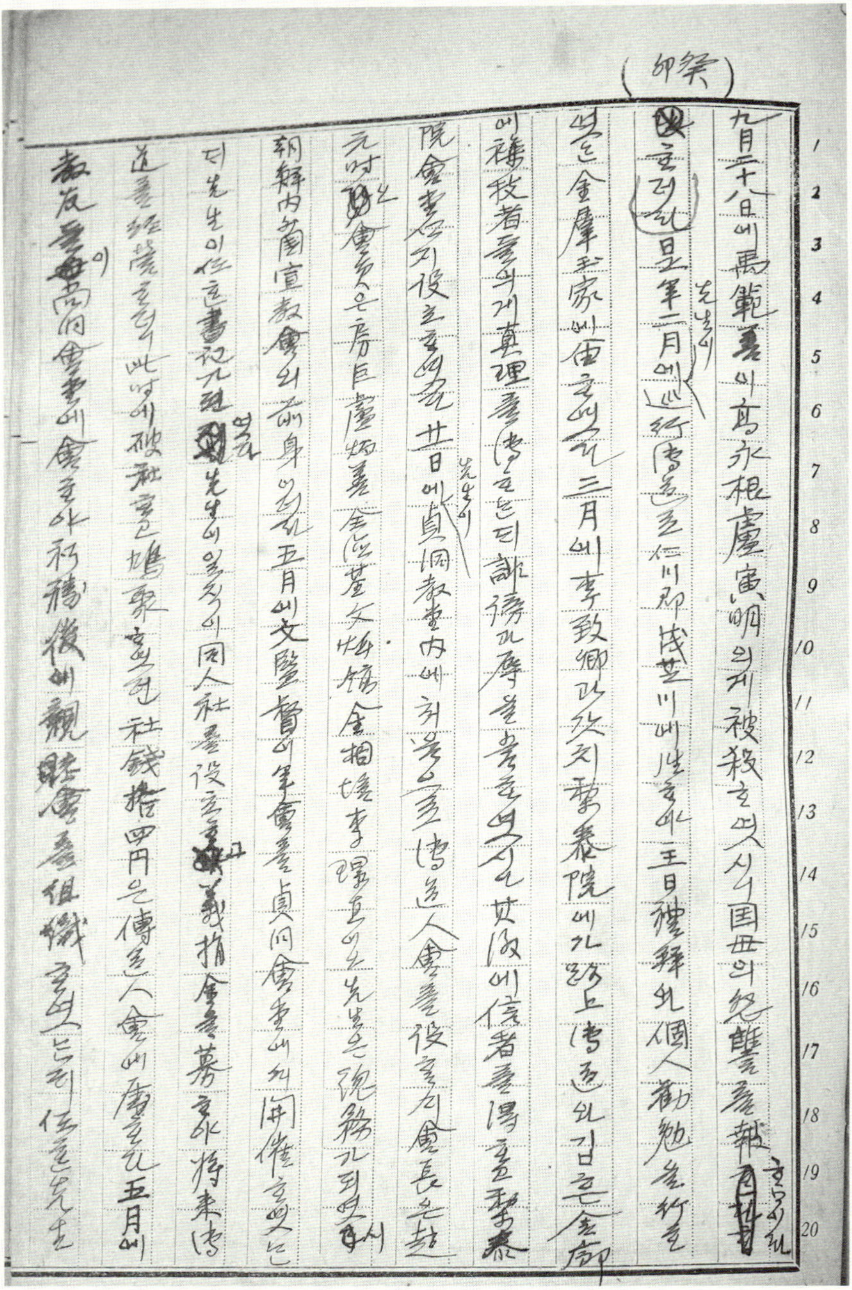

으로 會長을 推薦하였더라 六月廿三日에 先生의 一子 聖千이 通史 第三卷을 謄書하고
故로 甲史錄을 畢하니 鄭喬 先生이 同宅 先生의게 進하니라 廿四日에 貞洞 會堂에서 先
生이 靑年會를 組織하니 會長을 任한 先生이러라 七月十一日 (에 先生이) 亞扁薛羅의 記念扁額
을 壇林學堂 壁上에 懸하고 亞公의 史를 演說하니라 本年 八月二十四日에 貞洞 住宅을 修理하
고 陰 七月初二日에 自尙洞으로 貞洞으로 搬移하고 (에) 修理費 (從) 金 三十円 六十錢이더라
九月五日은 陰 七月十日이니 室 裴文汝의 結婚式을 行하니 婚需衣는 官紗 (赤)古里 一項 羅 三十
尺 本洋紗 大尺이니 価額은 金 七円 拾八錢이요 主禮 牧師는 徐光輔이더라 自九月로 徐光輔
(其長子 在鶴으로 楊州 漢金)
師와 及 基督敎月報 事務를 主筆하니 十月에 先生이 先祖 [illegible] 西
(安寧[illegible]에 宅址는 荒蕪하나)
에 徙家하니 省楸하고 春正 先生의 手種하신 銀杏樹가 其 (大) 은 數十圍에 過하고 其
高는 雲霄에 干하니 風雨 霜雪에 偃蹇 特立하니 三百年 往迹을 追慕하더라
巡回傳道로 [illegible] 同敎會에 往하니 十字架 題로 傳說하였더라

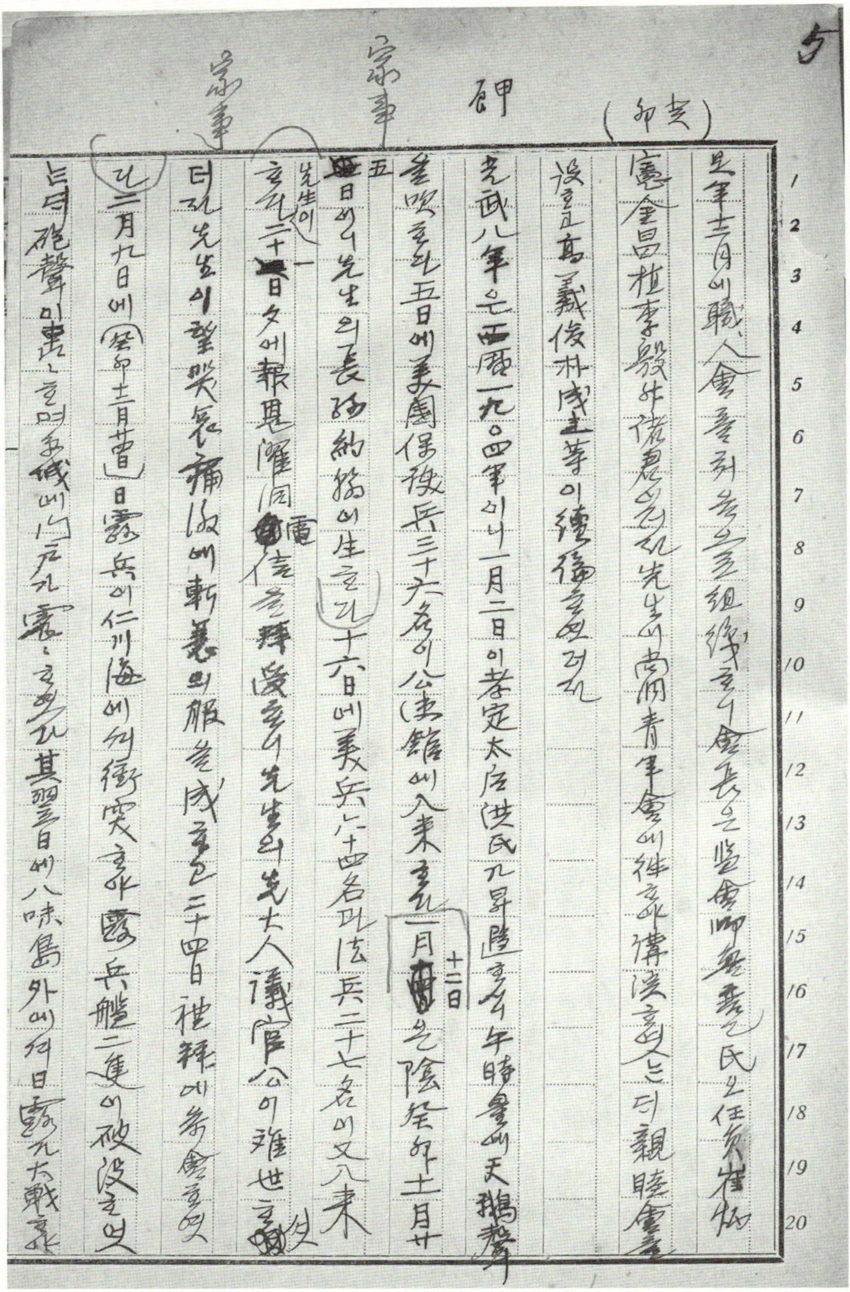
5
碑
(卯史)
是年十二月에職人會를組織하니會長은監會卿無盡氏오任員崔炳
憲金昌植李殷炘諸氏인데先生이當時青年會에拆하야備浚하얏는데親睦會를
設立코高義俊朴成圭等이總統하얏더라
光武八年은西曆一九〇四年이니一月二日이孝定太后洪氏가昇遐하신午時量에天鵝聲
을吹하던五日에美國保護兵三十六名이公使館에入來하니一月十二日은陰癸卯十一月廿
五日에先生의長孫納縣이生하니十六日에美兵六十四名과法兵二十七名이又入來
하니二十日夕에報恩羅洞電信을拜讀하니先生의先大人議官公이棄世하얏
더라先生이聖哭哀痛後에斬衰의服을成하고二十四日禮拜에參會하얏
다 二月九日에(癸卯十二月廿四日)日露兵이仁川海에서衝突하야露兵艦二隻이破沒하고
는데砲聲이震天하며其翌日에八味島外에서日露가大戰하야

家事 時事

教会

露兵이大敗하고 自知見辱하고 自船을自破하니 英法義三国兵이來救하엿고 須臾

에露国艦三隻은 水中砲에破沒하고 木浦에에 잇는露艦二隻은日兵의게 捕擄되고

또는是月十日에年會를京城에開催하고 日露風塵으로 北鮮地方의牧師를未

得上京하고 仁川에在한 教役者만來參하고 十日에報에 日兵艦四十隻이旅順

港에直抵하야 上午에露艦三隻을破沒하고 下午에又四隻을破沒하고 夜半에又

九隻을破滅하엿고 是時에露公使巴夫路는率兵하고 歸国하엿고 日兵이三千 鎮南浦에 六千名은

名은釜山港에 上陸 六千名은元山港에 上陸 六千名은 南陽에上陸

하고 廿九日에 日露兵이 平壤府七星門外에서 交戰하야 露兵이敗走하고

三月二十二日에 先生이生產先考 美山公葬禮次로 報恩郡에下去하고 廿九日報에日

露兵이嘉山郡에 陸戰하야 露兵六百名이敗走義州하고 慶運宮中和殿이 失火하야

沒燒하고 先生住宅에서 遭災하니 先生은 三山郡에 하야

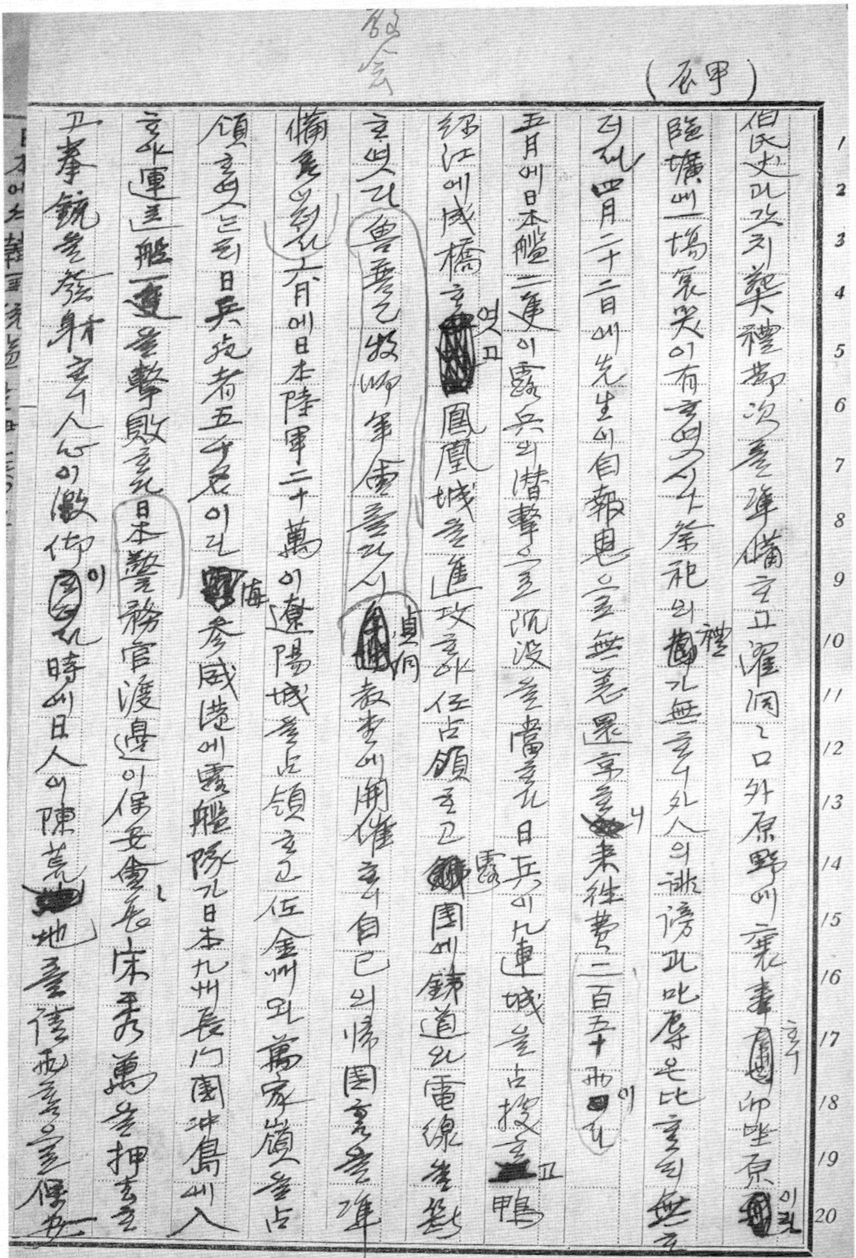
(丙甲)

伯氏史丈과 次子의 葬禮 節次를 準備하고 崔同과 口外 原野에 葬하고 [redacted]京이라

臨壙에 一場哀哭이 有하야 祭祀의 [redacted] 禮가 無하나 外人의 誹謗과 比等은 比하되 無하

이해 四月 二十二日에 先生이 自報恩으로 無恙 還京할새 [redacted] 來往費 二百五十兩이 [redacted]라

五月에 日本艦 二隻이 露兵의 潛擊으로 沉沒을 當하고 日兵이 九連城을 占據하고 [redacted] 鴨

綠江에 成橋하야 [redacted] 鳳凰城을 進攻하야 佔領하고 [redacted] 露國에 鐵道와 電線을 斷

하였다. 魯普之牧師 年會를 [redacted] 貞洞 敎堂에 開催하고 自己의 歸國할 것을 準

備하였다. 六月에 日本陸軍 二十萬이 遼陽城을 占領하고 佐金州와 萬家嶺을 占

領하였는데 日兵 死者 五千名이라. [redacted] 海參威港에 露艦隊가 日本 九州 長門國 沖島에 入

하야 運送船 一隻을 擊敗하니 日本警務官 渡邊이 保安會長 宋秉畯을 押送하고

高奉鎭을 發射하니 人心이 激仰[redacted]이라. 時에 日人이 陳荒[redacted]地를 請하니

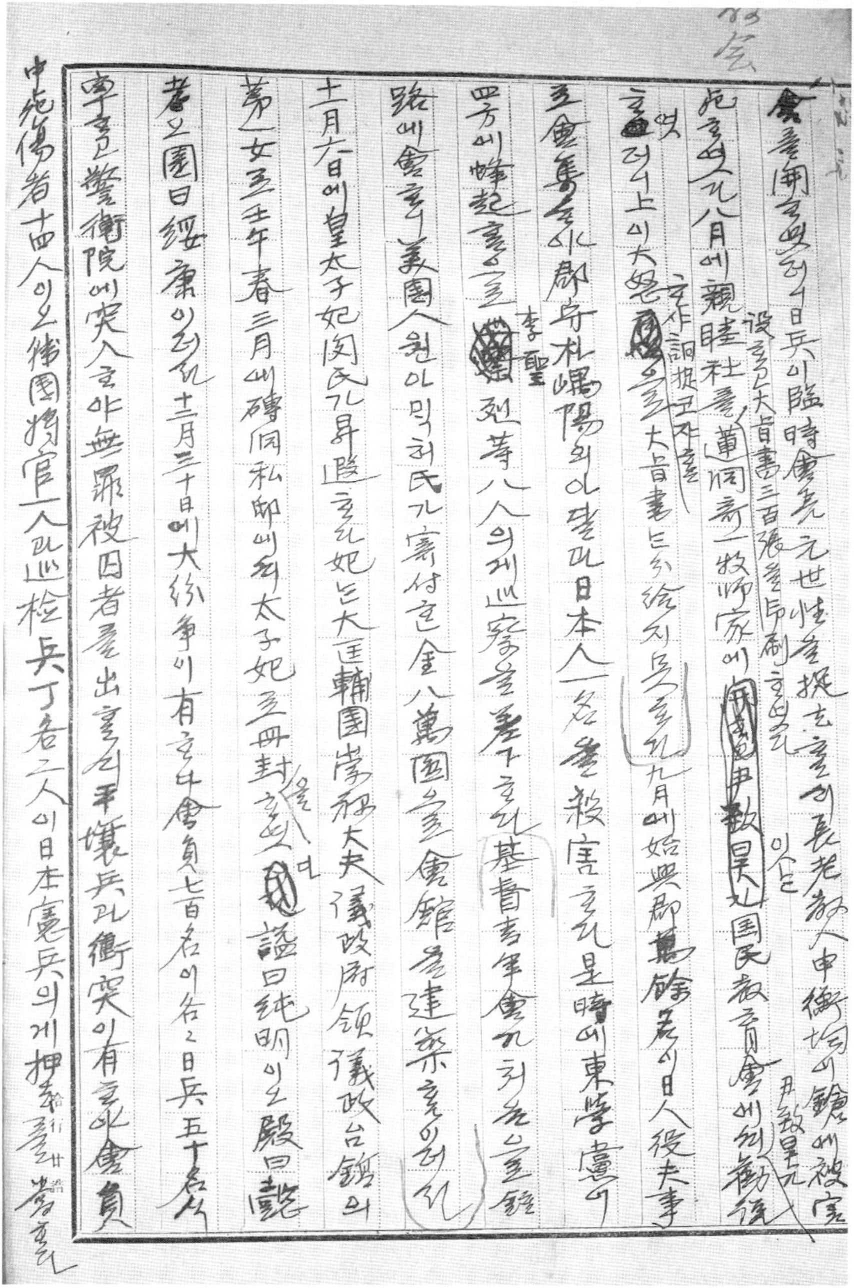
會를 開ᄒᆞ얏더니 日兵이 臨時會長 元世性을 捉去ᄒᆞ며 長老 敎人 申衡均이 銃에 被害
死ᄒᆞ얏ᄂᆞᆫ며 八月에 親睦社를 董同壽 一枚師家에 設ᄒᆞ고 大旨書 三百張을 印刷ᄒᆞ얏더니 尹致昊가 國民敎育會에셔 勸諭
ᄒᆞ엿더니 上이 大怒ᄒᆞ샤 作詞捉囚ᄒᆞ고 大旨書는 給치 못ᄒᆞ고 九月에 始興郡 萬餘名이 日人役夫事
로 會集ᄒᆞ야 郡守 朴嵎陽과 및 日本人 一名을 殺害ᄒᆞ고 是時에 東學黨이
四方에 蜂起ᄒᆞ고 李聖烈 等 八人의게 巡察을 差下ᄒᆞ고 基督靑年會가 鍾
路에 會ᄒᆞ고 美國人 원아믹 氏가 寄付ᄒᆞᆫ 金 八萬圓으로 會館을 建築ᄒᆞ엿더라
十月 六日에 皇太子妃 閔氏가 昇遐ᄒᆞ고 妃는 大匡輔國崇祿大夫 議政府 領議政 台鎬의
第一女로 壬午年 春 三月에 磚同私邸에셔 太子妃로 冊封ᄒᆞ얏더니 諡曰純明이오 殿曰懿
春오 園曰裕康이러라 十二月 三十日에 大紛爭이 有ᄒᆞ니 會員 七百名이 各各 日兵 五十名식
率ᄒᆞ고 警衛院에 突入ᄒᆞ야 無罪被囚者를 出ᄒᆞ려 平壤兵과 衝突이 有ᄒᆞ야 會員
中 死傷者 十四人이오 韓國 將官 一人과 巡檢 兵丁 各 二人이 日本 憲兵의게 押送ᄒᆞ니 當ᄒᆞ더라

(甲辰)

是年에日露가滿洲關係로開戰ᄒᆞ얏고日韓議定書를成ᄒᆞ얏고日本大使伊藤博文이渡來ᄒᆞ야金法太李址鎔을遣ᄒᆞ야報聘ᄒᆞ얏스며五月에韓露條約을廢ᄒᆞ고勅宣書를罷ᄒᆞ고日使[illegible]기外國人傭聘에對ᄒᆞ야協定書를訂ᄒᆞ고財政顧問官은日人目賀田種太郎이오外部顧問官은美國人須知分이러라十月에京釜線鐵道가全通ᄒᆞ얏더라

先生은十月에貞洞教堂에서懿法會를組織ᄒᆞ고任負를銓衡ᄒᆞ니吉松門씨太極旗를高掛ᄒᆞ고內外國人이會集ᄒᆞ야會標를壁上에掛ᄒᆞ얏고任ᄒᆞᆫ懿法會에서夜學을設ᄒᆞ야人民의智識을發達케ᄒᆞ며事爲의德性을培養케ᄒᆞ얏더라

(乙巳)

光武九年은西曆一千九百五年이라是年一月二日에旅順口를守ᄒᆞ던露將스테쎌이日本大將의게降ᄒᆞᆫ故로京城泥峴日人界에서大祝賀가有ᄒᆞ니崔永同英根에其妻子를

氣候　戰役　增[illegible]　政界　鐵路　戰役　教会

辛丑 貞同先生邸에 來寓하니 是歲 三冬에 無点雪하고 冬暖如春하니 可謂怪候러라

三月에 日本兵이 奉天府를 拔하니 俄兵死者 十三萬이오 日兵死者 七萬餘人이러라

崔贊政益鉉과 許參判蔿와 金判書鶴鎭이라 日憲兵의게 捉去한 바러라

五月二十日에 日本博恭親王이 報聘大使로 渡来하니 南門驛에 靑松綵門을 高建

하고 奉迎二字로 懸楣하니 電燈이 煌煌하되 數萬男女가 陣陣奔波하고 이 때에 通信機

管을 日人이 一切占領한 故로 電郵兩司의 官吏와 雇隸 三百餘人이 一齊辭退하고 日人이

任內川航行을 要하되 參政閔泳煥은 堅執不許하니 免官에 至하고 代에 沈相薰이

航行을 自許하엿고 礦山漁採仁지 盡為奪去하엿다 二十五日에 京釜線開通式

을 行할새 博恭王이 式辭를 行하엿더라 此時에 露國黑海艦隊가 日本을 向하되 日人이

對馬峽에서 露艦四隻을 破滅하니 俞星濬等이 解配歸来하니 閔燦鎬와 李春

하고 布哇國으로 入去하니 監督解理施와 年会를 開하엿느니 六月 年會에 金德基 康仁杰、

拾行廿字

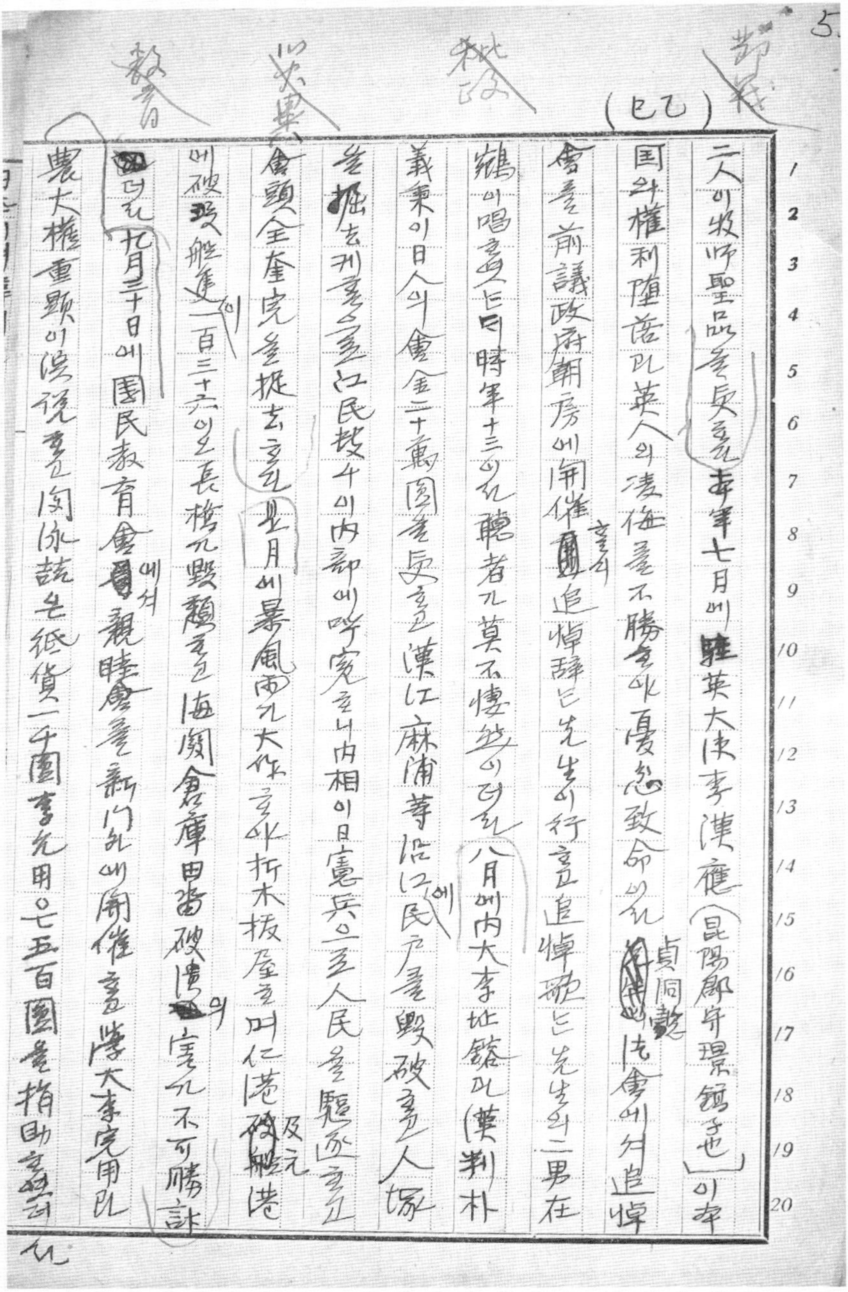
二人이 牧師聖品을 受하고 本年七月에 駐英大使李漢應(昆陽郡守璟鎬子也)이 本
国의 權利墮落과 英人의 凌侮를 不勝하야 憂忿致命이러라 貞洞敎會에서 追悼
會를 前議政府朝房에 開催하니 追悼辭는 先生이 行하고 追悼歌는 先生의 二男在
鶴이 唱하니 時年十三이라 聽者가 莫不悽然이러라 八月에 內大李址鎔과 漢判朴
義秉이 日人의 金二十萬圜을 受하고 漢江麻浦等沿江民戶를 毁破하고 人塚
을 掘去케 하므로 江民數千이 內部에 呼冤하니 內相이 日憲兵으로 人民을 驅逐하고
會頭全奎完을 捉去하니라 是月에 暴風雨가 大作하야 折木拔屋하고 仁港破船及元港
에 破毁船隻이 一百三十六이오 長橋가 毁頹하고 海關倉庫田畓破壞의 害가 不可勝計
이더라 九月三十日에 國民敎育會에서 親睦會를 新門外에 開催하고 漢城大李完用과
農大權重顯이 演說하고 閔泳鼒은 紙貨一千圜 李允用은 五百圜을 指助하엿더라

政界

十一月十七日에大使伊藤博文과大將長谷川과公使林權助가憲兵을率ᄒᆞ고入闕ᄒᆞ야
各部大臣을招致ᄒᆞ고御前會議를開ᄒᆞᆫ後에新証條約書에各大臣으로捺章을
促迫ᄒᆞ니參政韓圭卨은不許著啣ᄒᆞ고擲揄ᄒᆞ야免官에至ᄒᆞ고定配 學大李完用과法大李夏
榮軍大李根澤內大李址鎔外大朴齊純度大閔泳綺宮大李載克은皆著啣認
可ᄒᆞ니上午一時半에新証約에調印을行ᄒᆞ니日兵이皆呼万世라嗚乎라三千里疆土가
盡入於日本이로다新証條約은 1 皇城에統監一人을置ᄒᆞᆯ事 2 各港口에理
事一人을置ᄒᆞᆯ事 3 外交ᄂᆞᆫ日本東京으로移置ᄒᆞᆯ事 4 外交에關ᄒᆞ야ᄂᆞᆫ日本
政府에承認을得지못ᄒᆞ면第三國과締約을得지못ᄒᆞᆯ事이러라
是年十二月에議政大臣趙秉世李根命이百官을率ᄒᆞ고延請ᄒᆞ야伏閤上疏에曰將
日新証約時에可字署名ᄒᆞᆫ各大臣을誅ᄒᆞ고各公館에通知誅辨ᄒᆞᆯ事라ᄒᆞ며是時

拾行 廿話

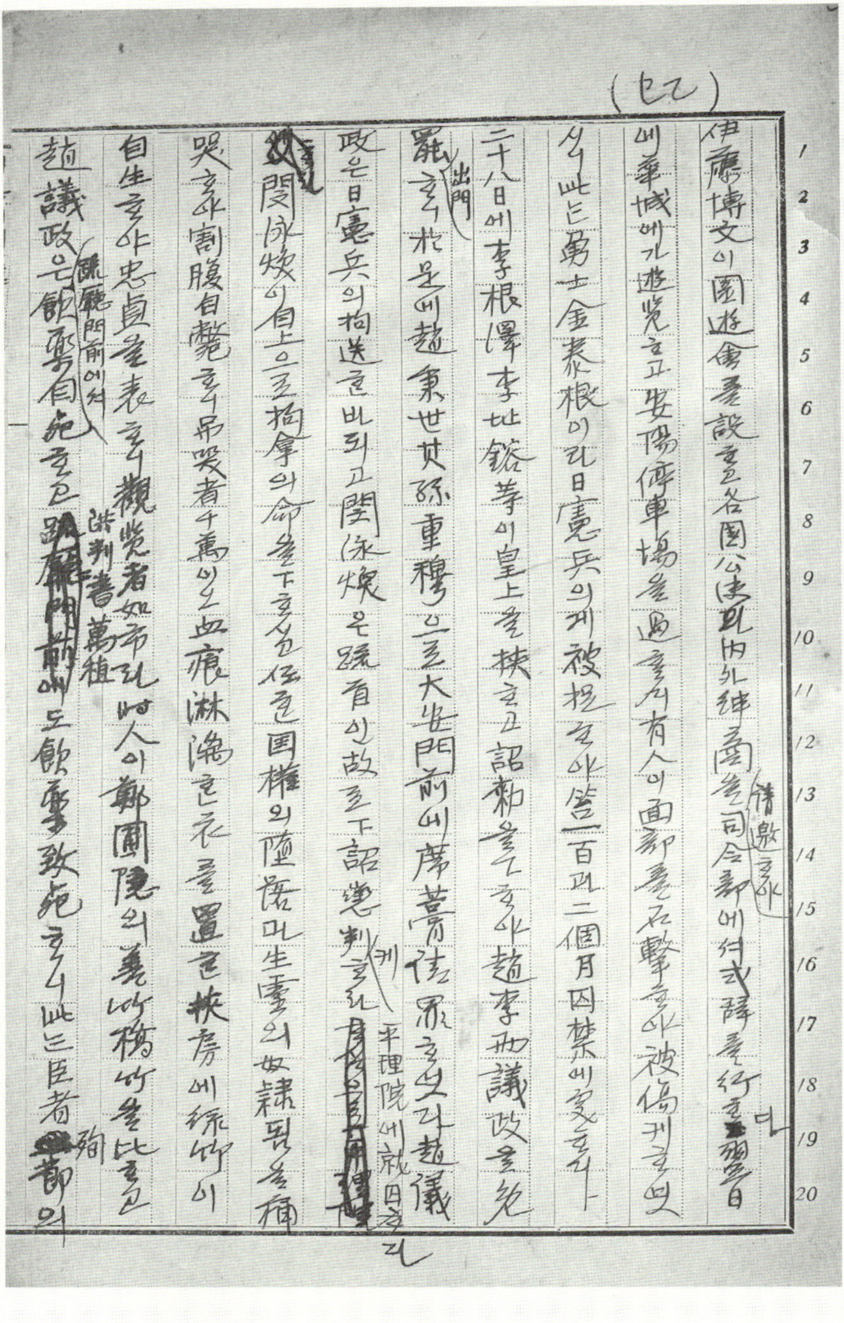

(七二)

伊藤博文이 國遊會를 設ᄒᆞ고 各國公使及內外紳商을 同令部에 待式辭를 行ᄒᆞᆫ 翌日

에 華城에 가 遊覽ᄒᆞ고 安陽停車場을 過ᄒᆞᆯᄉᆡ 有人이 面部를 石擊ᄒᆞ야 被傷케 ᄒᆞ엿 (情激ᄒᆞ야)

시 此는 勇士 金泰根이라 日憲兵의게 被捉ᄒᆞ야 笞一百과 二個月 囚禁에 處ᄒᆞ니라

二十八日에 李根澤 李址鎔 等이 皇上을 挾ᄒᆞ고 詔勅을 ᄒᆞ야 趙李兩議政을 免

罷ᄒᆞᆫ 於是에 (出門) 趙秉世 貫孫 重穆으로 大安門前에 席藁待罪ᄒᆞ더니 趙議

政은 日憲兵의 拘送ᄒᆞᆫ 바 되고 閔泳煥은 疏首인 故로 下詔懲判ᄒᆞ라 (平理院에 就囚ᄒᆞᆫ지라)

閔泳煥이 自上으로 拘拿의 命을 下ᄒᆞ심을 任ᄒᆞᆫ 國權의 墮落과 生靈의 奴隸됨을 痛

哭ᄒᆞ야 割腹自斃ᄒᆞ니 弔哭者 千萬이오 血痕淋漓ᄒᆞᆫ 衣를 置ᄒᆞᆫ 挾房에 綠竹이

自生ᄒᆞ야 忠貞을 表ᄒᆞ니 觀覽者 如市라 時人이 鄭圃隱의 善竹橋竹을 比ᄒᆞ고

趙議政은 (平理院門前에서) 飮藥自死ᄒᆞ고 (法判書 萬植) 闕門前에도 飮藥致死ᄒᆞ니 此는 臣者 殉節의

敎会 ~~家事~~ 天變

秋에 이르러 下詔하사 李漢膺은 辦을 贈하고 閔泳煥은 諡贈忠正하고 趙[redacted]世는 忠正
이라 하고 李茂判命寧는 氣塞死하고 學部主事 李相哲은 飲毒死하고 手壤兵丁
金奉學도 飲毒死하니 詔贈法部參書하고 是時에 美國公使 毛康이 永久撤歸
하였고 是時에 白虹이 貫日하고 兩日이 并出하니 霧中에 并出하니 반

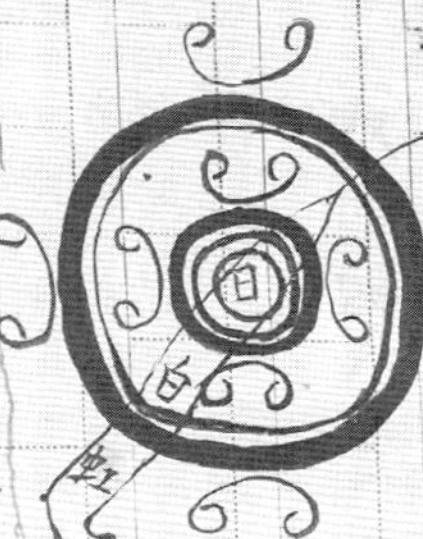

다시 國家의 大變이 有하리라 하더라 是年二月에 日本警視 丸山
重俊을 聘하야 警務顧問을 삼고 八月에 日露의 講和
戊申年 李根澤이 [redacted] 刺客의게 被刺하고 政府에서 絞刑
本年에 先生은 如前히 貞洞敎會를 治理하셨고
法大全을 頒布하고 [redacted] 六月廿一日에 先生의 長孫 約翰兒가 誕世 [redacted] 宣敎師 徐元 하고
韓氏가 綱例文을 行하고 阿峴의 築事하고 七月에 先生의 二男 在鶴兒가 英語學校
에 優等으로 賞品을 受하였시니 物品은 字典 鉛筆 空冊 紙板 印刷紙러라 十二月 聖誕節
에 先生이 房巨牧師와 監獄署에 往하사 罪人 二百八十名 [redacted] 의게 年餐을 주고 밧게 [redacted] 衣服
의 価額이 六十円에 達하였더라

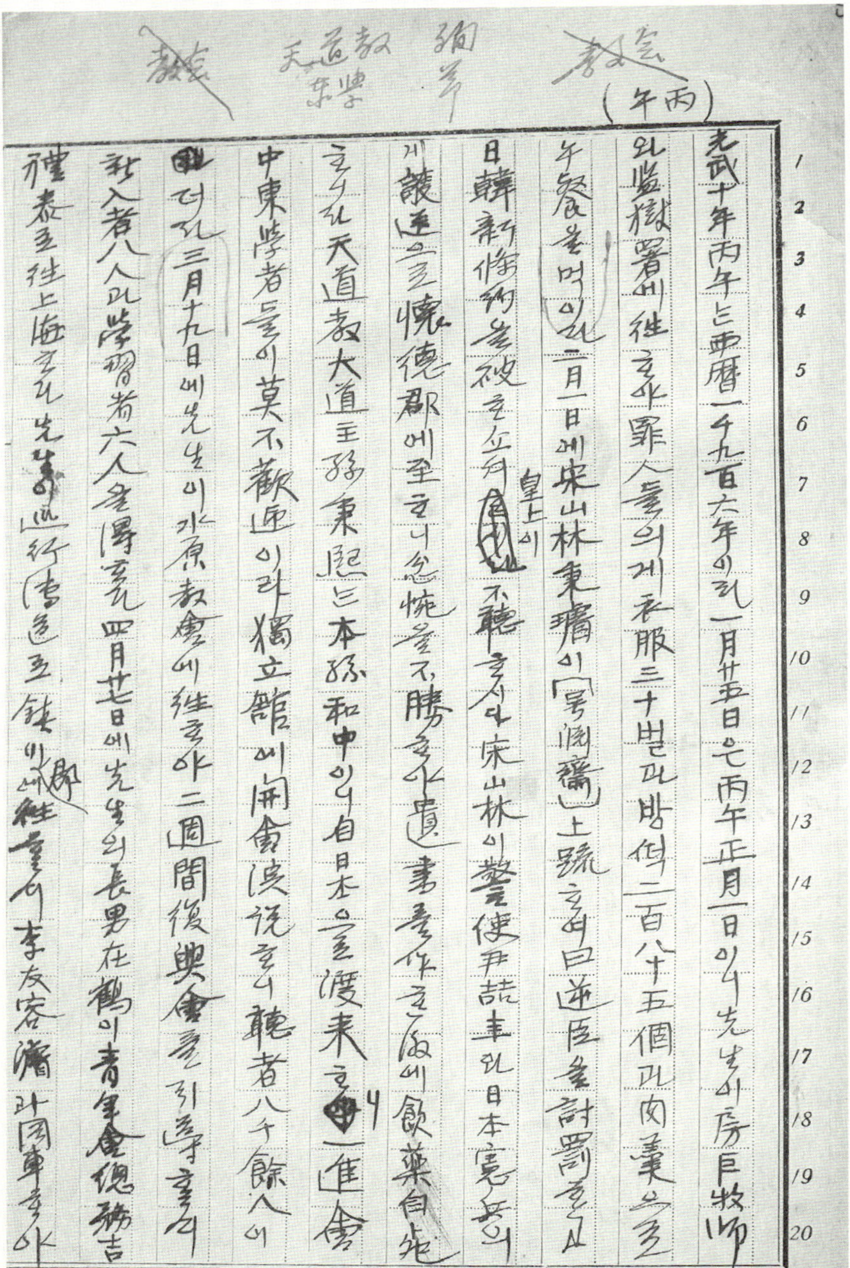

光武十年丙午는 西曆一千九百六年이라 一月卄五日은 丙午正月一日이니 先生이 房主牧師
와 監獄署에 往하야 罪人들의게 衣服三十벌과 방석 二百八十五個과 肉羹을
午餐을 먹이라 二月一日에 宋山林秉畯이 [ ] 上疏하야 曰 逆臣을 討罰하고
日韓新條約을 破하소서 皇上이 不聽하시니 宋山林이 警使尹喆圭와 日本憲兵의
게 護送으로 懷德郡에 至하니 忿慨를 不勝하야 遺書를 作하고 夜에 飮藥自死
하니라 天道教大道主孫秉熙는 本孫和中이니 自日本으로 渡來하야 一進會
中東學者들이 莫不歡迎이라 獨立館에 開會演說하니 聽者八千餘人이
러라 三月十九日에 先生이 水原教會에 往하야 二週間復興會를 引導하니
新入者八人과 學習者六人을 得하니라 四月卄七日에 先生의 長男在鶴이 青年會總務吉
禮泰로 往上海하니 先生이 送行하고 鍾路에서 李友容瀞과 同車하야

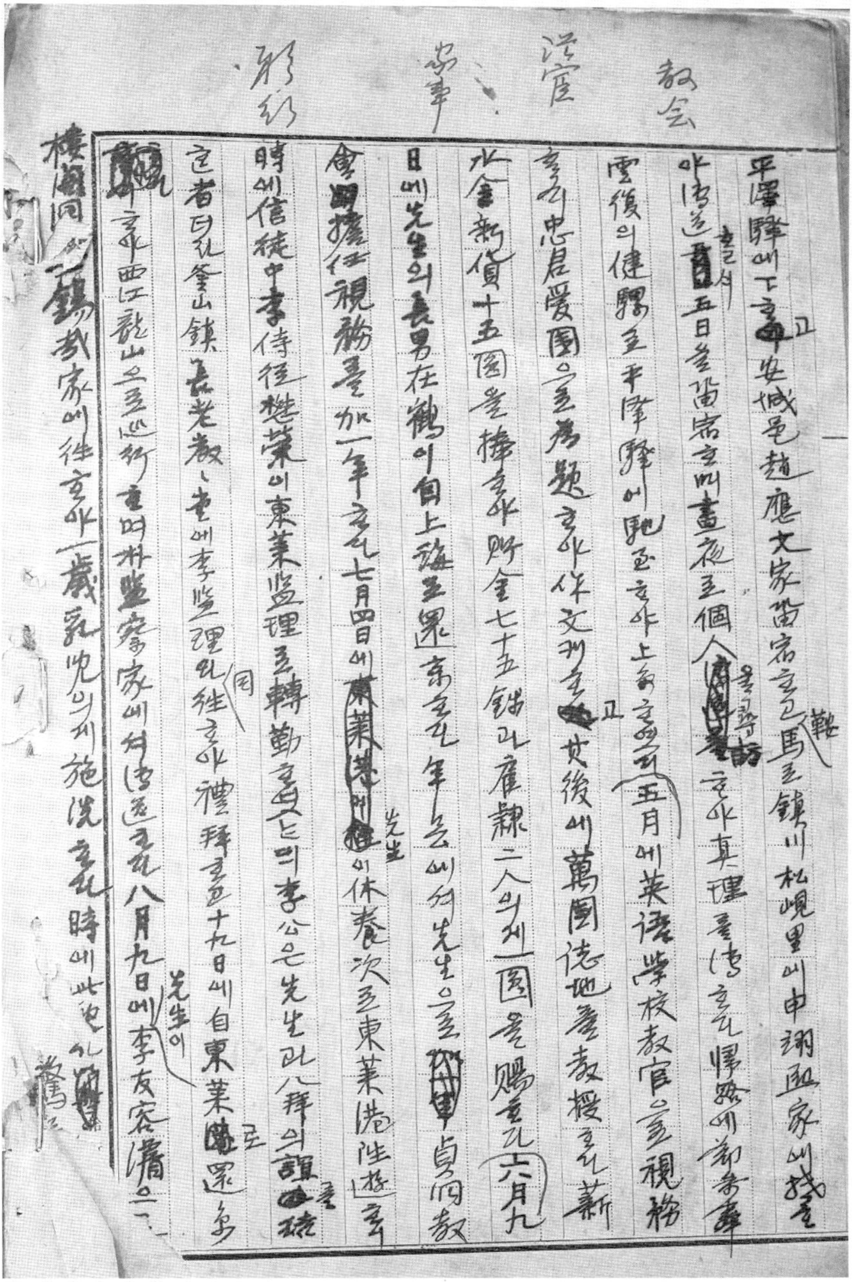
教会 從官 当事 移行

平澤驛에下ᄒᆞ고安城邑趙應文家留宿ᄒᆞ고鞍馬로鎭川松峴里에申翊均家에找ᄒᆞ
아傳道ᄒᆞᆯ새五日을留宿ᄒᆞ며晝夜로個人會話ᄒᆞ야眞理를傳ᄒᆞᆫ 歸路에鄭春奉
雲復의健脚으로平澤驛에馳至ᄒᆞ야上京ᄒᆞ엿고五月에英語學校教官을視務
ᄒᆞ며忠君愛國으로爲題ᄒᆞ야作文케ᄒᆞ고其後에萬國地誌를教授ᄒᆞᆫ 薪
水金新貨十五圜을捧ᄒᆞ야貯金七十五錢과雇隷二人의게一圜을賜ᄒᆞᆫ 六月九
日에先生의長男在鶴이自上海로還來ᄒᆞᆫ 年을써先生을 貞洞教
會擔任視務를加一年ᄒᆞᆫ 七月四日에東萊港에先生이休養次로東萊港陸ᄒᆞ
時에信徒中李侍從樂榮이東萊監理로轉勤ᄒᆞ엿든이李公은先生과禮拜의誼
定者더라釜山鎭長老教會堂에李監理와往ᄒᆞ야禮拜ᄒᆞ고十九日에自東萊還來
ᄒᆞ야西江龍山으로巡行ᄒᆞ며林監察家에傳道ᄒᆞᆫ 八月九日에先生이李友容濬으로
樓閣洞의鎭武家에往ᄒᆞ야一歲兒의게施洗ᄒᆞᆫ 時에此 驚

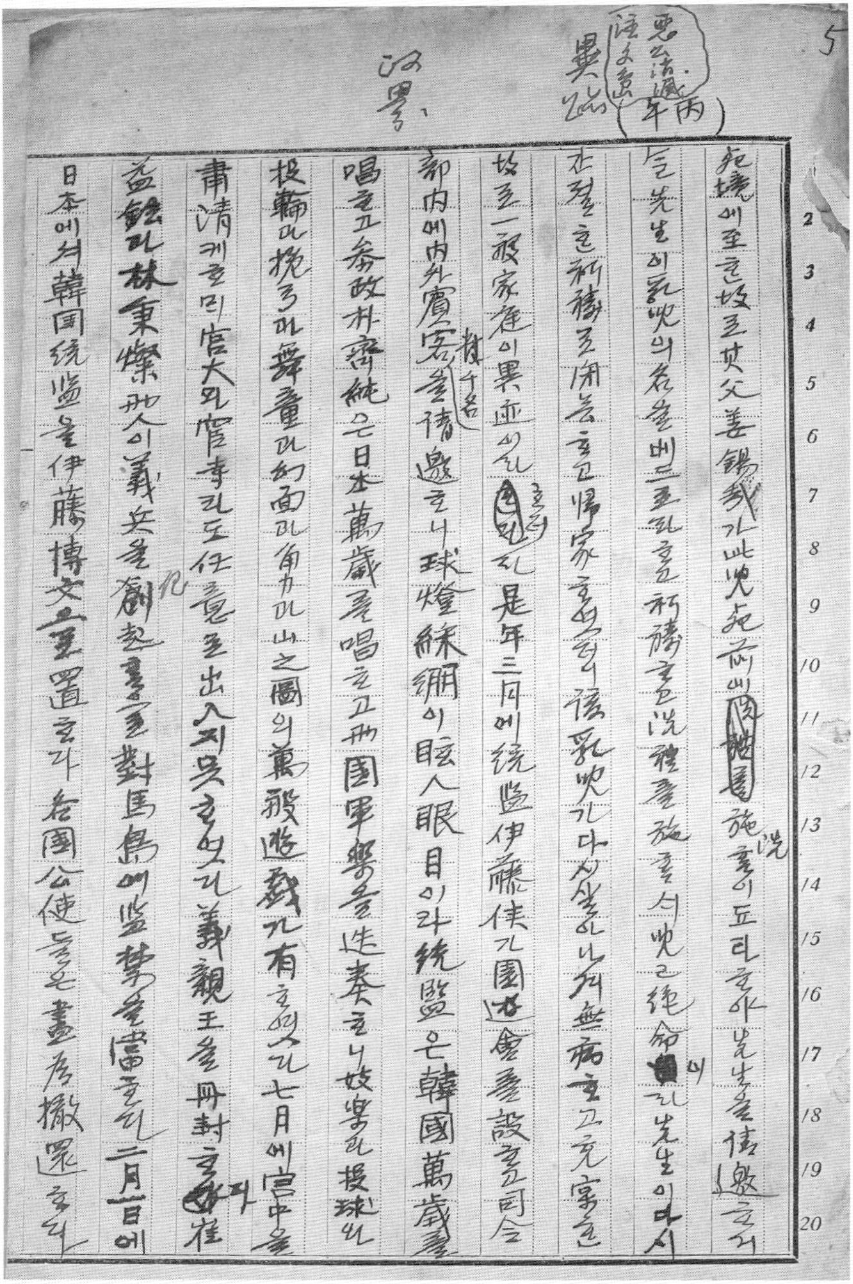
5
異蹟 (丙午)
惡公諸減 注文意見
改署
死境에 至호 故로 其父 善錫氏가 此兒 死前에 洗禮를 施호이도다 하야 先生을 請邀호니
全先生이 病兒의 名을 베드로라 호고 祈禱호고 洗禮를 施호ㅅ 兒ㄴ 絶命이러니 先生이 다시
간절호 祈禱를 開호고 歸家호얏더니 該病兒가 다시 살아나셔 無病호고 完實호
故로 一般家庭이 異蹟이라 호더라 是年 三月에 統監 伊藤侯가 園遊會를 設호고 同合
部內에 內外賓客 數千名을 請邀호니 球燈絲綱이 眩人眼目이라 統監은 韓國萬歲를
唱호고 參政 朴齊純은 日本萬歲를 唱호고 兩國軍樂을 迭奏호니 妓樂과 投球와
投輪과 挽弓과 舞童과 幻面과 角力과 山之圖의 萬般遊戲가 有호얏고 七月에 宮中을
肅清케호미 宦大와 宦寺라도 任意로 出入지 못호얏고 義親王을 冊封호얏고 崔
益鉉과 林秉燦 兩氏가 義兵을 創起호다가 對馬島에 監禁을 當호고 二月 一日에
日本에서 韓國統監을 伊藤博文으로 置호고 各國公使들은 盡히 撤還호더라

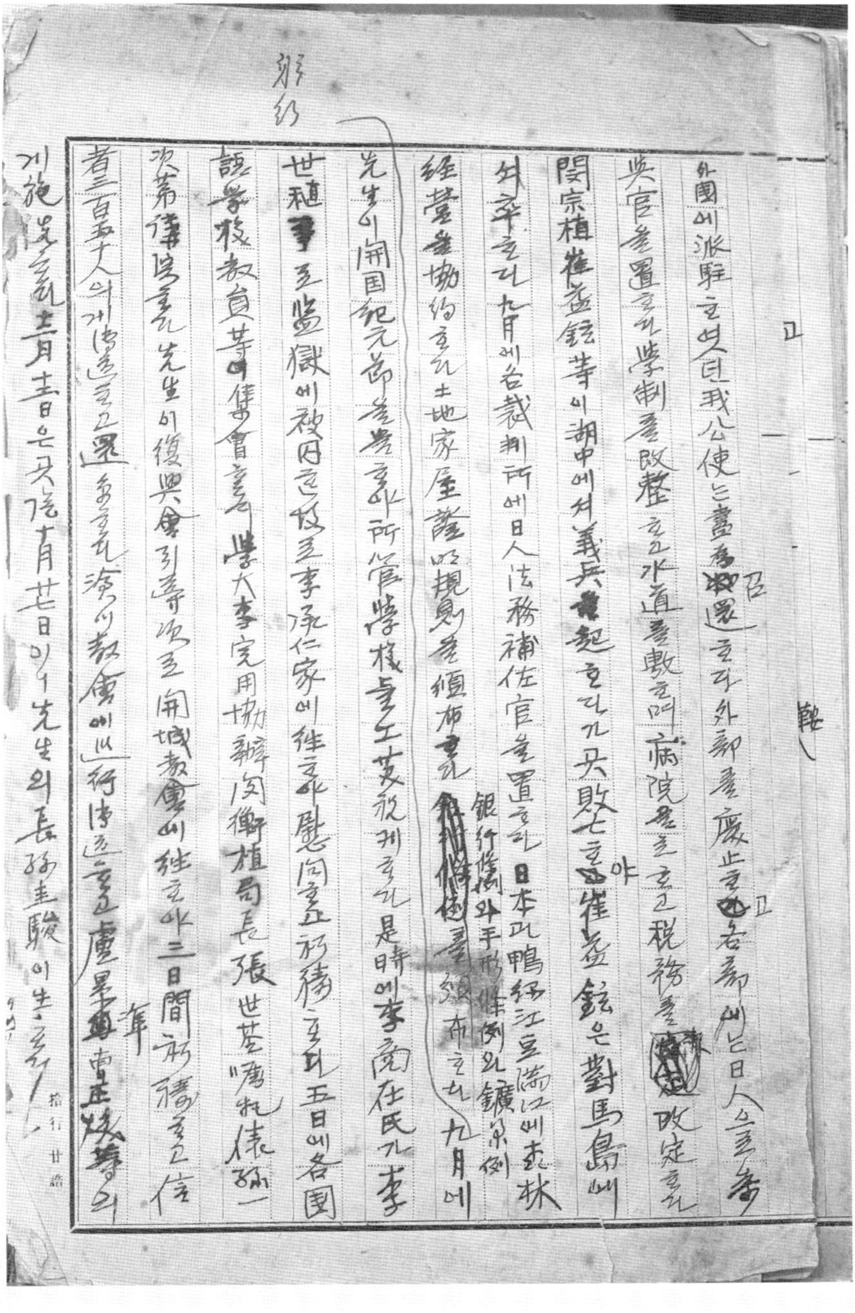
外國에派駐ᄒᆞᆫ使臣我公使는盡召還ᄒᆞ고外部를廢止ᄒᆞ고各部에ᄂᆞᆫ日人으로參
與官을置ᄒᆞ고學制를改整ᄒᆞ고水道를敷ᄒᆞ며病院을主ᄒᆞ고稅務를改定ᄒᆞ고
閔宗植崔益鉉等이湖中에서義兵을起ᄒᆞ다가失敗ᄒᆞ야崔益鉉은對馬島에
外卒ᄒᆞ다 九月에各裁判所에日人法務補佐官을置ᄒᆞ고 日本과鴨綠江豆滿江에森林
經營을協約ᄒᆞ고土地家屋證明規則을頒布ᄒᆞ고 銀行條例와手形條例와鑛業條例를頒布ᄒᆞ다 九月에
先生이開国紀元節을當ᄒᆞ야所管學校生徒를率ᄒᆞ고是時에李商在氏가李
世種으로監獄에被囚ᄒᆞ엿스니李源仁家에往ᄒᆞ야懇向ᄒᆞ고祈禱ᄒᆞ며五日에各國
語學校敎員等이集會ᄒᆞ니 學大李完用協辦閔衡植局長張世基尹致昊
次第講演ᄒᆞ고先生이復興會를引導ᄒᆞ고開城敎會에서三日間祈禱ᄒᆞ고信
者三百五十人이 ... 年 盧某等의
기施ᄒᆞ고 十二月十五日은 先生十二月廿日이니 先生의長孫圭駿이生ᄒᆞ다

V. 1927년 김진호가 쓴 탁사 약전

원문과 번역

선생의 성은 최(崔)요 이름(諱)은 병헌(炳憲)이니 전주인이라 탁사 두 자로 고향 땅 사는 곳에서 이름하고 이를 호로 정한 고로 친지 친구가 다 탁사 선생이라 칭하였다. 선생의 나심은 1858년 철종 9년 무오년 정월 16일이니, 충북 제천군 현좌면 신월리의 빈한한 가정에서 나셨다.

선생의 가정이 근본 빈한하여 자랄 때에 따뜻한 옷과 배부르게 먹는 음식을 알지 못하였고 항상 남루한 옷과 열악한 푸성귀가 그의 생활이었다. 엄동설한에도 맨발에 짚신을 신고 인근 동네로 내왕하셨다. 옷과 먹는 것이 이렇게 곤란함으로 공부에 유의할 가빈이 없었다. 그러나 어린 시절부터 천성이 배우기를 좋아하여 배고픔과 추위를 참아가며 이웃집 서숙에 왕래하여 동냥 글을 배우느라고 남에게 수치도 많이 당하였으며 남모르는 눈물도 많이 흘렸다. 이렇게 고초를 겪어가면서도 배워야만 되겠다는 결심은 조금도 변치 아니하여 마침내 한학을 통(通)하셨다.

1880년 경진년에 처음 경성으로 오게 되셨다. 이때 한 친구분이 상해로부터 가지고 온 『영환지략』[1] 한 권을 주었거늘 선생을 이를 독서 하고 이때로부터 태서각국(泰西各國, 서양의 큰 나라들)의 문명이 기독교가 중심임을 비로소 알게 되셨다.

1882년 임오년에 군요가 크게 일어나 한성이 끓는 가마솥과 같은지라 선생이 이에 모친을 모시고 충북 보은군에 내려가 거하였다. 이때 남의 부채를 쓴 일이 있어 기한을 당하여 부채를 변제하였으나 채주는 이에 불구하고 야욕을 가지고 당시 군수가 자기 동종 성씨임을 기회로 무리한 악법을 농간부려 감금하여 억지로 재징수를 독촉하였다. 선생은 이에 옥에 있어 은인자중하였으나 한편으로 국헌이 부패함을 통분히 여기며 이런 불법의 치욕을 당함은 곧 선생이 사회에 출각[2] 하려고 하는 동기라 할 수 있으니 한번 출각하여 이 악풍을 개혁하려는 결의가 있다고 하셨다.

선생은 다시 과거 수업에 조용히 마음을 두어 경성으로 올라오게 되었다. 하루는 과장에 들어가 과거에 응할 때, 구름같이 모인 만

---

1 영환지략(瀛環志略), 청나라의 서계여(徐繼畬)가 지은 세계지리책. <영해지략> 이라고도 한다. 1848년에 완성하여 1850년에 간행했다. 전부 10권으로 구성되어 있으며 조선 후기 역관(譯官) 오경석이 청나라를 오가면서 구입, 친구인 유대치(홍기)에게 읽게 하였고 위원이 쓴 <해국도지>와 함께 해외지식의 섭취와 근대의식을 일깨우는데 큰 영향을 끼쳤다. 한국근현대사사전, 한국사사전편찬회편, 2005.

2 출각(出脚), 벼슬길에서 물러났다가 다시 벼슬길에 오르는 일. 그러나 탁사는 벼슬을 한 일이 없었으므로 과거를 다시 치려고 한 일을 두고 이르는 말.(역자 주)

장을 이룬 인사는 국내의 우수한 인재들이라. 다 좋은 문장과 글을 올렸는데 산과 같이 쌓여 있고 모인 선비는 '각자이위득대장'(各自以爲得大將)이라 하여 많은 희망을 가지고 혹은 천리 밖에, 혹은 수 백리 밖에서 와서 글 한 장으로 그들의 일생 운명을 점치는 유일의 희망을 가졌다. 그러나 한 점 공도가 없는 과장은 몇몇 유력자의 농락장이 되고 불원천리하고 온 사람들은 다 저들의 권력 놀음 아래 유린 될 뿐이었다. 선생은 이를 목도하고 시사일비(時事日悲, 세상 일이 서글픔) 함을 슬퍼하며 그뿐 아니라 소위 권문대가라 하는 사람들은 문벌 계급만 가지고 사람들을 취하였다. 다시 말하면 아무개의 아들(某之子)이라야 사람이고 아무개의 손자(某之孫)라야 사람이었다. 하층에 있는 사람은 재덕도 쓸 데 없고 지식도 쓸 데 없었다. 선생은 이에 더욱 분개하여 권귀가(權貴家)에는 자취를 끊으며 과장에 일절 나서는 일이 없었다. 그리고 어찌하면 대국을 바로잡고 민중을 향상케 할까 하는 근심을 그치지 않았다.

그때 기독교는 조선에 수입된 지 얼마 되지 아니하여 믿는 자가 적을 뿐 아니라 신앙하는 것을 심히 부끄러워하였다. 그러나 선생은 지인 친구의 권유를 듣지 않고 족척(친족, 친척)의 금지도 다 거절하고 신앙하기로 뜻을 정하였다. 남이야 배척을 하거나 절교를 하거나 이를 불구하고 선생은 자신의 문벌 계급적 정신을 타파하고 일개 평민으로 자처하였다. 선생은 기독교로써 마음에 품은 큰 뜻의 목적을 이루려고 하였다.

이때 서양인 몇 사람이 경성에 거주하였는데 이상한 풍문이 돌아다녔다. 혹은 아이를 잡아먹는다느니, 혹은 무슨 약을 주어 정신을 잃게 하느니 하는 별소리가 많았다. 선생은 큰 영단을 가지고 한 친구의 소개로 고 아편설라(아펜젤러)씨와 조원시씨를 정동 양관에서 면회하고 비로소 두 사람으로부터 한문 신약 한 권을 얻어 읽으셨다. 그 후로 그 선교사를 매일 상종하게 되어 성서에 의심 있는 데가 있으면 일일이 문의하여 진리를 점점 각성하여 깨닫게 되었다. 성서의 진리와 도의 취미를 알게 되고도 그동안 유학을 파하고자 하여도 벗어나기가 어려워 성경 서적을 더 많이 열람하여 이후 5년간 신앙을 준비하셨다.

이렇게 성서를 연구하시는 중에 제일 심각한 인상을 얻은 구절은 마태복음 5장 44절부터 48절의 말씀이었다. 곧 원수를 사랑하라는 구절이었다.

선생은 이에 신약성서를 한글로 번역하며 또 조선 역사를 번역하여 선교사에게 소개하였으니 성서번역이 선생으로부터 개시되었다 하여도 과언이 아니다.

선생은 성서뿐 아니라 기타 신서적 〈만국통감〉, 〈태서신사〉, 〈서정총서〉, 〈지리약해〉, 〈격물탐원〉, 〈천도삭원〉, 〈심령학〉, 〈자서저동〉 등의 책을 얻어 보았으며 그때에 아편설라씨는 배재학당을 설립하고 그 조직을 두 부로 나누었으니 하나는 영어학부, 다음은 한학부였다. 선생은 한학부의 교원이 되었으니 때는 1889년이었다.

그 후 신묘(1891년), 임진(1892년)년 간에 정치개혁 운동이 있었는데 이를 모의하던 송종대 등이 복주(형벌을 받아 죽음에 이름)함에 선생이 이 혐의로 화를 입기 박두하였다. 부득이 모 서양인 집에 피신하여 화를 면하였다.

1893년 계사년에 비로소 조원시씨의 세례를 받고 이에 전도에 착수하였다. 이때 조선인 중 전도인이 별로 없었는데 선생이 처음으로 등단설교를 시작하였다.

그 후 갑오년(1894년) 경에 일반 백성의 지혜를 계발할 목적으로 대동서시라는 책방을 설립하고 각종 신서적을 구입하여 판매도 하며 마음대로 보게도 하여 공중의 유익을 도모하였다. 이것이 조선에서는 첫 번 되는 자유 열람관이요 도서관이었다.

그 후 을미년(1895년)에 배재학당 내에서 독립협회의 전신인 '협성회'를 창립하였다. 이때 조선의 정치를 의미하는 모임이 없었는데 이 '협성회'가 생긴 지 얼마 아니 되어 독립협회가 조직되었다.

이 해에 선생은 잠깐 농상공부에 재직하였다가 다시 아편설라씨와 같이 조선회보라는 주간신문을 발간하였는데 선생은 주필이 되었다. 이 주간신문이 조선에서는 첫 번의 것이다.

1896년 병신년에 청년의 지덕을 계몽하며 사교(社交)를 돈후케 하고 상조상애의 목적으로써 '엡윗청년회'와 '월은청년회'를 처음으로 조직하였다.

1897년 정유년에 동지와 협의하고 순 조선문(朝鮮文)으로 〈제국신문〉을 창간하고 주필이 되었으며 당시에 조선문 간행물이 적은 까닭에 조선문의 활자가 불비 하였으므로 선생이 이를 개탄하여 1898년 무술년에 일본 횡빈[3]에 가서 자모(子母) 활자의 자형을 정서하여 만들어 성서를 인쇄케 하였다.

그 후 1900년까지 성서 번역회 회원으로 있어 번역에 진력하였다.

1901년 신축년에 지금『신학세계』의 전신인 「신학월보」를 창간하고 선생은 월보의 주필이 되셨다. 동시에 〈황성신문〉의 기자로 계셨다.

1902년 임인년에 선생은 목사의 안수례를 받으시고 동년 6월에 아편설라씨가 불행히 목포 해중에서 최후를 마친 후부터는 선생이 정동교회 목사로 재직하여 이후 12년간을 계속하여 근무하는 중 상동교회를 겸임하여 보신 때도 있었다.

1904년 갑진년에 국정이 일본의 세력이 확대되어 감을 몹시 분하게 여겨 자존 자립의 정신을 고취할 목적으로 '의법회'를 확장하

3 횡빈(横濱), 요코하마.

고 ‘의법회’의 경영으로 ‘의법학교’와 ‘몽양원’ 등을 설립하였다.

1909년에 장로목사 안수를 받으시고, 그 이듬해에는 ‘협성신학교’를 졸업하시어서 1914년에 인천지방감리사로 피임되어 3년 동안 지방교회를 다스리셨으며, 각 도서지역에도 항행하시며 종종 위험을 무릅쓰고 전도하셨다. 1917년에 다시 경성지방 감리사로 전임되어 5년간 재직하시었다. 1922년 임술년에 성직을 사임하시고 만년을 임천에서 정양하시려고 은퇴하셨으나 교회에서는 선생을 놓지 않는 고로 다시 ‘협성신학교’ 교수로 계시며 이후 5년 동안 교편을 잡으셨다.

그윽이 선생의 말씀을 들으면 각처에서 선생에게 세례를 받은 자가 3,700여 명에 달한다 하며, 아무리 시간이 바쁘셔도 붓을 잡아 번역 혹은 저술하기를 쉬지 아니하여 그 필적으로 세상에 간행된 것 몇 가지가 있으니 〈성산명경〉, 〈양교변론〉, 〈한철집요〉, 〈만종일련〉, 〈세계 제종교〉 등이다. 그리고 어떤 때든지 선생의 손에는 서책이 떠날 새가 없이 항상 공부를 계속하였고 그 일생을 통하여 가장 좋아하시는 것은 한시였다. 만년에는 선생의 별업, 곧 탁사산정에서 종종 지인 친구들과 더불어 자연을 음영하였으니 이를 통하여 보면 선생은 종교가(宗敎家)인 동시에 학자 겸 저술가였다. 선생은 순수하고 검소한 평민주의자로 금도(衿度, 옷매무새)가 단아하며 범사에 침착을 위주하고 자신을 다스리기에 엄하며 제가(齊家)에 법(法)하여 즉 집안을 다스리는데도 철저하여 간간자락(侃侃自樂)하였다. 즉 강직하면서도 스스로 유머도 있었다. 우연히 재작년(1925년)부터 숙환으로 세월이 갈수록 침통하시다가 그리하여도 조금 병간호를 하신 때면 전도 설교를 쉬지 않으시고 자자불휴(孜孜不休) 즉 부지런하여 쉬지를 않았으며 금년 봄에 와서는 병환이 더욱 깊어져서 의자에도 앉지를 못하시고 5월 13일 오전 영시에 선생의 별업 곧 탁사산정에서 영면하시니 향년 70이시었다. 오호 선생이시여...

故濯斯崔炳憲先生略歷

金 鎭 浩

一、先生의姓은崔요諱는炳憲이니全州人이라일즉濯斯二字로所居에일홈ᄒᆞ고仍ᄒᆞ야小號를定ᄒᆞᆫ故로知舊가다濯斯先生이라稱ᄒᆞ엿다先生의나심은一千八百五十八年哲宗九年戊午正月十六日에忠北堤川郡縣左面新月里의一貧寒ᄒᆞᆫ家庭에셔나셧다

一、先生의家庭이근본貧寒ᄒᆞ야자랄때에暖衣飽食을알지못ᄒᆞ고恒常襤褸ᄒᆞᆫ옷과劣惡ᄒᆞᆫ草食이그의生活이엇고隆冬雪寒에도민발에집신을신고隣洞에來往ᄒᆞ셧다衣食이이러케艱難ᄒᆞᆷ으로工夫에留意ᄒᆞᆯ暇隙이업섯다그러나幼時브터天性이ᄇᆡ호기를됴하ᄒᆞ야飢寒을참아가며리웃집書塾에往來ᄒᆞ야動鈴글을ᄇᆡ호ᄂᆞ라고ᄂᆞᆷ의계羞恥도만히當ᄒᆞ엿스며ᄂᆞᆷ모르는눈물도만히흘녓다이러케苦楚를격거가며ᄇᆡ화야만되겟다ᄂᆞᆫ決心은조곰도變치아니ᄒᆞ야ᄆᆞᆺ침ᄂᆡ漢學을通ᄒᆞ셧다。

一、一千八百八十年庚辰에처음京城으로오게되셧다時에一友人이上海로브터持來ᄒᆞᆫ瀛環志略ᄒᆞᆫ卷을주거늘先生은此를讀ᄒᆞ고이로브터泰西各國의文明이基督敎가中心임을비로소알으셧다。

一、一千八百八十二年壬午에軍擾가大起ᄒᆞ야都中이鼎沸와ᄀᆞᆺ흔지라先生이이에母堂을뫼시고忠北報恩郡에僑居ᄒᆞ셧다時에ᄂᆞᆷ의債金을쓴일이잇서限日을當ᄒᆞ야다辨償ᄒᆞ엿스나債主는此를不拘ᄒᆞ고野慾을ᄎᆡ오려고其時郡守가自己同宗임을機會로ᄒᆞ고無理ᄒᆞᆫ惡法을弄ᄒᆞ야監禁ᄒᆞ여억지로再徵을督促ᄒᆞ엿다先生은이에獄에잇서隱忍自重ᄒᆞ엿스나一邊으로國憲이腐敗ᄒᆞᆷ을痛憤히녁이며此不法의恥辱을當ᄒᆞᆷ은곳先生이社會에出脚ᄒᆞᆷ의動機라ᄒᆞᆯ수잇스니ᄒᆞᆫ번出脚ᄒᆞ야이惡風을改革ᄒᆞ려ᄂᆞᆫ決意가有ᄒᆞ셧다

一、先生은다시科業에潛心ᄒᆞ야京城으로올나오게되엿다一日에科場에드러가科擧에應ᄒᆞᆯ새구름ᄀᆞᆺ치모힌滿場人士는國內의碩士들이라다토아글章을던젓ᄂᆞᆫ데산과ᄀᆞᆺ치싸혀잇고모힌선ᄇᆡ는各自以爲得大將이라ᄒᆞ야

만ᄒᆞᆫ希望을가지고或은千里밧게或은數百里밧게셔와셔글ᄒᆞᆫ章으로그들의一生運命을卜ᄒᆞᄂᆞᆫ唯一의希望이엿다그러나一點公道가업ᄂᆞᆫ科塲은몃낫有力者의弄絡塲이되고不遠千里ᄒᆞ고온사ᄅᆞᆷ들은다뎌들의弄權下에蹂躙될ᄲᅮᆫ이엿다先生은此를目睹ᄒᆞ고時事日非ᄒᆞᆷ을侖허ᄒᆞ며그ᄲᅮᆫ아니라所爲權門大家라ᄒᆞᄂᆞᆫ사ᄅᆞᆷ들은門閥階級만가지고사ᄅᆞᆷ을取ᄒᆞ엿다다시말ᄒᆞ면某之子라야사ᄅᆞᆷ이고某之孫이라야사ᄅᆞᆷ이엿다下層에잇ᄂᆞᆫ사ᄅᆞᆷ은才德도ᄡᅳᆯ듸업고知識도ᄡᅳᆯ듸업섯다先生은이에더욱憤慨ᄒᆞ야權貴家에자최를ᄭᅳᆫ흐며科塲에一切投足ᄒᆞᆫ일이업섯다그리고엇지ᄒᆞ면大局을바로잡고民衆을向上케ᄒᆞᆯ가ᄒᆞᄂᆞᆫ근심을마지안엇다

一、그ᄯᅢ基督敎ᄂᆞᆫ朝鮮에輸入된지얼마되지아니ᄒᆞ야밋ᄂᆞᆫ者적을ᄲᅮᆫ아니라信仰ᄒᆞᆷ을甚히븟그러워ᄒᆞ엿다그러나先生은知舊의唾罵를不顧ᄒᆞ며族戚의禁止를다拒絕ᄒᆞ고信仰ᄒᆞ기로뜻을定ᄒᆞ엿다ᄂᆞᆷ이야排斥을ᄒᆞ거나絕交를ᄒᆞ거나此를不拘ᄒᆞ고先生은自身의門閥階級的精神을打破ᄒᆞ고一個의平民으로自處ᄒᆞ엿다先生은基督敎로써ᄆᆞ음에품은大志의目的을達ᄒᆞ려ᄒᆞ엿다

一、이ᄯᅢ西人몃사ᄅᆞᆷ이京城에居住ᄒᆞ엿ᄂᆞᆫ듸異常ᄒᆞᆫ風聞이돌아ᄃᆞᆫ니엿다或은兒孩를잡아먹ᄂᆞ니或은무ᄉᆞᆫ藥을주어밋치게ᄒᆞᄂᆞ니ᄒᆞᄂᆞᆫ別소리가만핫다先生은大英斷을가지고一友人의紹介로故亞扁薛羅氏와趙元時氏를貞洞洋舘에셔面會ᄒᆞ야비로소兩氏로브터漢文新約ᄒᆞᆫ卷을엇어낡으셧다其後로그宣敎師를每日相從ᄒᆞ게되야聖書에疑難處가有ᄒᆞ면一一히問議ᄒᆞ야眞理를漸漸覺悟ᄒᆞ게되엿다眞道의趣味를알으시고도欲破不能ᄒᆞ야聖經書類를만히閱覽ᄒᆞ야伊來五年間에信仰을準備ᄒᆞ셧다

一、이러케聖書를研究ᄒᆞ시ᄂᆞᆫ中第一深刻ᄒᆞᆫ印象을엇은句節은馬太五章四四－四八節의말ᄉᆞᆷ이엿다곳寃讎를ᄉᆞ랑ᄒᆞᆷ이다

一、先生은이에新約聖書를朝鮮文으로翻譯ᄒᆞ며ᄯᅩ朝鮮歷史를翻譯ᄒᆞ야宣敎師의게紹介ᄒᆞ엿스니聖書翻譯이先生으로브터嚆失가되엿다ᄒᆞ여도過言이아니다

一、先生은聖書ᄲᅮᆫ아니라其他新書籍萬國通鑑、泰西新史、西政叢書、地理畧解、格物探源、天道溯源、心靈學、自西徂東等書를엇어보앗스며是時에亞扁薛羅氏ᄂᆞᆫ培材學堂을設立ᄒᆞ고그組織을兩部로ᄂᆞᆫ호앗스니一英學部、二漢學部이엇다先生은漢學部의敎員이되

엿스니時ᄂᆞᆫ一千八百八十九年이다

一、其後辛卯壬辰年間에政治改革運動이잇섯ᄂᆞᆫᄃᆡ此를謀議ᄒᆞ던宋鍾大等이伏誅ᄒᆞᆯᄯᅢ先生이이嫌疑로禍色이迫頭ᄒᆞᆫ지라不得已某西人家에避身ᄒᆞ야免禍ᄒᆞ엿다

一、一千八百九十三年癸巳에비로소趙元時氏의게洗禮를밧고이에傳道에着手ᄒᆞ엿다이ᄯᅢ朝鮮人中傳道人이別로업섯ᄂᆞᆫᄃᆡ先生이처음으로登壇說敎를始作ᄒᆞ엿다

一、其後甲午年頃에一般民智를啓發ᄒᆞᆯ目的으로大東書市라ᄂᆞᆫ書舖를設立ᄒᆞ고各種의新書籍을購入ᄒᆞ야販賣도ᄒᆞ며縱覽도식히여公衆의有益을圖ᄒᆞ엿다이것이朝鮮에셔ᄂᆞᆫ첫번되ᄂᆞᆫ縱覽舘이오圖書舘이엿다

一、其後乙未年에培材學堂內에셔獨立協會의前身인協成會를創立ᄒᆞ엿다이ᄯᅢ朝鮮의政治를意味ᄒᆞᄂᆞᆫ會가업섯ᄂᆞᆫᄃᆡ이會가싱긴지얼마아니되야셔獨立協會가組織되엿다

一、同年에先生은暫間農商工部에在職ᄒᆞ엿다가다시亞扁氏와ᄀᆞᆺ치朝鮮會報라ᄂᆞᆫ週刊新聞을發刊ᄒᆞ엿ᄂᆞᆫᄃᆡ先生은其主筆이되엿다이週刊新聞이朝鮮에셔ᄂᆞᆫ첫번의것이다

一、一千八百九十六年丙申에靑年의智德을啓發ᄒᆞ며社交를敦厚케ᄒᆞ고相助相愛의目的으로ᄡᅥ엡웟靑年會와月恩靑年會를처음으로組織ᄒᆞ엿다

一、一千八百九十七年丁酉에同志와協議ᄒᆞ고純朝鮮文으로帝國新聞을創刊ᄒᆞ고主筆이되엿셧스며當時에朝鮮文刊行物이적은ᄭᆞ닭에朝鮮文의活字가不備ᄒᆞ엿슴으로先生이此를慨歎ᄒᆞ야一千八百九十八年戊戌에日本橫濱에渡ᄒᆞ야子母活字의字型을請書ᄒᆞ야ᄆᆡᆫ들어聖書를印刷케ᄒᆞ엿다

一、그後一千九百年ᄭᆞ지聖經翻譯會會員으로잇서翻譯에盡力ᄒᆞ엿다

一、一千九百一年辛丑에今神學世界의前身인神學月報를創刊ᄒᆞ고先生은此의主筆이되셧다同時에皇城新聞의記者로계셧셧다

一、一千九百二年壬寅에先生은牧師의按手禮를밧으시고同年六月에亞扁薛羅氏가不幸히木浦海冲에셔最後를ᄆᆞ친後로브터ᄂᆞᆫ先生이貞洞敎會牧師로在職ᄒᆞ야後十二年間을繼續ᄒᆞ야勤務ᄒᆞᄂᆞᆫ中尙洞敎會를兼任ᄒᆞ야보신ᄯᅢ도잇섯다

一、一千九百四年甲辰에國政이日萎ᄒᆞᆷ을慨然히녁여自存自立의精神을鼓吹ᄒᆞᆯ目的으로懿法會를擴張ᄒᆞ고同

會의經營으로懿法學校와蒙養園等을設立ᄒᆞ엿다
一、一千九百九年에長老牧師按手를밧으시고그이듬히
에協成神學校를卒業ᄒᆞ시고一千九百十四年에仁川地
方監理司로被任되야三個年동안地方敎會를다ᄉᆞ리시
며各島嶼에航行ᄒᆞ야種種危險을무릅쓰고傳道ᄒᆞ엿스
며一千九百十七年에다시京城地方監理司로轉任되여
五個年間在職ᄒᆞ시다가去壬戌年에聖職을辭ᄒᆞ시고晩
年을林泉에셔靜養ᄒᆞ시려고隱退ᄒᆞ셧스나敎會에셔ᄂᆞᆫ
先生을놋치안ᄂᆞᆫ故로다시協成神學校敎授로계시며伊
來五年동안敎鞭을잡으셧다
一、그욱히先生의말ᄉᆞᆷ을드르면各處에셔先生의게洗禮
를밧은者가三千七百餘人에達ᄒᆞᆫ다ᄒᆞ며아모리時間이
밧부셔도붓을잡아翻譯或著述ᄒᆞ기를쉬지아니ᄒᆞ야그
筆迹으로世上에刊行된것몃가지가잇스니聖山明鏡、
兩敎辯論、漢哲輯要、萬宗一臠、世界諸宗敎等이다
그리고엇던ᄯᆡ던지先生의손에ᄂᆞᆫ書冊이ᄯᅥ날ᄉᆞ이가업
시恒常工夫를繼續ᄒᆞ엿고그一生을通ᄒᆞ야ᄀᆞ장됴하ᄒᆞ
시ᄂᆞᆫ것이漢詩이다晩年에ᄂᆞᆫ先生의別業곳濯斯山亭에
셔種種의知舊들노더브러自然을唫詠ᄒᆞ엿스니이로보
면先生은宗敎家인同時에學者兼著述家이다質素ᄒᆞᆫ平
民主義로衿度가端雅ᄒᆞ며凡事에沉着을爲主ᄒᆞ고律己
에嚴ᄒᆞ며齊家에法ᄒᆞ야侃侃自樂ᄒᆞᆷ이잇셧다、偶然히
再昨年브터宿患으로屢月沉痛ᄒᆞ시다가그리ᄒᆞ여도조
곰病間ᄒᆞ신ᄯᆡ면傳道說敎를쉬지안으시고孜孜不休ᄒᆞ
엿스며今年春에와셔ᄂᆞᆫ病患이더욱沉重ᄒᆞ야床席에눌
지못ᄒᆞ시고五月十三日午前零時에先生의別業곳濯斯
山亭에셔永眠ᄒᆞ시니享年七十이시다嗚呼先生이시여